（第4版）

带团就是战斗！

全国一线导游实战攻略

宙斯◎主编

北京·旅游教育出版社

策划编辑：李荣强

责任编辑：李荣强

图书在版编目(CIP)数据

带团就是战斗：全国一线导游实战攻略/宙斯主编.—北京：旅游教育出版社，2011.10(2024.9)

ISBN 978-7-5637-2214-3

Ⅰ.①带…　Ⅱ.①宙…　Ⅲ.①导游—基本知识　Ⅳ.①F590.63

中国版本图书馆 CIP 数据核字(2011)第 153424 号

带团就是战斗！

全国一线导游实战攻略

(第 4 版)

宙斯　主编

出版单位	旅游教育出版社
地　　址	北京市朝阳区定福庄南里 1 号
邮　　编	100024
发行电话	(010)65778403 65728372 65767462(传真)
本社网址	www.tepcb.com
E-mail	tepfx@ 163.com
印刷单位	唐山玺诚印务有限公司
经销单位	新华书店
开　　本	787 毫米×960 毫米　1/16
印　　张	17. 75
字　　数	228 千字
版　　次	2016 年 9 月第 4 版
印　　次	2024 年 9 月第 6 次印刷
定　　价	38.00 元

(图书如有装订差错请与发行部联系)

带团就是战斗！
全国一线导游实战攻略

Preface 前言

这是一本一线导游写给导游群体自己的书。我曾经也是一名新导游，本着多多学习的心态，经常流连于大型书店的旅游专区，像西单图书大厦和王府井书店中都会有详细分类的导游用书专柜。除了导游考试的教材和参考书外，还有很丰富的导游工具书以及一些著名的学院派老师专门为导游工作编写的技巧类书籍。可是仔细看了看，大部分的书都是由教授导游课程的老师编写的，他们可能在十年前还是出色的导游，但转变角色后的若干年，他们的思维难免会与目前的工作环境产生或多或少的脱轨，再加上教学工作的严谨性也限制了写作方面的发挥，使得这些书籍的参考价值明显，但对实际工作的帮助有时并不突出。

导游这个工作，可以涵盖的内容很宽泛，表达的方式多种多样。在教材里也写得很明确，“导游人员是指依照相关法规通过考试取得导游证，接受旅行社委派，为游客提供向导、讲解和其他相关服务的工作人员”。核心的概念就是，导游，这是一个与人打交道的职业。

进入新世纪后，国民收入在逐年增长，人们对生活的需要也越来越高端。从前带团，大部分的游客都是首次出外旅游，而到现在这个年代，你恐怕很难碰到这样的人了。游客的旅游经验从无到有，有愉快的，也有愤怒的，加上每逢节假日各路媒体都会对导游的种种内幕进行热炒，使得现在的导游工作难度以及所面对的压力与以往完全不可同日而语了。

在导游带团的工作过程中，在每个人的生活中，每年都会出现新的状况，每年都会出现新的困难、出现新的景点，甚至新的流行语。我们的导游技巧、带团模式和导游词都应该与时俱进。过分地拘泥于教科书上的知识和资料将会作茧自缚，使自己的发挥空间越来越小，我们需要找到一线的、实战性的、草根的甚至非主流的新东西来使自己的头脑“新陈代谢”。

这里也呼吁每一位一线导游,如果你具备把自己的技巧和经验转化成文字的水平,那么请你不要吝惜自己的精力,更不要顾虑自己的成果被他人抄袭。因为我们这个职业太需要自己行业的资深人士为后来者写的实战书籍了,专业层次的交流、第一手资料的传递往往更具穿透性,对正在进行的工作也更有帮助。

中国国内最大的导游行业论坛——“导游栖息地”自 2003 年成立以来,已经吸引了超过 20 万会员注册,其中近半数为在职导游。在论坛的各个版面的交流中,时常涌现出各地的优秀导游无私地与大家分享他们自己的经验和技能,带动整个行业信息的交换、分享,形成了颇具学术气氛的讨论空间。虽然鲜少出现上万字的文章,但哪怕是寥寥数百字的带团日记,也可以因某个细节或者某个观点点醒他人,令观者顿时有拨云见日之感。

作为论坛的超级版主,在日常的管理过程中常常要阅读大量各类导游实战文章,同时作为全职导游,也不断在阅读当中汲取营养,并在工作间隙记录自己的带团心得体会,发表各种有关导游的文章。总希望好的文章能够让更多的同行阅读分享,使中国的导游行业从摸黑探索、埋头赚钱的状态转向耐心学习、深度钻研,让导游成为真正所谓的“阳光职业”、年轻人憧憬的工作。

为了让刚刚取得导游证的新导游能够更快地进入角色,本书将一些切实可行的范例,论坛各路精英人物的热点文章,对明星导游的深度剖析,分门别类呈现。让新导游在入行之初就能够找对自己的位置并尽早培养出自己独特的带团风格,受到游客的欢迎和信任。

论坛的文章汗牛充栋,一个人是很难独立完成归纳和分类工作的,在此特别感谢论坛的管理员文立刀的支持,以及北京另外一个超级版主坏猫的协助,让本书的编写进度加快,能让我在繁忙的带团工作之余如期完稿。

宙斯

目录

CONTENTS

带团就是战斗

◎序　篇　抛砖引玉

◎第一篇　枕戈待旦

1 STEP 步骤一：领证之后

带团就是战斗

序篇

抛砖引玉

据我们统计，进书店直接走向旅游区导游用书专柜的大部分是新导游。老导游经历了带团工作的洗礼，对各个服务环节都有了一定的了解掌握，通常是走向其他柜台查阅周边资料来补充知识。所以本书的读者定位，以新导游为主。

对于新导游来讲，无非是想找到一本能够让自己快速进入工作角色的书。相信我们给的东西将会是最好的。闲话少叙，序篇先给一些概述性的小文来热热身，在这里算得上抛砖引玉，后面的那些文章，将会更为细致、实用……

▶▶▶ 新导游从业速成

宙斯

“导游带团是一项工作，同时也是一门艺术。”

“导游要做的是，在知识方面不断充实自己，勤于收集相关资料，在讲解时以丰富的信息和生动的语言来打动游客。”

“导游也是人，但导游应该是一个谦虚谨慎、善交际、会处事的人！”

提示1　迅速了解上团的实用知识，最快地让理论与实际相结合

我们都知道，从书本上所学所背的东西和实际工作当中需要的是有差距的，有些甚至完全不同。比如说，一般导游书上几乎都是重点告诉你如何去讲解景点，导游词都是供你站在景点内边指着建筑边介绍的，而实际上导游过程中最重要的、通常关系到你的收入以及游客评价的都是在车上，这些车上讲解词，是一般书上无法找到的。书上的东西是用来让你了解这个行业所必须明白的东西，把这些东西融会贯通，你才可以成为一个合格的导游，当然仅仅是合格的导游，要成为优秀的导游你还有很长的路要走。

还有一点非常重要，就是要培养善于总结的习惯，在下了一个团之后，写一篇心得，记录下自己上团时经历的事情、遇到的困难、得到的收获等，甚至可以详细到对团队住宿饭店的评价、司机的信息、上团的收入等。这些资料将是你在忙过第一年进入淡季后最好的学习材料，日积月累，你会发现你的带团技能的提高比别的新导游快很多。很多老导游到现在还坚持着这个习惯。

提示2　掌握带团细节，不出漏洞，避免损失

导游带团是一项工作，同时也是一门艺术。作为地陪，从你在出站口把游客接出来直到最后一天把游客送入进站口，全部过程的每一个细节几乎都由你来处理。处理得当，得到各方面的肯定、赞誉，有满意的收入；处理不得当，可能会遭到投诉，甚至可能造成自己的经济损失。有几个需要注意的环节要重点强调：接送站、团队餐、购物和个人习惯。

接送站虽然不算复杂，也不太容易出现问题，但一旦出现，必定是大问题，接站失误会影响团队中游客的旅游情绪，会增加之后带团过程中的沟通障碍。送站则更为关键，一旦因为导游的工作失误而导致误机、误站，所产生的损失包括补票费、住宿费和餐费等将全部由导游承担。

在用餐方面，导游需要注意的是，目前在北京国内团队餐的餐标通常都不高，餐厅只能保证八菜一汤的数量，而质量方面就需要导游来监督了。导游通常要在接站时就为用餐上可能出现的矛盾比如用餐质量、餐厅环境和排队等问题做好事先铺垫，让游客有个心理准备，不至于在用餐时闹情绪。

购物是导游创造收入的途径之一，而游客对购物也有比较特殊的情绪，这一点我们在下面的第六条中会作详细说明。

关于个人习惯，这里要说的是卫生和安全方面。导游以室外工作为主，北京的天气相对干燥多风，对于个人卫生方面尤其要注意，在夏天坚持每天下团后洗澡，避免身上出现异味，这是对游客的尊重也是对自己的尊重。在服装搭配上也要注意。我们建议在第一天接站时最好穿正装，以衬衫或西服为主，给游客以职业导游的感觉；在后面几天由于需要长距离的行走，甚至爬山，建议改为休闲装，不过要注意色彩的搭配。安全，这里指的是财产安全，目前在北京，带团中涉及的门票和餐费一般都由导游现金支付给对方，导游携带的包内钱数时常会超过万元，还有各种单据，导游要注意保管，避免遗失或失窃。

提示3　妥善处理客人、司机、全陪、旅行社和景区的关系

地陪、全陪和司机是一个服务集体，三人要在导游服务过程中及时商量工作的进展细节，以应付可能出现的问题。一个旅游团对于旅游好坏的感受，在很大程度上取决于这个服务集体的合作情况。在这三人中地陪要占主导地位，全陪和司机全力进行配合。但实际情况往往并不是这样，尤其当地陪是新导游时，有时候全陪依仗组团社的名义对地接服务指指点点，不愿配合地陪的工作，而司机有时也因为赚不到钱而发牢骚，甚至与游客或导游争执，这就需要地陪从中协调，努力创造一个相对和谐的合作气氛。新导游在谈话技巧和待人处世方面可能还不够老到，但只要向对方表现出足够的诚意和耐心，一般都能收到比较好的反馈。作为地陪来讲，对全陪要主动争取配合，及时沟通信息；对司机要做到互相尊重、互相谅解。

大多数人旅游主要抱着猎奇、休闲和交流的目的，很少有想学习的。但以北京为例，这里的景点大多蕴涵丰富的历史知识，你很难什么历史信息都不讲而直接带游客游览，所以我们需要把导游词做得更为充实、诙谐幽默，使游客容易理解并对导游十分敬佩。在带团过程中时常会出现各种问题，游客也容易向导游抱怨甚至投诉，导游遇到问题时首先要考虑游客的感受，在第一时间安抚游客，积极减少各方面损失。对游客的态度要做到周总理说过的“不卑不亢，落落大方”八个字，不盲目接受游客过分的要求。

旅行社是导游的工作起点，导游主要接触的社内工作人员为计调或计调经理，他们的主要职责是负责给导游派团，落实旅游过程中要用到的房、餐、车等事宜。计调与导游属于上下级关系，在带团过程中，导游要服从计调对旅游活动的安排，配合计调落实各项工作细节。当然，有的旅行社有些不成文的规定，例如导游挣钱多了要给计调或经理送红包，俗称“打喜儿”，在这里我们不鼓励这种行为，一旦助长了这种不正之风，把“毛病”惯出来了，想改都改不了，吃亏的还是自己。当然，一般感情上的交流还是可以提倡的，比如逢年过节给社里买点饮料什么的，去外地给带点新鲜小玩意儿或土特产。

导游与景区基本上是一种纯粹的工作关系，注意在进景区前佩戴好导游证，配合景区的检票人员清点人数，在游览过程中出现紧急情况，比如游客受伤等要尽快与景区工作人员联系，争取他们的配合。

提示4　准备好欢迎词和欢送词，快速拉近与游客的关系，了解客源地的情况

欢迎词包括问候、自我介绍、城市概况讲解、旅游行程介绍、预先提醒、旅游注意事项等，前三项在一般的导游书中已经有了比较详细的阐述，这里重点说说后三项。

关于旅游行程介绍，主要是让游客明白自己这几天主要去什么地方、吃什么风味、进什么商店，因为游客手里大多也有一份当地组团社发的行程，所以这里导游的工作实际上是核对双方的行程有什么不同之处，如果只是时间上有些出入的话，向游客简单解释一下就可以，但如果发现有完全不同的地方或缺少项目的时候要立即向旅行社汇报，以得到及时处理。

预先提醒，主要是防范在之后的游览过程中出现的问题对游客产生情绪上的影响，如果导游事先有个铺垫，那么效果就会好很多。比如在用餐上，导游可以提醒游客："我们来北京旅游，由于价格的原因旅行社为大家安排的都是便餐，就是正规的中餐，但并不是北京菜，请大家谅解。另外，旅游旺季用餐高峰期间餐厅会比较拥挤，请大家有个心理准备。"这样可以防止之后很多游客的抱怨。

旅游注意事项主要包括安全（旅游期间游客的人身安全和财物安全）、准时（强调团队的整体性和提醒游客注意守时）、卫生（景点卫生和车内卫生）、天气（提醒注意天气变化预防感冒）四个方面。随着带团经验的增加，也可以在欢迎词中添加上一些你认为游客应该注意的内容。关于欢迎词的形式，建议采用对话式或问答式，这样可消除导游照本宣科的死板形象，也可以顺便了解一下游客的实际情况。在讲完欢迎词后，应该做到对团队的人员构成、职业和收入等方面有初步的了解。

欢送词包括回顾旅游过程、代表导游服务集体对游客的配合和理解表示感谢、征求游客的建议和意见、送上美好的祝福几个方面。欢送词是属于锦上添花的东西，如果前面的行程非常顺利，一段精彩的欢送词可以把游客的情绪推向最高潮，但如果之前发生了很多不愉快，即使欢送词再精彩也无济于事。

提示5　带团过程中组织活动，调节气氛

团队旅游中最精彩的部分当然是景点参观，但在整个游览过程中，车上时间一般要多于景点游览，在游客进入对你再生动的讲解也提不起精神的状态时，做个游戏或讲个笑话就是最好的提神方法。游戏有很多种类，导游可根据游客不同的性格、职业找一些合适的来操作。笑话是一个很敏感的东西，很多导游以讲色情或政治类的笑话为擅长，我建议大家不要效仿，这样会让人觉得你像是个哗众取宠的小丑，有失自己的身份。建议大家可以去网上找一找，或者直接从一些传统的相声段子中截取一些精华，讲笑话的同时表现出个人的修养。在堵车、行程较长的路上、游客出现抱怨情绪等时候，组织一些活动是非常明智的选择。

提示6　出色完成导游促销，创造收入

旅游是对当地经济的促进，在很多地方，游客的消费占了整个旅游费用的很大部分。在市场经济的大潮中，导游运用适当的讲解激发起游客的购物兴趣，通过合法途径获取一定的收入是完全合理的。导游的促销讲解，相当于帮商家进行了宣传，商家省去了在电视、报纸等媒介做广告的宣传费，销售出产品，自然要拿出一部分利润，相当于广告费了。

在促销讲解中，导游大可不必不好意思，但绝不能态度强硬或欺诈游客。不择手段地骗取游客消费的导游，不但违背了导游的职业道德，同时也违反了有关的行业法规。导游要做的是，在知识方面不断充实自己，勤于收集相关资料，在讲解时以丰富的信息和生动的语言来打动游客。另外，尽量使自己对所讲解的旅游商品产生兴趣，连自己都不喜欢或根本不信的东西，很难生动地加入感情来介绍。

提示7 新导游如何选择旅行社，确保不上当，避免陷阱

目前的行业情况是地接旅行社的收入要比组团社低很多，所以很多大的旅行社例如国旅（中国国际旅行社）、中旅（中国旅行社）、青旅（中国青年旅行社）都很少涉足地接工作了。做地接工作的大部分都是一些中小型的旅行社，其中难免鱼龙混杂，新导游由于刚刚考下导游证，社会经验不多，又有急切的求职心理，因此很容易在找社的时候掉入一些旅行社的求职陷阱。

旅行社的陷阱大多有两类。第一类是索要高额保证金和恶意拖欠团款。前者是指旅行社同意把导游调入该旅行社，但前提是要交纳高额的质量保证金，并不给予任何单据。这一点很好预防，只要提前问好保证金的数额，交纳的同时索要收据就可以了，一般旅行社的保证金在1000～5000元。第二类则是非常可怕的陷阱，甚至很多老导游也会上当，主要是指导游在带团期间为团队预先垫付门票款，但在带团结束后（无投诉情况下）却不能按时报销团款。这是一种类似于欺诈的行为，但由于很多导游顾忌旅行社不再给派团而不敢声张，以致团款被越欠越多，有不少导游一两年内被旅行社拖欠数万元之多，有些导游全年的血汗钱都在旅行社里，自己手中一堆白条，无处要钱。最近导游栖息地论坛在组织北京的导游集体索要被旅行社拖欠的团款，可见这种情况的普遍性。

预防被押款主要应做到两点：第一，在去一个旅行社前向同行或前辈打听一下该社的口碑，如果口碑很差，那就要多加注意了。第二，先给一个旅行社带一两个团看看，如果社里按约定时间报账，遵守信用，可在该社继续带团，若社内工作人员以各种理由拖延报账，则立即停止为该社带团，专心追讨团款；在一定时间内如果还没有报账的迹象，要果断地拿起法律的武器来保护自己的合法权益，用实际行动维护导游的工作环境。

提示8 做一名谦虚谨慎、善交际、会处事的导游员

导游是一项前途光明的工作，但从统计数据上讲，导游工作的平均年限在

3~4年，很多导游在入行后没坚持一两年就转行了，可能因为收入与支出不成正比、旺季身体过度疲劳、经常受委屈等，这里就不一一赘述了。所以，行内有种开玩笑的说法，当你工作到第二年时，就已经算是老导游了。那时候，你在带团时可能已经有跟你的团学习的新导游了；而你的收入，也比第一年有了很大的提高。在这个阶段，很多导游开始进入骄傲自满、不求上进的状态中。说话的语气没有了以往的谦虚，变成更多的自我吹嘘和夸夸其谈；放弃了继续学习提高的努力。还有不少导游沾染上了行内最流行的通病——吹牛，就是把自己带团中取得的“战绩”，甚至可能是从别人那听来的事迹，添油加醋地向同行介绍，不分场合地点向人吹嘘。且不说这些行为让很多同行嗤之以鼻，反映出个人素质的低下，造成不好的社会影响，更不利于个人的成长提高。

导游应该为维护自身职业的良好舆论环境作出努力，真正的导游在任何情况下都不应该放弃学习，更不能放弃谦虚的态度。态度是决定一切的。导游也是人，但导游应该是一个谦虚谨慎、善交际、会处事的人！

编者评

上面几篇短文是前几年在做一次新导游岗前培训时编写的发言稿，其实就是列出了七条新导游工作之初最需要解决的问题，然后用概括的几句话作简单回答。编完之后考虑了一下，又加上了最后一条，其实那更像是我自己的感触。2000年中国出现第一个黄金周，在国内游客数量暴涨的年代，导游数量暴涨的比率甚至超过游客增长的幅度。但也因此出现了一些素质较低的人员，使得导游工作的舆论环境一落千丈，直到现在还没有很好地回升，所以就特别写下了第八条，希望导游们调整好自己的心态和言行。

相信寥寥几千字肯定不能让你过瘾，那么下面我们将分类阐述导游在带团前、带团中、带团后和工作之外四个方面所要注意的问题、应达到的目标。真实的文字、切身的经验、实际的案例和完美的技巧都会精彩呈现，一定会让老导游顿起共鸣，拍案叫绝；新导游强力充电，大呼过瘾，为成功带好第一个团队奠定坚实的基础！

带团就是战斗 第一篇

枕戈待旦

STEP 1

步骤一：领证之后

一、认识你自己的职业
二、跟团是带团的开始
三、如何找团？如何与旅行社人员相处？
四、曾经的新导游

STEP 2

步骤二：上团之前

一、如何最快看懂计划
二、各项准备

STEP 1 步骤一：领证之后

一、认识你自己的职业

在带团之余，茶余饭后的聊天成为导游之间交流的主要手段。一阵互相贬低、互相吹捧之后，通常会有人起个话题聊聊工作上的正事，而起始话题最多的就是为我们的职业定义。

“我们导游是做什么的?”这是对工作的概述，对职业的定义，也是对我们自己这些年经历的一种思考。导游是做什么的？你询问不同的人，可能得到的答案各不相同。

权威部门的界定是，“导游是依照相关法规通过考试取得导游从业资格，接受旅行社委派，为游客提供向导、讲解及相关服务的工作人员”。

当你问到一个曾经的导游，他们会告诉你：“这是个与人接触的行业，在你从业的日子里，你会与社会各行各业的人广泛接触，增加阅历，随时处理各种突发事件，需要人际交流能力突出，如果你能胜任，成为优秀的导游员，那么你同样就可以胜任很多与人打交道的职业。”

但是实习过导游的大学生往往这样说：“这个职业是让你认识社会残酷的最佳途径，你成为正式导游时，压力、欲望、意外、挣扎、孤立、消极等一切的负面因素向你扑面而来，让你这个刚步入社会的年轻人备感彷徨。”

旅行社会说：“导游都是我们的员工，但又有自由性质，很难管理，但对旅游行程的影响又至关重要。”

媒体对导游的报道有正面的，也有负面的，而游客的回答则更为多种多样。

如果你想听听最真实的声音，那还是看看一线导游给自己下的定义吧……

▶▶▶ 我是一个导游

东宁23号

“它既是一份职业，又是一种爱好。”

“如果你向往自由的工作时间，导游无疑是除了自己做老板之外的不二选择。”

“带着客人饱览名山大川，通过旅游读懂世界这本大书，我们人生的价值也就体现于此。”

就像周星驰在电影里介绍自己“我是一个演员”一样，面对外人，原来我总是这样介绍自己：“我是一个导游。”

有人说：“哦，导游啊，这职业好，游山玩水的。”也有人说：“导游，嗯，吃青春饭的。”还有人说：“呦，导游挣钱多啊，导游都有钱……”他们说得都对，每个人的认知不同，对这个行业的看法也就不同。但世界上没有哪一种职业像导游一样特殊。既给旅行社打工，又给自己打工；既是一份职业，又是一种爱好；休息时间非常宽松，但工作时间又相对严格。我想正是这太多的不确定性才成就了导游这个职业的魅力。

人们为生计奔波所做的事情分为两种。一种叫工作，另外一种叫做事业。在我眼里，导游是一种事业。业务能力、收入、工作方法、技能、知识储备等，永无止境。如果你很优秀，有比你更优秀的；如果你挣钱多，还有比你挣得更多的……如果你热爱旅游，热爱旅游行业，这会让你更有前进的动力。

导游是最锻炼人的职业

众所周知，工作难，与人打交道的工作更难，做与人打交道而又与收入挂钩的工作难上加难。导游难就难在他面对的不是商品，不是机械，而是实实在在天下最复杂的人。游客们从年龄到职业、从地区到喜好真的是五花八门，吃饭都众口难调，能让所有跟你走的游客都喜欢你，这真的不是一般的本事。所以优秀的导游是最具有人格魅力、处世能力、知识底蕴和强健体魄的一群人。如果你选择做导游，那么恭喜你，假以时日，你将会是人见人爱、花见花开、车见车爆胎的宇宙超级无敌铁金刚！你的各方面能力会得到全方位的提升，必杀技的数量会随着工作年限的增长傲视群行。丰富的人生阅历，待人接物游刃有余，上下级、同事关系的良好把握，对其他行业金领银领白领灰领上甘岭相对透彻的了解认知……方方面面，都会把导游锻造成人们所谓的“人精”。我想，就是这个职业带给人最大的资本。

导游是工作时间自由度最高的

导游的工作时间和私人时间都是自己决定的。这也是我为什么选择这份职业的原因之一。当然，每个人对职业时间的要求不同，弹性还是固定，因人而异。所以这也就决定了我们要具备科学合理和有效规划时间的能力。人活一世，草木一秋，在我们有限的生命里，怎样生活是最有质量的，这的确是个值得探讨的问题。朝九晚五地把时间都卖给老板，还是自己规划，这里面有太多复杂的因素要考虑。但可以肯定的是，如果你向往自由的工作时间，导游无疑是除了自己做老板之外的不二选择。

导游是收入丰厚的

“你们导游一年得挣多少钱啊，还不得五六十万吧……”这是我亲耳听到的人们的感叹，特殊的工作性质决定了导游收入的特殊性。同样的一份导游工作，收入却千差万别，这在其他行业是不可想象的。但有一点与规律相符的是，只要你肯努力，吃苦耐劳，做导游的回报率还是很高的。让我们把辛勤的劳动换成钞票，进而提高业务能力和个人素质，更好地服务于本职工作吧！

导游能体现自身的价值

马斯洛曾经说过，人的最高目标是追求自我实现。我把导游从工种上分为四类：国内普通话导游、入境外语地接导游、入境全陪外语导游和出境领队。每一种都是层次上的递进。当然，个人情况不同，选择的种类也就不同。这并不存在高低之分。但层次的提升可以作为我们自身价值的体现。就像人渴了要喝水，饿了要吃饭一样，工作和事业也是人的一种自身需要。带着客人饱览名山大川，通过旅游读懂世界这本大书，我们人生的价值也就体现于此。

导游这份工作带给我们的还有很多。我们能从中学习感悟的也有很多。它不仅仅只是一项职业，不仅仅只是一份可以养家糊口的工作，更是融入到我们血液中的一份执著。就像一句话说的一样，“我爱大清国，我怕她完了”，我想说："我爱导游，我盼她好了！"

谨以此文献给准备做导游的，正在做导游的，以及做过导游的朋友们。

编者评

作为一个拥有国内团导游、入境导游和出境领队几方面经验的导游员，东宁23号有着更全面的视野。他的成长也代表了这个行业很多一直坚持学习、不断努力提高自我的导游员的从业轨迹。虽然没有职位上的提升，但如果你不放弃这种态度，那么你永远有目标并为之奋斗！

导游的角色

革命者

"导游是靠知识吃饭的脑力劳动者。"

"一个导游是一个城市，甚至一个国家的名片。"

"导游都是博古通今的人。"

随着现代人出门旅游越来越频繁，越来越深入，越来越个性化，现在的导游再也不是最开始我们所了解的"向导＋服务员＋讲解员"那么简单的工作了。它，已经成为一个在全国有着几十万从业人数的职业，很多人抱着美好的愿望义无反顾地投身到这个事业中来。

说实话，现在这个行业已经基本饱和，要想有所作为，期待"瞬间致富"，真的很难；而且现在导游作为一个越来越具专业性的职业，没有一段时间的学习适应再加上一定的个人领悟能力，很难入门。

可能有人听说过，过去当导游不用学习，不用实习，会讲话会走路就行。那是因为以前没有导游，是个当地人，带着游客能进门再能出来就行了，游客的要求也没有那么多、那么苛刻。可是现在行吗，真不行！尤其是在北京、上海、西安、四川、海南和云南这些旅游业比较发达的地区，客人旅游经验越来越丰富，可能比导游都多。稍有不对，动不动就会被投诉，不练就一身软硬结合、百毒不侵的好功夫，真的干不好这行。

有人可能不信，那么让我们来看看，现在导游在旅游过程中都扮演了什么角色吧。

首先，毫无疑问当然是讲解员

为游客介绍自己所在的旅游区域的秀丽风光，旅途中的沿途景观，当地风土人情、城市建设、人口状况、经济状况、生活状况、历史典故。这些全都是导游的基本工作，也是这个行业诞生的一个主要原因。这是导游工作的基础，所以说导游是靠知识吃饭的脑力劳动者，永远不能忘记。

城市（国家）名片

一个导游是一个城市，甚至一个国家的名片，游客可能一生只来一次这个国家、这个城市，要在这短短的旅游行程中全部了解这个地方是不可能的，他们会拿自己看到的事物和自己的家乡去比较，比如路面干不干净，公共厕所是不是很脏、是不是很方便，而他们看得最多的人就是导游。游客一般都会从一个导游的言谈举止、风度素质、穿着打扮来评定对当地人的印象。所以说要想别人说你好，就要自己先做好。一个团下来四五天都穿一件衣服，我想你的客人对北京的印象好不到哪里去！

活地图

大家可能都有过这样的经历，拿着旗子戴个导游证往景点里面一站就是一个活路标，不管什么人，人老远地都跑过来跟你问路。我们自己的客人也经常会问你：“北京有啥好玩的？”“有什么好吃的？”“鸟巢在哪啊？”我们就是这个城市的活地图，就是这个城市的百科全书，如果连一些基础的北京常识都不知道，赶紧去学学吧，别人问你的时候，与人方便，自己方便。不为别的，就为对得起“北京导游”这几个字。

博学家

导游都是博古通今的人。各门功课都需要有所了解，因为我们的客人五花八门，来自各行各业，没有点库存怎么能服众呢？有好几次外地来的全陪跟我说，在他们那边当导游很辛苦，说得多，走得多，干得多。可是等跟几天团走完行程之后，基本上他们都承认北京导游更能说更能走，而且句句有内容。北京导游在旅游过程中讲解的内容大概包括明清历史、风水养生、珠宝玉石、古代建筑、现代建筑、奥运健身、经济、政治、人口、北京手工艺品、气候、交通、抗日战争、天津城市概况、饮食土特产品、住房等，这些内容有些是必须要记住的“硬货”，有些是在随时变化的“软件”，需要经常更新的。

导购员

旅游六件事：吃、住、行、游、购、娱。购买当地土特产品、特色工艺品，是旅游的一件大事，许多年后当记忆已经模糊，当照片已经发黄，只有戴在身上或者摆在家里的一个旅游纪念品能够依稀让我们回忆起那一年，那一幕……指引、带领游客购买物美价廉的当地特色产品作为旅游的手信是导游的又一大职责，而让游客没有带回家一件有特色的旅游纪念品，或者没有在当地买到原产的商品无疑是一大遗憾。

旅行社的活招牌

旅行社为旅游做了大量前期工作，如设计路线、安排行程、招揽客人、联系各方等，如果最后好不容易成行，却遇上了一个不令人满意的导游，小则此次旅游活动以失败告终，大则给整个旅游线路以及旅行社的品牌造成巨大影响。我一直认为，好导游就是让游客满意、旅行社放心、自己有收获。客人以后旅游的时候还会与你们旅行社合作，而且他还会把他的朋友介绍过来，一传十，十传百，为旅行社做免费的而且有效的广告。

指路员

现在的旅游活动涉及面越来越广，很多新开的景点、餐厅、商店等场所都包含在旅游行程中，怎样最方便、快捷、合理地安排线路，是我们的一门必修课。不要把这些事情都推给司机，他们也有很多不知道的，有些即使知道，可能也有别的考虑。最好是去过什么地方都要个名片，大概知道在哪个区，走哪条路。

主持人

很多时候汽车上的时间会比较长，让游客在路上睡觉休息或者放光盘当然是一种办法，但是其实最好的是和客人打成一片。融入其中的办法是一起做点活动，比如唱歌、讲笑话、做游戏什么的，学着做一个主持人活跃气氛，让旅途充满欢声笑语，我们自己也乐在其中，带团的效果肯定会好一些。大部分人对导游的印象是能歌善谈的，其实也不必太多，准备一两首歌、一两个比较经典的笑话，然后把话筒交给客人就好了。

旅游专家

在游客眼里我们是旅游行业专业人士，关于旅游行业的一些状况需要我们告知，怎么旅游、去哪里旅游，很多人都会问我们。很多时候，导游会扮演旅游专家、心理安慰者、和事老的角色。现在旅游业竞争很激烈，旅行社之间互相压价、互相竞争，有时甚至一味追求少花钱多办事，最终导致游客在旅游过程中面对种种文字游戏、欺诈陷阱，挂羊头卖狗肉的事情也时有出现。不如意的事情出现时，游客当然会找导游来理论，这时候导游就要凭借自己的三寸不烂之舌回答疑问、处理事务、安慰游客，才能顺利完成任务。

杂务员

这就包括其他更多的琐碎事务了，如行李搬运工、传菜员、酒店服务员、意外事务处理员、看包的、看门的、发水的、发票的、跑腿的，有时候甚至还要调解客人与客人之间的矛盾，可谓天下之大，无团不有，事无巨细，“鞠躬尽瘁”。

这是我对几年从事导游行业所做的工作的一个小小的总结，大家权当休息娱乐看看，欢迎指点补充。

编者评

革命者是一名中英文双语的导游，在2009年又进入了领队系统，成为一个多面手型导游员。或许正因为他有这样的经历，使得他对内团、外团及出境旅游团都有着自己实战方面的经验，写出的心得也更具有真实感。周总理曾经评价过导游应该是“四大员”，即解说员、翻译员、宣传员和服务员。但在现在这个社会，旅游已经从原来简单的访问参观发展成为更加丰富和复杂的体系，游客的需求多种多样，导游的工作也就需要随着时代的发展而变得越来越具体和周详，“四大员”已经不能满足目前的需要了。革命者在写作的时候随笔就轻松地列出了十条出来。还会有什么角色呢？你亲自带团工作一年后，也许就有了自己的答案。

▶▶▶ 你为什么想做导游

宙斯

“40 多度的高温下你也许正在天安门广场这种连树都没有的地方给游客讲解；零下 20 多度的雪天也许你正带着游客爬长城；在沙尘暴的天气下站在天坛里显然滋味不好受；凛冽的寒风里你带着客人凌晨 5 点就到达了广场，就为看升旗时能占个好位置。”

一到年底，北京的导游证考试就开始报名了，像那些年的股市一样，每年都是高开高走。或许你是看了报纸上的导游回扣黑幕揭露，觉得导游赚钱多而且容易；或许你愿意做一个兼职导游，一边赚钱一边走遍中国各个角落；或许你是被学校或家庭的压力所逼，必须要拿下这个导游证……我已经听过了很多的理由，但大部分人还是在没有深入了解导游这个工作的性质之前就准备考试了。那么，我建议你在考试之前有必要考虑下以下的问题。

你是不是想常做导游或者说让导游成为你的真正职业？

如果答案是“否”的话，那么你能通过的概率已经降低了 50%，因为动机不纯。只是想为自己找条后路的备考者，这条理由本身就是一条在考不过时拿来安慰自己的后路，你没有破釜沉舟的精神，也就没有必胜的把握。

如果答案是“是”的话，建议你不妨努力考一下。做导游必须从兴趣出发，如果你根本就不热爱旅游，那么你也无法让游客在游览中得到享受，你也没有不断提高自己专业知识的动力。

导游是一个许多人向往的行业，它的魅力在这里不需要多说了。导游员像一个艺术家，在游客游览的过程中，你在着力雕琢出一个最完美的行程，追求一个客人欢乐与自己受益的平衡点，每一次带团都应该是一次创造美和雕刻记忆的过程。毋庸置疑，在符合法律和道德规范的条件下，导游可以通过带领游客购物获取正当收益，这点与带给游客欢乐并不矛盾，游客并不怕花钱，重要的是导游如何引导游客购物。怎样引导，不是花言巧语地欺骗，而是专业知识与敬业精神相结合的指导。你的文化内涵，你的举止修养，你的宽广胸怀，你的沉着冷静，都会得到游客对你个人职业素养的肯定，在不流行小费的中国，购物有时甚至变成了一种客人表示肯定的表达方式，这也同时是客人对你的旅行社和你所在城市的肯定。而你做出的贡献也很实际——拉动了内需，增加了税收。

成功的导游可以胜任很多不同的职业，而且在人群中拥有与众不同的个人魅力。但成为成功导游的过程也不会比成为奥运会运动员容易多少，每年新考下证的导游经历了一年的历练后只有25%左右的人能留在一线，而坚持干三四年以上的绝不会超过5%。以北京导游为例，40多度的高温下你也许正在天安门广场这种连树都没有的地方给游客讲解；零下20多度的雪天也许你正带着游客爬长城；在沙尘暴的天气下站在天坛里显然滋味不好受；凛冽的寒风里你带着客人凌晨5点就到达了广场，就为看升旗时能占个好位置。我们看到无数的导游皮肤黝黑、嗓音沙哑、精神委靡，在这种精神和身体严重处于亚健康状态的情况下，你就很容易理解为什么那么多的女导游也吸烟、喝酒了——完全是为了排解心中无法宣泄的压力。过多的因素使你转行，恶劣的工作环境也许只是冰山一角。

你当导游是为了赚大钱?

这种想法很天真。我们现在可以简单地把导游的收入与支出列出来：拿北京为例，一般有两年以上工作经验的国内团导游年收入在3万~5万。看起来还不错，作为一个中专、技校刚毕业的学生能有这种收入已经相当可观了。别着急，以我个人的经验，先算算支出。

首先是手机费。目前电信业不断发展，价格上也比头些年大众化了，但导游的电话费依然开销很大，有些套餐可以选择，但每月也都要200多元，算下来一年大概得有3000元。上团时期的交通费或住宿费，这两个是必选其一的，因为现在旅行社不提供上团住房，要觉得远你只能自己开房，想省钱的话回家住，而拖着劳累一天的身体，你恐怕很难再坚持坐公共汽车了，所以无论你住宾馆还是回家每天都需要花费50~100元的费用。以你每年上30个团，每团5天，每天花费80元计算，这就是1.2万元。还有一大支出就是交际费用，你必须与其他导游联络感情，以便互相介绍团带；你必须与旅行社的计调、经理联络感情，以便能带到更多更好的团队；你必须与司机联络感情以保证能顺利地合作。以每月有四顿饭是你请客，每顿饭只花200元算，一年要9600元，再加上逢年过节买点礼物、送点烟酒茶糖之类的东西，至少也要1000元，合起来算是1.06万元。另外，如果作为自由职业者，没有单位为你缴纳社会保险，想要在年过半百之后给自己一些保障，需要拿出自己的钱来到人才中心缴纳，以最低基数计算，一年大约需要5000元。先算这四项，以你一年赚了5万为基数，除去通信费3000元，交通住宿费1.2万元，请客送礼费1.06万元，社保费5000元，剩19400元。这还没算你在京租房或月供、家里的水电煤气生活费、谈恋爱或者照顾老小的家庭情感类支出、为了宣泄巨大的工作压力所支出的各种娱乐和烟酒茶等嗜好的费用。年收入三四万这样的工作在北京好像不难找，而导游的工作内容之繁重，显然不是这19400元毛收入所能抵消的。还有一个重要问题，就是某些旅行社可能会压着你的团款，还是按你收入5万元的比例算，在年底的时候可能有5000元至2万元不等的垫付团款还被旅行社当成周转资金使用着。按实际拿到手里的钱算，减去各项支出，你可能就没剩下几千块了。有很多的导游工作了几年银行账户的存款还没有超过1万。

你想做个兼职导游?

这个是有可能实现的，当然最好你的职业与学校有关，这样你的暑假和节日休息也就正好与国内团的旺季相吻合了。另外，如果你在摄影、地理、历史、文化等与旅游有关的项目上有所专长，你可能就是个难得的兼职型导游人才了。不过希望做兼职的你最好看清自己能否做到下面两点再去行动：第一，导游是个为他人服务的行业，你自己是否具有为他人服务的职业精神？这和做老师在课堂上讲课的感觉是完全不一样的，因为下面听你说话的游客和教室里的学生地位差别很大。另外，做兼职导游也不能过于放松自己，至少在讲解上要与专职导游看齐，不是随便背两句导游词就可以了，因为游客对导游的要求都是一样的。第二，你可能只挣很少的钱，因为你是兼职导游，只是在你有时间的时候才为旅行社带团，所以旅行社不太可能把好带的团队派给你，你所带的团队也许就是我们常说的受累不挣钱的团。

当导游是为了免费游遍全国各地?

现在的国内旅行社通常是专于一条线路的，而选导游也喜欢选择一些已经去过了那一线路的导游，所以一旦你去过一地后，通常给你的团都是那个地区的，比如九寨沟、张家界，你可能一年去十几次，当你第一次去该地区时，你可能感到新奇和兴奋，而去到第十次时再美的景色你也早就麻木了。

作为全陪到外地游览，你是一个工作者，所以在心情上你也很难与游客一样。而且现在的国内旅游市场尚需完善，团队在外经常会出现数不清的麻烦，你需要在这些时候挺身而出，这也是旅行社派你出去的目的。我的一个朋友出团去了次云南，兴冲冲地拿着相机准备去了拍些美丽的风景照片回来，结果回到北京给我们看，她居然只拍了 4 张照片。用她的话说，游客刚到你要数人，人少了还要回去找，上厕所的你要等，等真的能享受一下美景的时候游客已经准备走了，再美的景色你还没仔细看，就要催促那些没照完相的游客赶紧跟上团队，游客有了高原反应或其他疾病时，你必须放弃游览，带着游客去医院……

所以，当你能游遍全国各地的时候，可能你已经做了 10 年导游了，除非旅行社老总是你家亲戚。

考下导游证是为了进景区不给门票？

首先，全国范围内的景点，除了少林寺等少数几个景区把导游证作为免票条件写入规章中外，绝大多数景点都心照不宣地执行一条行业管理规定，即“导游在工作期间持证进入景区是可以免票的”。这句话的意思是说，如果你是自己旅游而非带领团队，那么你同样需要持票进入，甚至没有优惠价。

关于导游的前途

好好干吧！中国正在向世界第一旅游大国走去，真正为中国旅游事业而不断奋斗的人是前途无量的！

编者评

这是我在 2005 年年底时有感于当年导游证考试报名之热烈而写的一篇文章，年代稍久，但经过了整理，修改了一部分比较过时的信息和计算方法，还是依然完全适用于现在的。

这篇文章自发表之日起就在论坛的导游考试版中长期置顶，点击量几近 10 万次。浏览过一些回帖，有些是新导游的呜呼哀叹，抱怨着让他们美妙的梦想破碎；也有些经历过的老导游觉得备感亲切，有些账好像算到了他们心中；有些看帖者更是拍砖说这是我希望劝退很多备考者而故意写下的恐吓帖。其实这倒没有，我觉得能被我这篇文章吓退的人，可能就是那批抱着不切实际的各种幻想而考试的人，他们并不想投身于这个行业，只是抱着各种目的尝试在这里“浑水摸鱼”，这批人会拉低整个导游队伍的职业素质和就业心态，这对整个导游圈，甚至整个行业都是无益的。请看看我列出的最后一条吧，如果你真的热爱导游工作，并不惜努力为之奋斗，那么你绝对是前途无量的！

▶▶▶ 导游的故事

LEGEND-K

“很可能我们都会永远坚持各自的信仰，但是我相信我们也始终都会是好朋友。”

“一个背包驴行客有可能是一个财团的总裁，一个貌不惊人的瘦老头说不定是一个犹太富商，而大多数的普通人看上去和他们没有任何区别。”

国外的领队和我们不太一样，他们常常是兼职的。就是说他们很多人都有一个另外的职业，导游只是一个副职，就是考取一个执照，旅行社和他们多是临时的聘请关系。当然我们其实也是差不多的情形，但是在我们这里做导游的能兼两份薪差的却不多。

我才做导游时，把那些书上的东西背了个滚瓜烂熟，但是一上车手拿话筒就不知该怎么办了，说话颠三倒四，连声音都在发抖，没讲几句话就觉得口干舌燥，身上也因为过度紧张而保持僵硬姿势导致酸痛不已。不过那都没关系，因为有团带就意味着有收入。

我那时的职务是做计调员和外联代表，因而来找我的导游很多。人来人往得多了，人情世故也见得很多，世相百态，真是让人感慨！逐渐地，从那时起我就得出了一条绝对的真理：但凡见面不过几分钟就和你称兄道弟，拍胸脯指天发誓的那种人肯定是不能信任，更不能做朋友的。这个和福尔摩斯先生的看法是一致的，“事情其实并不像它表面上看起来的那样”。所以后来每次客人要求加费用吃火锅或是看戏什么的，不管他如何保证，我都要跟他说明必须先付费。

一次带外国客人去看罗汉寺，我居然劝他们都去拜一拜佛像。算是我运气好，他们并没有太在意，只是笑了笑。我那时根本不明白宗教信仰是什么含义，直到今天我仍然为我的无知和鲁莽而深感愧悔。我曾经那么可笑地认为信仰宗教就是封建迷信，就是装神弄鬼。我并不是基督徒，但是我却曾无知地佩戴过十字架，甚至也跟着凑热闹过圣诞节，进而还有一些渎神的言行。事实上，一个没有信仰、不知敬畏的人是荒唐的，甚至是可悲的。

当然，你可以选择不信仰宗教，但是不能不尊重别人的信仰。我曾经当着客人的面说“Jesus Christ”（耶稣基督，意作“天哪”）以炫耀自己懂得地道的英语，后来终于有位游客很委婉地告诉我这个名字是不可以随意叫的。在他们看来，直呼上帝的名字是不礼貌的，甚至是在亵渎，也的确有些西方人在表达“我的天哪”这个意思的时候就直接说这两个词，但是那毫无疑问也是不恰当的。因为自己的无知和缺乏涵养导致的这种错误至今仍让我羞愧难当。

前几天遇到一位游客，她也是虔诚的基督徒。在和她聊天的时候，她说美国最近通过一个法案，取消了学校里课前的祈祷，据说是因为那样没有尊重到不信仰基督教的人的权利。她认为这实在是太可怕了，是撒旦在对人间施加影响，是美国社会道德沦丧的体现。我对她说，这很可能并不代表什么，就比如我现在正和你聊天，我是佛教徒，我们有着截然不同的信仰，但是这并没有影响到我们的交流，我们也并没有因此就打起来，因为我们没有任何一方去强迫对方接受自己的信仰。很可能我们都会永远坚持各自的信仰，但是我相信我们也始终都会是好朋友。她最终送了我一本基督教的小册子《*How to know the God*》（怎样认知上帝），并劝我信仰上帝。我并不打算改信基督教，但是我也没有把这本手册丢掉，我引用《圣经》中的话对她说，我们都在追寻世界之光，跟从它的，将不在黑暗中行走。我相信，那将是殊途同归的追寻。

有趣的是，一般来说，欧美游客总让你看不出来他们的地位、财富，这点和我们很不一样。一个背包驴行客有可能是一个财团的总裁，一个貌不惊人的瘦老头说不定是一个犹太富商，而大多数的普通人看上去和他们没有任何区别。他们对导游总是先给予信任，但是那并不意味着你可以随意欺骗他们。一旦你的把戏被识破，他们虽然不会破口大骂，暴跳如雷，但是那一句“NO”却是十分坚决的。他们话不多，但如果说了要投诉，那就一定会的。如果是做全陪遇到这种事情，那你就完蛋了。他们这种看上去头脑简单，甚至有点儿木讷的形象其实正符合一个成语——大智若愚。

所以我又得出了一条经验，但凡才见面就气势汹汹，甚至骂骂咧咧，不断炫耀自己聪明绝顶而且神通广大，任何人休想骗他，甚至说他自己就是干这行的，他是无所不知的，这种人其实是最容易“中招”的，最浅薄的。一次和一个女客人聊天，我发现她说话时总是直勾勾地盯着我，虽然她人很漂亮，但是那眼光真让人感觉不舒服，我比她高，可却总觉得她是从高处在看我。很快我就知道，她的丈夫是一个“很有钱”且地位不低的人物，曾是布什竞选资金的赞助者之一，据她自己说布什总统还曾在白宫接见过他们。这种自吹自擂在西方人里可是比较少见的，她甚至把团里其他的客人斥为“cheap person”(低贱的人)。她的这句话让我十分鄙视她。

有次带团，施瓦辛格参选加州州长成了我们议论的热门话题。客人中很多人认为这是荒谬的，更荒谬的是阿诺居然还居于领先位置。我问他们要是阿诺最终成为美国总统那会怎样，他们立刻告诉我美国宪法的那条规定，一位老先生还笑嘻嘻地说：“感谢上帝，幸好他不是在美国出生的。”真替我们的好阿诺惋惜。或许他涉足政治是“a big mistake”（极大的错误），我也相信他说的“I' ll be back”（我会回来的）。

编者评

LEGEND-K是名重庆的资深导游员，已年过不惑的他说话依然保持着童趣风格，总喜欢让别人叫他“勒紧同学”。经历了近二十年的导游生活，他也曾中途转行做过旅行社的计调，甚至经营过自己的旅行社，也许是本来性格的原因，最后还是选择了回到一线的导游群体中。也许是看了太多的美国电影，抑或接待了太多的美国游客，他的谈吐及思维都像极了美国人——直截了当、平等尊重和风趣幽默。本文是他前几年就自己导游工作初始阶段的所见所闻所感写成的，直面自己曾经犯过的错误，并用自己真实的故事来向新导游们说明，导游的言行在工作中是何等的重要。尊重你所带过的每一位客人，尊重他们的宗教信仰和生活习惯，不卑不亢，其实这些细节体现的，就是尊重自我，尊重导游的职业。如果每一位中国导游都能具有“勒紧同学”这样的工作素养，那么我们的行业地位一定会很高很高。

二、跟团是带团的开始

刚毕业的新人到任何工作岗位上都一样，起步阶段即将面对的不是繁重的工作，而是继续学习，包括岗前培训和残酷的试用期。特别是岗前培训，它通常是让你认识工作本质的最佳途径，直观地接触工作第一线，并对工作中各种环节一一了解，对你以后亲自上阵有莫大的指导意义。

导游的工作有些另类，不像工厂里的流水线作业，也不像办公室那种电脑电话、朝九晚五，它直接与人面对面。各行各业的人有着完全不同的性格、谈吐和喜好，这就要求导游要具备与各种人打交道的基本技能。

刚毕业的新人显然无法短时间内适应这么大难度的工作，在开始阶段能有个机会跟团学习，那会是一个稳健的开始。而如果你跟团的师父，也就是这个团的导游，水平出色，又对你毫无隐瞒的话，你的收获将会是盆满钵满的。一般来讲，国内团导游跟团学习的机会比较多，无论旅行社委派还是私人朋友介绍，跟着老导游学习一次不算难找；而入境团队则要困难一些，因为小费等一些原因，老导游不敢私自带徒弟上团，一部分外国游客对实习导游比较敏感，能跟团学习的导游只占总数的一小部分，当然，都是旅行社委派的。

还有一点新导游要特别注意，跟团学习是你们的机会，也是锻炼自己眼力见儿的时候，不要把自己当成游客，每次上车就睡觉，下车就拍照。适时地帮导游师父数数人、跑个腿，到餐厅为忙着安排游客座位的导游打杯热水，这些基本的工作是你应该去做的。无论师父教你的东西多还是少，无论他对你的态度是热情还是疏远，你都能在跟团过程中学习到不少东西，以后在景点中遇到他，都应该主动过去问好，这样才是为徒之道，正所谓“未曾学艺先学礼”。因为你成长了几年以后也要带徒弟，“因果轮回”，“出来混，很多账迟早是要还的”。

▶▶▶ 难忘的几次跟团经历

周可可

“虽然与上团仍有一字之差，但是让我觉得好像我的导游之梦即将开始了一般。”

“这与我想象中的导游工作简直是天与地的悬殊，反差太大了。”

“新导游的心态要保持前后一致，绝不能做那种卸磨杀驴的事儿。”

茫茫然，开始了导游生涯中的第一次跟团，说实话，跟团的时候心里既紧张又兴奋。紧张于怎样才能够在跟团过程中学到知识；兴奋于终于开始跟团了。这是开展导游工作的基础，虽然与上团仍有一字之差，但是让我觉得好像我的导游之梦即将开始了一般。而且，这样跟团的机会很难得，怀着感恩的心，我开始了跟团的征程。

现在想想我都觉得很好笑，怎么当初会那么激动？

带我的导游是个相当年轻的北京小伙儿，长得非常可爱，白白嫩嫩的，笑起来给人的感觉也很真诚。在他的身上可以感觉到成熟、热情、踏实、稳重还有老练，这是在他这个年龄的男孩子身上很少具备的。不知道是不是导游的工作成就了他？

尽管在跟团之前我已经看过了行程，也知道除了景点参观还要进店购物。但是真正地跟下来之后，却有一种疲惫至极的感觉。

每天的景点参观感觉像是匆匆一带而过的，进商店的次数也并不少。我没有弄懂签单，也不知道该加什么景点，更不知道怎么做好导游促销。跟着游客出出进进，听着讲解员的讲解，我一直在问自己：这就是旅游吗？这就是我即将要从事的工作吗？所有导游工作过程中应该知道的程序我都不知道，我的第一次跟团经历，其实是非常失败的。

是我把这个工作想得太美好了吧，所以当面临实际问题的时候，现实的情况是我所接受不了的。

这与我想象中的导游工作简直是天与地的悬殊，反差太大了。所以有那么一段时间，我的思想甚至处于混乱的状态当中。脑袋里面总是不停地想起莎士比亚的那句："生存还是毁灭，这是个问题。"

想想带我的那个小伙儿已经有四年的导龄了，从容的讲解、面对游客温和的态度、和游客之间营造的融洽的气氛，一切都是那么自然，仿佛不费吹灰之力，一切都得心应手。看似简单，但绝非一朝一夕就能够练就出来的。

旅游业的机制并不尽善尽美，问题的存在也不是一天两天，一个人不可能改变整个大的市场环境，但是却可以从自身做起，做一个有原则的导游，就像做人一样。

虽然，通过这次跟团，我没有学到导游工作中的业务知识以及流程、步骤，但是对导游工作有了非常生动和深刻的认知，这不能不说是件庆幸的事。如果说以前的自己在乱打乱撞的话，那么现在的自己就是在看清了道路之后，按照自己的选择坚定而又认真地走下去了。

比赛还没开始，我不会做那种还没上场就要下场的人！

非常感谢带我跟团的帅小伙儿。一个人一生如果时刻保持清醒的话很不容易，在别人糊涂的时候自己保持清醒就更为难得。谢谢你给了我一个无比清醒的导游之梦！

后来又跟过几个师父的团，一女两男，都各具特色。但无论个人风格如何，能够给自己跟团的机会，就心存感激，至今如此。偶尔问候一下，会想起那句话：滴水之恩，当涌泉相报。吃水不忘打井人，无论自己将来会有什么发展，走进旅游圈是与师父们的谆谆教导和帮助分不开的。

每个新导游跟团的时候一定都非常急切，想要有人带领自己走进这个未知的领域，只要条件不太苛刻，想必一定会答应。新导游的心态要保持前后一致，绝不能做那种卸磨杀驴的事儿。要知道，带你是人情，不带你是本分。带了你的人，不一定都是宅心仁厚，但是你要守好自己的本分，没有理由去埋怨别人为什么不让自己知道更多的东西。虚心一点儿、恭敬一点儿、嘴甜点儿、腿勤点儿、眼色活点儿、脑袋瓜儿机灵点儿，谁也不是一开始就会，慢慢来，别心急，谁一口都吃不成个胖子。我第一次跟团的时候，简直愚钝得没法儿说。但是你要有一颗善于观察的心，不骄不躁，不气不馁。

俗话说："师父领进门，修行靠个人。"有些事情不懂可以问，不告诉你也没有关系，问题记下来，有合适的机会问别人或者自己带团的时候找答案。别怨恨不告诉你的人，人家没有义务告诉你，心态要放正。最早的导游没有跟团的机会，不也是一步一步摸索着过来的吗？相比之下，我们这些新导游，已经幸福得很了，也相当幸运了。要求太多，自己会失落；没有要求，也无所谓不平衡。

一切都由心生，别做那种让师父寒心的事儿。有了错误，认识到了，真诚地道个歉。真心为你的师父是不会介意你的无心之过的。

有的时候，因为你的错误，师父生气了，也只是一时之气。那就留给彼此一个空间，都说时间是愈合伤口最好的良药，只要你诚心地表示悔意，没有解不开的疙瘩，排除不了的误会。精诚所至，金石为开！无论在哪个行业，交人交心。师徒关系也一样。

这样，曾经感觉受了伤的师父们，想要迫切跟团的新导游们，你们都应该找好自己的位置了吧！助人乃快乐之本；凡事岂能尽如人意，但求无愧我心。

这么一想，那些个事儿，还算个事儿吗？多大点儿事儿啊，是不是？

编者评

如何面对新导游跟团学习已经是老导游饭桌上交流最多的话题了。因为有相当一部分实习导游都是刚刚走出校门，平时被父母照顾惯了的小皇帝，在跟团之初难免还无法彻底转变自己的认识。

论坛里曾经有位导游带徒弟，小姑娘每天都迟到，后来嫌累干脆不来了，这位导游师父打电话过去要她还代付的门票费，小姑娘居然理直气壮地说“都说跟团导游不用自己付钱买门票”，还附带了一大堆的不礼貌言语。可见，带团的老导游有各自不同的态度，而跟团的新导游素质和心态也有天壤之别。看完周可可的文章，很多导游会感叹，能遇到这样的徒弟，也是师父的福分。

▶▶▶ 我和我的师父

天使蛋

“一日为师，终身为父，他永远都是我的师父。”

“谢谢你的宽容，谢谢你对我的鼓励，你永远是我的好师父、好哥哥！”

最近我的师父告诉我他不想做导游了，他觉得很累。想到我是师父带出来的，当我还对这个职业怀着满腔热血的时候，师父却要离开这个舞台，真觉得心里有些酸酸的，有些舍不得。

我不是北京人，是今年才来北京的，我的师父是北京昌平人。我和师父是去年的这个时候认识的，那时我带团来北京，他是地陪。那是我第一次出长线飞机团的全陪，刚入行不久，也是第一次来北京。

第一次见到师父，感觉他挺显老的，一个 24 岁的小伙子，看起来有二十七八了。个子不高，偏瘦，但是挺亲切的。在北京的五天，他带着我们吃、住、行、游、购、娱，安排得很好，客人也很满意。因为晚餐客人都是自理的，所以那几天的晚餐都是他请我吃的，吃饭的时候我们就会小聊一下。他的家里条件不是很好，因为家里出了事故，他高中毕业就出来工作了。当时做导游纯粹是为了挣钱，家里全靠他一个人。

我和他之所以后来成了好朋友，是因为第三天的一件事情。那天团队上山，我因为宾馆被子太薄加上在长城上吹风，回宾馆后就感冒发烧了。他看到我感冒了，没说什么就出门了，过了一会儿给我买回了一盒药，非要我喝下去。我最讨厌喝那种冲剂的药了，太苦。可他非要我喝，说那种药很有效的，他说不想看到我第二天病恹恹的，那样他就麻烦了，要照顾客人还要照顾我。我想也是，不给人家添麻烦，就喝了。没想到那药真的很有效，第二天好多了。后来，我听前台人员说，那天晚上师父走了很远才找到药店，因为我们的宾馆在一个胡同里。我知道师父是个很善良的人。回武汉后我们还经常联系，他成了我郁闷的时候倾诉的对象，我们之间无话不说。

没想到，今年公司外派，我被调到了北京分公司。来北京之前我的初恋男朋友和我分手了，刚来北京的几天我一直沉浸在伤心中。师父看我这样告诉我："毛毛，你应该把你的精力都投入到工作中，不出半年你身边的一切都会改变。"我被他的话触动了，于是擦干眼泪投入到我热爱的工作中。自然而然地他成了我的师父，教我怎么带团。跟了几次他的团，通过自己一段时间的努力，我也能带团了。开始的时候，只要在带团中遇到问题，我第一个想到的人就是师父，就会给他打电话，好长一段时间都摆脱不了对他的依赖。后来他告诉我，碰到什么事要冷静，自己想解决的办法，我才开始自己处理问题。

师父不爱鼓励人，倒很喜欢打击人。他老是说我笨，说人家都说天上九头鸟，地上湖北佬，湖北怎么就出了你这只笨鸟呢？在他的打击下，我使劲地看书，学习，实践。后来我对师父说："难道你就不能鼓励一下我吗？难道我就真的那么笨吗？"他告诉我："其实你很聪明！"

师父老说现在导游不好做了，团的质量没以前好了，所以他准备不做了。他告诉我，要好好学，好好做，因为我和他不一样，因为我是热爱旅游，热爱导游这行的，可他不感兴趣。师父的话我都记住了，一日为师，终身为父，他永远都是我的师父。我只希望师父在离开导游这行后，能找到他自己喜欢做的事情，开心一些。

（续）

写上面这篇文字，是因为师父要离开导游这行。现在师父又做回了导游，我又能和师父一起站在前线战斗了。虽然他现在不仅仅做导游，还有别的事要忙，但是偶尔也能在景点碰到他，可以向他请教一下。可是最近发生了一件事情，我觉得心里特别不好受，觉得很对不起师父。

事情是这样的。前段时间，刚下团的我接到我们经理的电话，说让我上个40多人的大团，是在外面租的50座的大车。当时听到这个消息，我犹豫了一下，因为一般我们社这种大车的团都是找我师父这样的老导游带的，我师父也比较喜欢带大车的团。我想，怎么没找我师父带呢？况且我最多就带过30多人的团，还从没上过大车带团呢！还是和外面的司机，说实话我有点儿怕。于是我和经理说："我还从来没上过这么多人的团，而且还是和外面的司机，还是找我师父上这团吧！"可我们经理把我训了一顿，说迟早是要上这样的团的，还不锻炼一下。我只好答应了。让我想不到的是，由于计调和经理沟通的失误，我师父也接到了带这个团的通知！要是我知道计调先给我师父打过电话，我是无论如何也不会答应我们经理的！这怎么对得起师父呢！因为师父家里急需用钱，上个月我还赶去王府井给师父送了2000元。师父很需要这个团的。我和师父说，我去和经理说这个团我不带了，让他给你带。可师父说，不用了，你好好地带吧！我知道，师父心里肯定不痛快。我觉得很愧疚，很对不起师父！我想，现在唯一的办法就是好好地带这个团。

接下来的两天，我一直在紧张和愧疚的心情下度过。我紧张，因为这是我第一次上外面的大车，怕自己失误；我愧疚，因为觉得对不起师父，所以也不敢给师父打电话。在上那个团的前一天晚上，我怎么也睡不着，10点钟的时候接到了师父的电话。我告诉他我好紧张。他说就知道我这个傻丫头会紧张，所以给我打电话鼓励一下，指导一下。我好感动啊！更觉得对不起师父了！可是师父一点儿责怪我的意思都没有，反而鼓励我。我说，我一定会好好带这个团，挣了钱给你应急！师父却说，你别借我了，上次你送来的2000元和以前的1000元还没还你呢！我都怕还不了你。我说没事，反正我现在不急用钱。师父对我这么好，他困难的时候我怎么能不帮他呢！

就这样，我满怀信心上了这个团，虽然中途也有曲折，但是没让师父失望。当我拿着这次的“成绩”准备给师父的时候，师父说先让我自己存着，等他需要的时候会向我开口的。我真的好想好想和师父说一声：感谢你，哥！谢谢你的宽容，谢谢你对我的鼓励，你永远是我的好师父、好哥哥！

编者评

无论从外表还是从文字上，天使蛋都是一个惹人疼爱的小妹妹，刚毕业不久就被派到北京来做导游工作，凭着自己的喜好和一腔的热情，终于在北京这种同行竞争激烈的环境下坚持下来。她与师父之间相互帮助、相互鼓励的画面，令人感动。在一些行外人眼里，导游似乎是一个尔虞我诈、心机很深的职业，但看完天使蛋的文章，我想，人们或许应该改变一下对这个职业的成见。

▶▶▶ 第一次跟外团实录

东宁23号

"其实外国游客有时并不重视你是否带他们走完景点内全部的景观，如果时间和客人身体原因不允许的话，征得他们同意，把最精华的东西给他们看了就会满意的。外团导游拥有更灵活的调整景点内的路线的权力。"

"导游是真正的民间大使，老外看到的我们就是整个中国人的缩影。"

"与客人像朋友一样相处，你会越来越多地感觉到带团的乐趣、工作的愉快，这是我跟这个团最大的感想。"

前些日子，在紧张的学习间隙，跟了哥们儿一个团。因为我今年刚拿到英文证，之前一直都在带国内团，所以格外珍惜并且重视这次机会，记录下些许过程与感受，总结于此，与朋友们尤其是新英文陪同们共勉！

此团客人为四个美国老年人，一对犹太裔老夫妇和一双姐妹。打听了一下，岁数最大的那一对慈眉善目的姐妹，一位87岁，一位85岁。看来老外对自己的身体状况比起我们中国人自信多了。

客人行程在北京一共五天，北京首站，掐头去尾，两天接送天津的邮轮不算，全天行程一共两天，外加一天自由活动。先从第一天走行程说起吧。天安门广场、故宫、颐和园、天坛，还有一个旅游商店。早上9点半出发，简单寒暄了几句后，我心里琢磨：这么紧的行程，能行吗？而且客人这么大岁数了，看来晚上得做好晚收队的准备了。

到了天安门广场，没有太多停留，简单照了照相就进了故宫。穿午门，绕三殿，到乾清门，我一看表才过了50分钟。之所以称"绕三殿"，是因为保和殿都没有上去，是从侧面直接过去的。我就问哥们儿，怎么不上去看看保和殿？他说外国客人并不要求必须上去，而且考虑游客的年纪和身体状况，还是为他们保存些体力吧。

养心殿、御花园，鱼贯而过，并没有停留太长时间，出故宫时11点整。上车直奔天坛，因为司机是个新手，上个月刚接的车，我坐在前面听哥们儿讲解的同时还时不时地给指几下路。

东门进天坛，穿过长廊进了祈年殿。没作太多大段的讲解。看见长廊里唱京剧的票友，我想起了上课时老师说过，在这里可以讲京剧什么的，介绍我们的国粹，效果应该不错。如果是大团完全可以花费几分钟在这里，有很多“奇人”在这儿，劈叉的，倒立的……捎带着对中国功夫的介绍也出来了！

搀扶着老人上了祈年殿，哥们儿讲了讲大殿的功能、柱子数目和代表含义等，在底下广场照了照相后，就带领客人往东面出口走。我赶紧问他：“怎么从这个口儿出啊？圜丘坛和皇穹宇不去了？”他不紧不慢地说不看了。我回头看了看那四位，不紧不慢地跟着，一切都那么自然。哥们儿说：“其实外国游客有时并不重视你是否带他们走完景点内全部的景观，如果时间和客人身体原因不允许的话，征得他们同意，把最精华的东西给他们看了就会满意的。外团导游拥有更灵活的调整景点内的路线的权力。”我一想也是，祈年殿的功能为祈谷，圜丘坛和皇穹宇这组的功能是祭天，在中国人看来，两者的功能有很大的不同，而在对中国历史一知半解的老外眼中，可能没什么太大区别。再说客人年龄较大，第一天不能让他们那么累。

原路出天坛，出去后吃饭。因为四个人的座位有富余，所以和客人一起用餐。上菜之前询问了哪位要刀叉、有什么忌口的等注意事项跟服务员说后，才让服务员上菜。这些是原来我带国内团时没有的项目，需要特别注意。

与客人一块儿用餐确实是沟通彼此感情的好机会。席间简单聊了聊天，感觉自己的英语虽然不是科班出身，但似乎还不是太差。我们简单介绍了一下菜品的名称和原料，后面吃的过程就非常安静了。老外吃饭喜欢安静，不说话，这是和中国人不太一样的地方。

用完餐，和客人的交流就真正多了起来，问我的问题也多了。尤其是那一对老姐妹，看样子很喜欢我，因为我老搀着她们，呵呵。那犹太老人因为比较关注我哥们儿的讲解，所以带着夫人走在前面。

驱车前往百工坊珍珠店，经过讲解接待、介绍等一系列常规操作后，客人便各自散去。（购物商店是完整游览中不可或缺的项目，旅游的六要素早就定义了食、住、行、游、购、娱。让游客了解本地特产，有助于他们了解当地文化、经济等。）不说别人，单说那犹太老人，刚一解散便坐在休息区发呆。哥们儿一看光坐着也不是事，便上去与之攀谈。一问才知他为何对珍珠兴趣不大。原来这老两口在20世纪80年代便来过中国，而且一待就是个把月，主要工作是做生意，还说起了在上海看见的双面绣、大玉雕等物件。果不其然，商店的销售平平，哥们儿看似见怪不怪，平常心一颗。看来保持平常心态是不管带什么团都必须要修炼的，还好我带国内团的时候修炼得已经没什么问题了。

上了车直奔颐和园，一路哥们儿插科打诨地也没少讲，北如意门进。可能是因为走的路太多了，那一对姐妹中的大姐刚一进门没多远就摔了一跤！哎哟，这一跤摔得可是不轻，直吓得我倒吸一口凉气！赶紧上前搀她起来，心想，这路也挺平的啊。还好老太太没有大碍。自那之后，别看我是个实习导游，也深感责任重大啊，稍有沟坎便寸步不离她们了。

走了没多远，过了石舫，哥们儿问他们要不要坐船，本想坐船可以到铜牛那门儿出去，可他们商量了半天好像不太感兴趣，就决定走路。那就走吧，又没走几步，几个人就不愿意走了，问能不能不看了，要回去。我估计可能是累了，毕竟这个岁数确实是难为他们了。我们便掉头原路返回，合着颐和园就看了个石舫。

没有晚餐。

我们在惊险、缓慢以及一点点失望之余度过了一天的行程。

第二天上山，原来的慕田峪长城建在山脊上，不坐缆车的话，以这几位客人的年纪恐怕很难爬上去。哥们儿在征求客人意见后改成了居庸关，腿上的事儿省了不少。不过我这兄弟嘴可没闲着，溜溜儿聊了上山一路，因为听力还差点意思，我没有完全听懂，觉得关于长城的历史文化讲得挺深的，不禁感叹这功底真不是一朝一夕能练成的。

游长陵没有太多的曲折。

在晚上回市内的路上，哥们儿又推荐了功夫京剧这类的演出，客人也没有表现出兴趣。第三天才是这个团行程的真正精华所在。下山的路上，客人心情不错，哥们儿便开始介绍下一天的行程。

一般来说，老外感兴趣的景点除了常规的景点外，还有雍和宫、胡同游和一些博物馆等。哥们儿设计了一个很诱人的行程，上午参观胡同带家访，出来游雍和宫，下午游首都博物馆和王府井，两顿正餐自理或者我们带客人到餐厅零点。时间相对宽松，走路距离也不是很长，一共打包报了个价，强调价格合理、时间充裕，而且景点又有代表性。把下一天的安排跟客人说完后，下面便是客人讨论的时间了。过了一会儿，客人决定："这样吧，我们只用半天，游胡同和雍和宫，然后再把我们送到王府井，你们就可以下班了，我们付你们半天的价格，也就是你报价的一半。"我真的很佩服他们的头脑，转得太快了！既给了你面子自己又省了银子，两全其美！哥们儿想了想同意了，回头跟司机打了招呼："明天就半天活儿。"

第三天我们如约而至，行程很顺利，客人也非常愉快！在最后送团时填的意见单上，雍和宫这一项还写了5分，可见这行程加得还是很成功的。看来这可以作为我们加行程的主推项目。胡同游、家访，这些他们也非常满意。

最后一天送天津的邮轮是我单独送，哥们儿不跟着。按约定出发的时间，我们开往天津塘沽客运港。出市区上高速一路无话，且说到了塘沽以后，因为司机是个新手，我也没送过邮轮，我们便绕着塘沽的开发区打转。司机又不愿意花钱打车带路，就只好求助于鼻子底下这张嘴了。一路从下了高速到最后，我们问了足足有十来个路人、司机、警察等，最后我们的小司机师傅是越问越蒙，开进了天津港的保税区。

车上的老人急了，开始我还安慰，后来实在不管用了。走着走着，路过一个保税区的派出所，老人看见就朝我喊："Police！Police！"我一看老人急了，赶紧跟司机说："赶紧问问警察，开进去！"司机进了派出所，老人也坐不住了，拿了行程之类的东西就冲了进去。警察又不会说英语，老人非常无奈，气愤懊恼沮丧地看着司机，希望他能从警察嘴里得到最后答案。警察叔叔连比带画地告诉司机后，我对警察说："您现在方便的话能不能带着我们过去一下，您也看见了，这可是涉及国际影响的问题！"警察叔叔赶紧说："就照着我说的你们去吧，唉……"

上了车，我能看得出来小司机还是一知半解的。正琢磨着警察说的路，前面突然扎堆儿出现了三辆出租。司机赶紧停下来，下了车就像看见亲人似的找了辆出租带路，15块钱，你说你早干吗来着，唉……

到了候船楼，拿下行李，四位客人颤颤悠悠地下了车，这时候年纪最大的那个老太太过来跟我说："Dear? Micheal! Thank you so much! You are a good guide!"（亲爱的米夏埃尔，太感谢你了！你是一名好导游!）还拿出一个信封，背面写了好多感谢的话，我接了过来，心里很感慨。望着他们的背影，我心里真诚地对他们说：愿你们健康快乐!

从天津回北京的路上我想了很多，导游是真正的民间大使，老外看到的我们就是整个中国人的缩影。我们不仅仅是把历史、地理、民风民俗等知识介绍给游客，更是他们在异国他乡可以依赖的"拐杖"。就像我跟有的新国内团导游说的一样："导游在工作中第一位所想的永远是服务！只有服务做好了，效益才水到渠成。"在这点上，说实话外团导游做得比内团导游强的不是一星半点。

与客人像朋友一样相处，你会越来越多地感觉到带团的乐趣、工作的愉快，这是我跟这个团最大的感想。

写下这些来记录我第一次跟外团的过程，希望对大家有所帮助。

编者评

东宁23号在跟这次英语散客团时，已经是有几年经验的国内团老导游了。在顺利考取英语导游证后，还是放下身段重新开始学习。这是每一位导游转型必须要经历的磨炼过程。他的文风比较诙谐，也很生活化，比较真实地展现了整个跟团学习的过程。其中穿插了不少自己的感想，这些恰恰折射出了国内团和国外团在导游带团方式上的不同，当然并没有孰高孰低，只是客人的来源不同，工作的侧重点有差异而已。

怀着感恩的心，带着观察的眼，竖起随时记录的耳，迈开勤快而来回走动的脚，有了这四项，学习的过程和结果都会是有价值的。

三、如何找团？如何与旅行社人员相处？

如何与你的上司接触？如何与你的同事相处？几乎是所有打工者的必修课。毫无疑问，导游算是一种比较自由的职业，不用每天到办公室打卡报到，也不用天天与同事远交近攻，但仍要与给你工作的旅行社维持好关系，这是导游最重要的生存技能。

经常听说某位导游为了在旅行社拿到更多更好的团队，采用送礼送钱的方法。这种恶性竞争的行为堪称急功近利，实际上是在自行压缩导游的生存空间，我们鄙视和唾弃这类行为，请新导游朋友更不要效仿。维持好的工作关系当然要付出，但不能采用不当的方式。逢年过节的时候，给旅行社的每位工作人员打个拜年电话，显得比短信息更有诚意；夏天热的时候，给公司买上一箱饮料；去外地出团时，回来给计调带个当地的小纪念品……诸如此类，虽细碎但很有意义。

要成为一名好导游不容易，同样，要经营好一家旅行社更难。在中国，旅游还没有成为国人的生活必需品。旅游计划的确定，往往需要很多因素综合在一起才能成功，如闲暇的时间、充足的金钱、亲友的随行、中意的行程、合理的价格等。而使预计的旅行计划搁浅却可以很简单，生病、家庭事故、金钱上的意外损失、临时的工作安排、恶劣天气、行程的变动以及目的地的瘟疫、灾难、安全隐患等，出现任何一条就足够了。所以，为了成功推出旅游产品，旅行社在各个环节都特别用心。旅游成行以后，依然会伴随着各种难以预料的意外情况，这些都是旅行社的工作风险。有时候，一次非主观性的事故，比如车祸，就可以使一个旅行社破产倒闭，所以他们的工作压力也非常大。

导游，只是旅行社为游客安排的多个服务环节中的一项，当然也是最重要的一项。如果把住宿、餐饮、旅游车、娱乐、购物、景点游览等旅游项目环节比喻成一颗颗珍珠的话，导游无疑就是穿起这些珍珠的项链。不光是讲解水平，合理而巧妙地连接每一个服务项目更是旅行社最看重的导游能力。

作为旅行社最基层的工作人员，导游除了做好自己的本职工作，妥善地处理好与旅行社各方面人物的关系也十分重要。拥有良好的人际关系，是个人能力的一部分，甚至是很重要的一部分，尤其在竞争环境激烈的旅游圈，更是如此。

让我们来看看老导游都是怎样做的吧。

▶▶▶ 新导游，别急，你们的机会马上就到

佛陀

“在对方不烦的情况下多见面，给人家多留个印象，面试的成功率也就高很多。”

“直接说自己今年的打算就是学生团。”

“只要让你跟团了，后面也就有戏了。”

还是我做导游培训时候说的话：新导游今年的目标就是学生团。

大多数什么人也不认识的新导游，你们闲置的时间做什么主要就看自己的目标和做法了。

现在可以去三四家旅行社面试一下。可以多找几个“不烦人”的理由，在面试的时候多去几次，混个脸熟（千万别招人家烦）。以前我面试导游的时候，要求就是“废话”少点儿。现在的季节，已经很忙了，我和做计调的几个朋友聊天的时候已经明显听出他们现在说话都带着火气，为团队的事情着急。所以，没用的话少点儿，关心的话多点儿。看人家忙着呢，就说点什么“您忙着哪，您先忙我不着急，我那边坐会儿”，找个地方歇一会儿。看人家正为团队着急呢，就别提做个登记啊什么的，这时候做了登记也得给你扔到一边，以后未必知道你是谁。多等一等，看对方实在没时间索性编个理由先走，下次再来。这样一来，在对方不烦的情况下多见面，给人家多留个印象，面试的成功率也就高很多。

然后，直接说自己今年的打算就是学生团。没经验，能力低，知道的东西少，所以希望今年有机会到这里带点学生团什么的。说实话，带个成人团，新

导游经验不足，肯定吃亏，别上来就冲，本来能用你的社就少，带团再出点儿事情，就更难了。

最后，再看对方对你感兴趣与否，要是还可以的话，登完记过个三五天再去回访一次。要是对方真的感兴趣，而且确实有可能让你带学生团，再提出"我也没有上过团，虽然最近一直在学习，但是您看能不能安排我跟个团什么的，让我也跟咱们这儿的老导游学习一下……"只要让你跟团了，后面也就有戏了。

忌讳：

（1）忌讳新导游上来就滔滔不绝地胡侃，烦人。

（2）忌讳没有眼力见儿，人家忙得脚朝天，你还一边添乱，问东问西，站在办公室中间挡路，要不就二郎腿一跷，坐个椅子都没有正形。找个不碍眼的地方，慢慢等！

（3）忌讳上来就要上团，问团队行程、哪里的团。新人有团上就不错了，团队的事情什么都别问，还没到时候。就盯着学生团，要是只有成人团，那就自求多福吧。成人团一定要跟两个以上的团再说，最好先带最小的团。

（4）忌讳一去无踪影。旅行社也不是非找你这样的新人不可，所以要隔段时间就去看看，人家知道你上心了，对你也面熟了，以后就好办了。

编者评

佛陀是北京导游圈里的老导游了，从部队转业回来就从事导游工作，说话总有一种深稳、果断的气势，学识很高，讲解内容很有深度。因其成熟老练的性格，在带团淡季期间，他经常帮助所在旅行社安排团队计划以及培训新导游。上文就是根据他在一次新导游培训大会上的讲话整理而成的。言辞很犀利，也很恳切。

新导游的提高本应是一步一个脚印的，如果刚进一家旅行社就要求上好团本身也不现实，以带学生团作为导游工作起点，是一种很稳妥的方式。另外，他在文中为新导游指点的旅行社面试之道，也颇有借鉴价值。

▶▶▶ 浅谈导游与旅行社各部门人员之间的关系和相处技巧

东宁23号

“不卑不亢，落落大方，交流信息，展望前景。”

“你敬我一尺，我还你一丈！”

“在工作中，我们要做到与人方便，与己方便。”

导游是服务于旅游战线的一线人员。据了解，现在的大多数导游员都不是全职性质，而是旅行社临时委派带团的。这就导致很多新导游和学导游的学员很茫然，不知道导游员在旅行社中应该是一个什么样的角色。希望这篇文章能够让你对此有所了解。

让我们先来看看旅行社的常规部门和人员的大致构成。因为主要涉及地接导游，所以让我们用一个只负责接待内宾团或外宾团的旅行社来作为例子。抛开总经理和副总经理等高层管理人员不说，部门方面主要由国际部、国内部、散客部、团队部、财务部、销售部（外联部）和票务部等组成。当然，如果有组团业务的话还会有前台、产品部和会奖部等。

结合自己的经验，我分别来说一说导游应该怎样处理好与旅行社各部门的关系和需要的技巧。

一、导游与总经理（副总经理）的关系

老总是一个旅行社的决策者，很多又是企业法人。他的工作和精力基本都着眼于企业的发展、未来的走向和各部门的协调，而不是一般所谓业务上的细枝末节的“小事”。导游，无论是临时委派还是正式员工，都属于社里直接接待团队的基层人员，在业务上不会和总经理进行直接接触。如今的旅游市场，由于旺季时期经常出现导游缺乏的情况，再加上有些导游本身就具有某些资源，聪明的老总们偶尔也会组织一些出游的活动，或者请导游们吃饭等，了解市场近况。

作为导游，我认为我们要抓住这种机会或者主动去创造机会与管理人员接触。导游报销团款让老总签个字等，都是直接打交道的机会。给领导留下深刻印象，可谈及一些一线市场的情况、商店政策变化、其他社接待情况和对于旅行社发展有益的建议。但切记言多必失，点到为止，一不小心把导游员变成训导员，可就不好了。当然，也不要唯唯诺诺，大气都不敢喘，要做到落落大方，领导才会对你和你接待团队的能力有信心。

当然，我们也可以通过和老总的沟通，直接获得旅行社业务发展的信息，能够深入了解未来的工作方向。是接散客还是接团队，是带江苏还是带广东，是做廉价还是做品质……后面工作的主动性就大大增强了。用几个字概括就是：不卑不亢，落落大方，交流信息，展望前景。

二、导游与计调的关系

说完了高层咱们聊聊旅行社里的中层。计调在一个旅行社中的地位，就像导游在一个旅游团中一样，是旅行社的灵魂。一个运营平稳的旅行社可以没有好的财务和外联，甚至可以没有勤劳的经理，但不能没有出色的计调。这是直接操作业务的岗位，需交际能力强、资源广阔才可胜任。业务量较大的旅行社里面，还会更细致地分级。上级设计调经理，下辖数位计调，分别司职不同工作内容，派车、排房、订餐、排导游、专线操作和散客操作等。这些是与导游关联最大、日常联系最多的岗位。计调与导游既属于上下级又属于合作型的关系，前者把团队的相关工作交接给后者，后者完成产品链条中的最重要一项——团队接待。既然与计调关系如此紧密，那么与之维持良好的关系就尤为重要了。

工作上，导游要配合和支持计调对团队的操作。新导游要主动承担所谓的“小活儿”、“累活儿”，比如接机送站等。要知道接待每一个大团前，旅行社都要对新导游的待人处世和业务能力进行仔细的观察和考量。你也可以通过头几次与计调打交道和与其他导游的聊天获得社里的信息，了解社里的企业文化、对待合作单位的态度。除了导游以外，观察旅行社其他人员对待各个餐厅、车队、酒店的态度，喜欢选择哪家等，会让你了解这家旅行社喜欢找什么类型的合作伙伴。在旅行社选择你的同时也便于你日后选择旅行社，做到有的放矢。

除了从细节入手之外，刚入行的新导游或刚进入新社的导游，还应该积极帮助计调和社里人员解决业务上所需。很多导游因为常年带团手里掌握了大量的合作单位的资料，比如车队司机资料、餐厅的位置和电话、酒店信息、各种票务资料等。在计调因为缺少某一环节的合作单位而一筹莫展时，可能你的一个信息就如冬天里的一把火迅速点燃计调的热情。经常有这样的帮助，你就会在计调心目中“火”起来，在以后派团或你在带团中出现问题时，计调也会帮助你渡过难关。我永远相信一句话，那就是人与人的相处都是相互的。中国人讲究这个，“你敬我一尺，我还你一丈！”

生活上，导游也应与计调或社里有关人员“打”成一片。我们都有这样的体会，都是同事，私交甚好的工作起来配合就会得心应手，也比较好沟通。所以作为导游，除了在工作中做好我们的本职工作外，如果你认为目前你所在的旅行社前景光明，适合长期职业发展，就应在平时的生活中尽可能地多多关照社里的同事，以及与你同在一社带团的同行。平日多找机会吃饭、交流，有共同的兴趣爱好一起参与，甚至包括打牌娱乐，从玩伴到朋友，都会让你在工作中少走很多弯路。另外，计调人员家中有什么需要帮助的，比如搬家、结婚生子、老人有病等类似私事，只要知道，导游就应尽量做到热情帮助，有钱出钱，有力出力。时间一长，随着了解的加深，在整个旅行社中，就有你的一席之地了。

三、导游与财务的关系

财务部是每一个公司实体都有的部门，它起着成本和利润核算的重要作用，而且我们导游所有的走账，有时甚至报销拿钱都需要和财务部门人员直接打交道，不可谓不重要，所以单开一节来讲。

按照现在旅行社中导游带团的模式来说，地陪带团结束，送走游客以后，都要到旅行社去核算账款，就是我们常说的核账。全陪导游如果在团上发生费用亦是如此。计调在审核导游填写的报账单后会递交财务部门人员审核，这时就是在工作中我们与财务人员的直接接触。此时导游要按社里规定写清报账单的所有项目，字迹要清晰，票据要尽量做到齐全，财务拿到工整的账目和票据清单也会提高他们的工作效率，换句话说你拿到钱的速度就大大增加了。我曾经亲眼看见因为导游填写的报账单太潦草而被财务打回去反复修改，而且这个账目永远是最后被财务处理的一笔，浪费了双方的时间。总而言之，在工作中，我们要做到与人方便，与己方便。在这一点上你做得好，财务人员就可能会在旅行社中夸奖你，社里领导、计调和其他人常听到你的优点，以后在派团时遇到好团也就越有可能想到你。

四、导游与本社同行之间的关系

导游在带团中的工作性质属于“单打独斗”。作为同行，可能彼此在工作中接触的机会不多，但我们要珍视与同行之间交流的机会。虽然有句老话讲“同行是冤家”，但导游工作的特殊性却要求我们要更客观、更宽容地处理同事关系，共同讨论工作中的得与失，交流业务经验，携手发展进步。新导游要谦虚地向老导游请教，他们的经验能让我们少走弯路。老导游也可以在新导游的身上获得新的思路。

另外，导游群体对旅行社来说，是相对独立的，一个团结的导游群体可以更好地帮我们争取应得的利益。

五、导游与社里人员相处的技巧

前面我们谈了导游与旅行社各部门人员的关系。做旅游业的工作，就是做人的工作，导游工作更是如此。下面，我就来谈一谈导游与社里人员相处的一些技巧。

主动找活干

业务工作纷繁复杂，尤其是旺季的时候，旅行社的工作人员往往是不够用的。电话铃声此起彼伏，散客咨询接二连三，送票人员分身乏术……作为导游员，虽然工作形式不是坐班，但也要在做好自己本职工作的基础上，尽量多地帮助同事分担工作，比如接待咨询和顺路送票等。

不过，切记自己不清楚的问题不要贸然回答，一定要等待负责这项工作的同事来处理。

与相关人员多交流

业余时间，与相关人员多交流，了解旅行社业务和内部情况。

如果你想更多地了解社里的业务及人员情况，多找机会与你相熟的计调私下交流，绝对是一个快速有效的办法。他对其他同事和领导的好恶绝对比你更了解，这会让你更快、更有针对性地接触到公司的核心业务，在导游工作中进步更快。

饭后水果法

我先举一个例子：我有一个新做导游的朋友，他年龄不大但却在为人处事上很有天赋。每到过了饭点儿，他总会提着一大袋水果来到办公室，然后笑脸相迎地分给同事们。次数多了，大家都记住了这个爱给大家带水果的小伙子。以至于有时是其他人买来的水果，大家也会习惯性地想到他。时间一长，每每派团的计调和大家在考虑给哪个导游排团的时候，总是第一个想到我的这位朋友。

让经理觉得你有用

这里包含两个方面内容：第一，在业务上尽量多地向同事贡献你的资源；第二，适时地出现在发生事情的关键时刻。

比如懂电脑的你，可以第一时间帮助同事排除机器故障；朋友想出去旅游你可以交给社里操作，为公司增加利润；当计调找不到景点或购物店负责人签合同时你可以帮他联系；在生活上利用关系帮助同事处理他处理不了的事情……

凡此种种，几件事下来，你可能就被当成“自己人”了。

总而言之，导游与旅行社各类人员之间有着千丝万缕的联系。如果把工作能力和业务能力比作硬件的话，那么以上我们谈到的这些就是我们在工作中的软件。只有硬件和软件都能够运转良好，导游工作的这部机器才能够更快更准确地运转。

编者评

了解旅行社的内部结构以及各部门之间的协调关系，是新导游进入公司要做的第一步。之后就要根据不同部门的性质来区别对待，让旅行社每一位员工都对你产生良好的印象，这样的融洽关系，才更利于自己在公司的发展。

东宁23号的这篇文章，深入剖析了旅行社不同部门的职能，介绍了不少与相关人员的相处之道，还有不少宝贵的经验之谈，堪称导游在旅行社的“生存攻略”。

四、曾经的新导游

每一位老导游都是从新导游的阶段走过来的。

刚刚从业时期，无论你是刚毕业的大学生，还是从别的行业转过来半路出家，都需要一个适应、磨合的过程。

头脑有再多的知识，也需要一定的时间把它转化成实际工作中能用得到的东西。上团时，每个新导游都可能会有紧张、兴奋、激动、茫然、期待等很多心理活动，甚至有不少人在接团前一晚失眠。紧张其实并不可怕，那至少证明你对这份工作很重视，有了这份重视，工作起来就会投入更多的细心和耐心。在讲解和技巧都不太完善的时候，有足够的热情和更多的关心也是能让游客满意的基础。

下面的几位导游，现在都已成长为各个旅行社的“中流砥柱”，让我们看看他们的初始阶段是怎样度过的吧。那时的工作感悟和经验总结，也许能给正在经历新人阶段的你不小的启示。

▶▶▶ 一名新新小导的感受

周可可

“就像钱钟书先生所写的《围城》一样，站在围城外的人总想进去，而在围城里的人又总想出来。”

“不在其中不了解其中的甘苦，不在其中不知道其中的酸涩，表面上看都是风光无限，而个中滋味只能是喜忧参半、自己细细品味了。”

“如果能够做好一名导游的话，那么其他的工作也一定能够胜任。”

我是导游界的新新小导，今年刚刚通过考试，证还没有领到手，但是对于这个结果，我已经欣喜若狂了，毕竟放弃了一些放不下的东西，辛苦奋斗了几个月的时间。我对自己说，还是值得的。

导游这个职业一直都是我所向往的：可以到不同的地方旅游，领略祖国的大好河山；做个杂家，上晓天文，下知地理，各个领域的知识都略知一二；还可以和三教九流的人打交道，洞悉人间百态；再或者还有一笔不错的收入，填饱肚子才能更好地工作……

这就是我在即将从事这个职业之前最初的浅显认知，我知道这里面是带着最美好的愿望与不切实际的幻想的，因为看不到前途的黑暗，所以怀揣着现存的光明，但最起码现在这个时候我还是快乐和积极的。就像钱钟书先生所写的《围城》一样，站在围城外的人总想进去，而在围城里的人又总想出来。在没有成为一名真正的导游之前，我就还是那个站在围城外想要急切地进入围城的人。

当然，成为一名合格而又优秀的导游不是胸前佩戴了一个证儿，不是给游客讲讲典故、套套磁、带着大家走走逛逛那么简单的事情，或许只是我把它想得太简单了。不在其中不了解其中的甘苦，不在其中不知道其中的酸涩，表面上看都是风光无限，而个中滋味只能是喜忧参半、自己细细品味了。无论是夏日抑或是寒冬，无论是刮风抑或是下雨，天气的好坏不能影响你作为导游的热情，所以，我说，成为一名导游要有一颗坚忍的心。

在我国，旅游业市场还有不够成熟的地方，还存在着某些弊端，某些导游也因此成为牺牲者。加点、进店，难道仅仅只是为了多挣些钱吗？如果每个导游都有最起码的保障，那么导游也可以创造出另外一种文化。当然，现状并不是不可以改变的，鲁迅先生说："世上本没有路，走的人多了，也便成了路。"所以，还是要充满希望并付诸努力，导游这个职业才会受到应有的理解与尊重！

在写这篇东西之前，说实话，我的心情很复杂，因为仅仅跟了一次团，我的体会还很有限，一半是感受，一半是想象。

诚然，导游这个职业非常锻炼人，在旅途当中会有很多突发事件来检测你的应变处理能力；会有很多难缠的客人等着你绞尽脑汁地和他沟通，让其放弃自己的想法，接受你的意见，这个过程需要潜移默化，又不能太过明显，要不然落下个什么嫌疑，十个好也换不回一个坏来。就像学习的时候所说的，是脑力与体力的充分结合，真的是一点儿都没错。

导游这个工作很辛苦，辛苦的不只是身体，还有心，心累的感受恐怕才是最让人疲惫的。

导游这个工作有风险，当你垫了团款社里又不给你报销的时候，无望地追讨，既搭时间又搭精力，经济来源成了问题，这个时候的你最无助。

和朋友谈起了这些关于导游的问题，他问我：是要放弃吗？我说：不是的。导游这份职业可以使你成为心理学家、外交家、语言家，这是其他任何职业所不具备的，这是一个挑战！如果能够做好一名导游的话，那么其他的工作也一定能够胜任。

人生只有一次，你的人生多一些经历，就是一笔宝贵的财富。

其实，任何事情都有好的一面，也有坏的一面，不是绝对，只是相对。既然选择了这份职业，那么就不能放弃，不能半途而废，更何况这仅仅只是个开始。你选择了你所喜欢的，那么你为之付出，也是心甘情愿、无怨无悔的。做什么事情都是如此，就像再美的玉都会有瑕疵一样。只注意到一点点的瑕疵，无限地把它扩大，那么永远也欣赏不到整体的美。

所以这个围城我是进定了的，只因为我热爱它！

编者评

都知道婚姻是围城，导游这份工作其实也是一个围城。我在带团时经常遇到很多游客感叹："你们导游的工作可真好，每天就是到处玩，还有很多钱可以赚。"我经常这样回答："我看厨师也挺好，每天都接触我们一年都吃不到的好东西，鲍鱼、海参啊都在眼皮底下过，想吃点什么直接拿回家自己做；再像商场的价格查询员，每天都可以拿工作的名义逛商场；甚至公交车售票员，每天与人交际，还有大把大把的钞票可以数。很多工作外表看来都是光鲜的，但其中却有很多外人难以明白的辛酸与苦涩。"

导游就是这样，围城外的人很会看风景，但对工作的期望值过多，过于理想化的话，入行后肯定会相当失望。

有些问题你最好在入行前就能想明白，旅游团中的导游是工作者，不是游客！如果你不热爱这个职业的话，很难长期坚持。

毛毛的导游情结

天使蛋

“为什么要做导游？我回答：因为我喜欢，我想做自己喜欢做的事情，就这么简单！”

“当我想到客人都津津有味地听着我的讲解的时候；当我给客人送行，客人舍不得地抱着我说谢谢的时候；当我身体不好客人心疼我的时候，我就会觉得无比的幸福，无比的有力量！”

“我喜欢我的职业，我想做一个快乐的导游，带着我的快乐团队快乐地出发！”

有人曾经问过我：为什么要做导游？我回答：因为我喜欢，我想做自己喜欢做的事情，就这么简单！是啊，打小就似乎有这么一个梦想，能做自己想做的事情，真的是一件很快乐的事情。

其实说到我为什么做导游，还得从我小的时候说起。

那时候，爸爸还只是个船员，他的工作就是跟着他们单位的船在长江上漂泊。也正因为老是出差，爸爸能去好多好多的地方。爸爸也是个旅游爱好者，他们的船每到一个地方，有风景区的，爸爸都会去逛一逛，都会带当地有特色的礼物回来给我。我记得，最多的就是一种塑料外壳的玩具相机。只要按动按钮，就会从镜头里看到一张漂亮的风景图片，“咔嚓咔嚓”地按，漂亮图片就一张张地过。那个时候在享受爸爸给我带回来的礼物的同时，特别羡慕爸爸能去这么多漂亮的地方。真希望自己长大了以后，也能像爸爸一样走过祖国的山山水水。

再长大点，我知道了，有一种职业可以实现我的愿望——导游。于是我向往着有一天自己能做一名优秀的导游。虽然大学的时候我没办法读自己喜欢的旅游专业，但是对旅游的热爱和对导游的向往丝毫没有停止。我把学旅游专业的好朋友的书借来看，平时积累着和旅游有关的知识。终于，毕业了，学校推荐我去了一个外贸公司实习。那种朝九晚五的生活，我实在是不适应，整天坐在办公室，都呼吸不到新鲜的空气！于是，在那里实习了一个月后，我毅然决定辞职。走的那天，公司的老板和我谈了两个小时的话，我告诉他我想做我自己喜欢做的事情，我想做导游！他告诉我，他很佩服我的勇气，但是前面的路很崎岖，他祝福我。

于是我做了一些准备，参加了现在公司的面试。没想到两轮面试过后，我被录取了。接下来是一个月的封闭式军训，虽然中间我晕倒过，晒伤过，但是为了我的梦想，我挺过来了。

没想到，更大的考验来了。刚军训完，因为公司新开发的景点需要人，就把我们送到了一个小县城里的景区。我被分到的是一个溶洞的景点，在大山里面，景区的条件很差，住的地方很潮，吃的也不好，也不能上网，甚至连个超市都没有。对于我们这些城市长大的孩子来说，真是不想待下去。于是，从我们去的那天起，每天都有人辞职。其实，我也很想走，可是一想到，自己还没有做上导游，实现自己的梦想，怎么能这么轻易就放弃呢？于是，我咬牙坚持了下来，这里多苦，都没有告诉爸爸妈妈，如果让他们知道我来了这里，肯定要来把我带走的。

这里虽然苦，但是我学到了好多东西。我们的溶洞很美，从接待散客做景点讲解开始，我的导游梦开始了。每次都要走很多路，讲很多话，还要陪客人爬山，高兴的时候还会给客人唱上几曲，看着客人满意地离开的时候，我就会特别地有满足感。从带散客到带团队，再到在几个景区间做地陪，一个多月的时间，我已经成长起来了。

刚好这个时候，武汉公司需要调几名导游过去，我就被调回去了。于是，我乐此不疲地干着我喜欢的工作。后来公司要调人去北京分公司，于是我就写了申请，来到了我一直向往的北京。我告诉自己，我要做一名优秀的北京导游！

我去书店买了好多书，寝室的同事看电视的时候，我就看书。周末休息的时候就去压马路，熟悉地形。有机会跟团了，就认真地听人家导游的讲解，自己回来多下工夫。终于，工夫不负有心人，来北京后的第二个月，我带了我的第一个北京地接团，而且客人反映挺不错。我知道自己需要学习的东西还很多，我从来就没有停止过学习，只希望我所带的每一个团的每一个客人都能满意而归。当然，带团中客人不理解你，憋屈的时候也有。但是，当我想到客人都津津有味地听着我的讲解的时候；当我给客人送行，客人舍不得地抱着我说谢谢的时候；当我身体不好客人心疼我的时候，我就会觉得无比的幸福，无比的有力量！

我的导游梦还在继续，最让人庆幸的是来北京后，我找到了栖息地。我在这里认识了很多很多同行的朋友，他们给予了我很多的帮助和关心。在这个大家庭里大家互相帮助，互相关心，很温暖。这让我更觉得，导游根本不是大家所说的那样，因为我坚信导游是阳光下最崇高的职业！

我喜欢我的职业，我想做一个快乐的导游，带着我的快乐团队快乐地出发！

我的客人每次都问我："毛毛，为什么你那么小的身体，会装了那么多讲不完的东西，还有那么好的精神啊？"我想告诉他们，因为我爱我的职业，也爱我的游客，我不想让你们失望，希望你们有一次完美的旅行。我想我会坚持做下去的，当然，也许有一天会去做别的，会离开旅游这个圈子，但是导游情结是绝对割舍不下的。

编者评

没有华丽的辞藻，普通小导游的所想所感，很直接，反而更自然。天使蛋在北京导游界还算是个新人，可能讲解上并不是很有深度，技巧上也不总能应付裕如，但她却是导游圈中最真诚的一员，是真正为了做导游而做导游的人。有些导游带团就是为了赚钱，这份工作不过是他们的谋生手段，有了更赚钱的工作便会马上转行，所以带团的时候多了份敷衍了事。天使蛋则是以当导游为兴趣，以工作为爱好，以工作为荣耀。这样的导游才能以更为严格的标准来要求自己，去尽全力带好每一个团，不光是为了赚钱，更为了给自己的人生一个满意的交代。

▶▶▶ 写给新导游的建议

大晚上53

“少说多听，慢慢地汲取知识。”

“不要总是用得到和失去来衡量问题，偶尔静下心的时候考虑考虑别人的感受，如果你是对方，你是什么感受。”

每个人成长的过程中都经历过很多第一次，拿自己的职业来讲，可能是自己人生当中的第一份工作——成为一名导游员；刚入行的新导游需要经历第一次导游考试，第一次带团，第一次拿起麦克风讲解。

当你第一次应对导游口试的时候，你面对了人生中的一个重要转折点。请允许我这样说，因为导游这份工作对于一些同学来说，是一个梦想，一份理想职业。你通过了笔试、口试，你才有资格去做一名导游。

你通过了所有的考试，然后拿到了资格证。说实话，当我拿到资格证的时候，也是心潮澎湃，因为上边写着“中华人民共和国导游员资格证”，它是我拿到的第一个印有国家标记的工作证件。之后有了地方给你挂证，你换到IC卡的时候，兴奋的心情可想而知，因为，当年的我跟你一样。这可能是你人生中的第一份工作。当然，这份工作，可能会影响你的一生。

再往后，可能你会有团带，慢慢地知道了什么是导游，怎么去做导游。当你拿起麦克风的那一瞬间，既激动又紧张。激动的是你终于有机会开始讲解自己的城市，让更多的人了解你的家乡。你有些紧张，甚至有些羞涩，因为大多数游客都是比你大的叔叔阿姨、哥哥姐姐。所以，你有些不知所措，尽量地多说话，尽量地展现自己，忙里忙外，积极地表现自己，让客人满意。但是可能当你付出了所有的时候，眼前的事实却未必会让你如意。你会碰到餐厅桌子不够，碰到堵车，或者其他不可预见的事情，也可能碰到不理解你的客人，向你刁难，你可能会流下工作以来的第一次眼泪。这些经历相信很多导游都会记得，可能多年之后还会记得，甚至，终生难忘。当你拿到带团的第一笔收入的时候，你很高兴，因为，不管这份收入是多是少，毕竟凝聚了你的付出。这就是新导游，一个未成熟的心灵，一个新导游的历程。

首先，分析一下新导游的特点。

（1）急于找导游词。急于得到别人的帮助，但缺乏礼貌。比如经常有人加老导游的QQ，然后直接说，你有哪里哪里的导游词吗，给我一份。之前甚至连个自我介绍，或者“你好”都不说，就直接索要。我甚至还碰到过要求我给她复印完了邮寄的，当然，这毕竟是少数。

（2）急于了解行业内的老导游的收入。这个我碰到过不少，很多人见面就问，做导游能挣多少钱，或者一年能挣多少钱。其实，你所获得的报酬，是和你的讲解水平、服务水平等相关的。

（3）迫切想知道一些挣钱的方式。但是，他们却忘记了，作为一个新导游，首先要做的是，跟老导游学习怎么讲解，怎样去服务，以及待人接物、处理紧急情况的方式，从而不断地完善自己，提高自己的业务水平。

（4）工作心态失衡。有一部分新导游，刚进入社会，心智和心态都不太成熟。在工作过程中，接报酬丰厚的团就高兴，否则就不高兴，甚至可能会把这种不高兴转向客人，最后引起不必要的麻烦。所以，心态很重要，服务要始终如一，不要因为带团过程中的特殊情况而影响带团的心情。

（5）不知如何继续提高自我。每个行业每个圈子，都有很多可学可不学的东西，重要的是要把握机会学习，懂得怎么舍弃。因为，这个年龄段的你，就像一张白纸，很多知识吸收得比较快，也容易影响自己的思维，要分清楚哪些东西必须要学习，哪些是可以参考的，哪些是坚决不学的。因为这对你的导游生涯，甚至对自己人格的完善，都至关重要！

以下是给新导游的一些建议：

（1）如果你还没有考到导游证的话，那么我告诉你，导游考试没有重点，各方面知识都要了解，没有捷径可以走。如果你已经拿到导游证，急于找团，多在实践中锻炼锻炼自己吧。如果你感觉无助的话，不要光在论坛上发个帖子，然后在家里等，机会不是这样来的，多参与一下论坛的活动，少说多听，慢慢地汲取知识。需要帮助的话，要客气地对别人讲出来，先问个好，再做个自我介绍。大家都是从新导游过来的，谁都知道那时候的心酸，但是一定要懂礼貌，要知道没有什么是应该的。如果别人很忙，那就下一次。实在不成就自己尝试着写写导游词，现在网络这么发达，很多东西都是可以查到的，汇总一下各种信息，锻炼自己的写作能力，写完了让老导游帮着看看，这没什么不行的。

（2）如果你想以后一直从事这个行业的话，很多东西是不该在开始的时候问的。所以还是那句话，不该问的先别问，不该说的先别说，可能你还没有完全了解行业的忌讳。

（3）每个行业都有好的一面，也有让人感觉糟糕的一面。做导游，并不是每一种带团方式都适合你，自己好好衡量一下，自己做不做得来，不要总是用得到和失去来衡量问题，偶尔静下心的时候考虑考虑别人的感受。

（4）报酬的问题。请记住，有很多东西是用钱买不来的，钱今后有机会可以再挣，而你只有一次为客人服务的机会。良好的服务，表面上看对于一次带团的收益是没有影响的，但在未来，你一定会有相应的收获。

（5）在带团的同时，多想想自己的人生规划，不要多年之后再有遗憾。合理地安排时间，良性地安排自己的学习计划，该学什么不该学什么，取决于自己，没有人为你的将来买单。

（6）带团时，不仅要学会怎么带团，更要学会怎么做人。当然，做什么样的人，也是你自己决定的。

（7）多听，少说，多阅读，细思量，将心比心，从长计议。完善自己的现在，成就自己的将来。

（8）每个人看事情的方式方法不一样，所以多听听别人的意见和建议，遇事多考虑。

编者评

论坛上几乎每位版主都接到过不少新导游打来的咨询电话，作为西班牙语导游版版主，大晚上53也是一样。当然，大部分新导游在电话中的态度还是比较谦虚谨慎的，言辞恳切，求知欲也很强。但也总会被一些缺乏对人的最起码尊重的新人所困扰，上来就要导游词，要求帮忙找团，好像一切都理所当然。有些新人急于询问如何挣钱，其实无异于揠苗助长，会影响你的工作心态。还是我经常说的那句话，“只有先做到满脑袋，然后才能满口袋。”

STEP 2 步骤二：上团之前

一、如何最快看懂计划

新导游比较头疼的事就是第一次到旅行社拿计划，计划里罗列了一大堆信息，在初次看到后无法分清主次，找不到重要信息的位置。问多了怕计调会烦，问少了又怕自己出错。

每个新导游都有这个过程，大可不必过分慌乱。首先要明确的是，当你第一次到旅行社领取计划时，计调巴不得以最详细的方式来为你解释计划，因为每一个旅行社都有自己独特的安排顺序或者工作制度，即使是老导游第一次也需要尽量多地了解相关信息。其次，这时候有任何问题都要仔细与计调确认，他们肯定不会不耐烦，因为这是他们工作的重要组成部分，而如果这个时候没问细致，到了带团的时候一个个的电话追问才会使计调烦，他们回答最多的一句话通常是："来社里的时候为什么没有仔细看计划?"这是新人常犯的毛病，切忌粗心大意或者过多顾虑！

有些旅行社可能是由于团少的原因，做出来的行程相对简单，所以无论信息还是制度都不够具体，阅读计划的时候重要信息一目了然。但有些大社团量大，同时期可能要接待很多团，为了区别明确，每一个团队都有自己的单独标记；为了便于管理，也完善了不少工作制度，很多环节都落实得很具体。这样一来，计划上就会很自然地堆砌了大量的信息，让新导游刚一拿到手里时有点茫然无措。

不过别着急，在你经历这个阶段之前先看看我们给你的阅读提示吧！我们特地选取了几份信息比较丰富的计划单，逐条为你详细解释相关问题。

▶▶▶ 带团计划书实例

国内地接计划

线路名称	2008 全新北京奥运场馆、圆明园、八达岭、长城、景山双飞五天①			接站牌	××国旅旗+车头纸②
组团团号	广 20090507	接团团号	BJLY090507	人数	14.5③
接团交通	CZ3101 0800	中段交通		送团交通	CZ1115 0200④
全陪	张×× 1380×××××××	北京地陪	赵×× 1380×××××××	景点导游	无
司机	刘×× 1330×××××××	车型	丰田考斯特	旅游包车牌	京 B S1001⑤
备注：本团全程共进三个购物店，玉器城、果脯厂、水晶店。7 个正餐，其中一餐送烤鸭，用××元/人餐标。没产生费用一定在京现退，提前给计调打电话，不能给客人打条！鸟巢、水立方等外景一定下车看，不能删，否则扣款 200 元/人。50 元/补助一天。⑥					

日　期	行　　程（含购物点）	中　餐	晚　餐	酒店及星级标准
5/7	北京接团，故宫（3 小时），王府井大街，东华门小吃，东方新天地，不含晚餐（1 小时）			凯莱　四星标准
5/8	天安门广场，纪念堂（如遇政策关闭改外景拍照），外观国家大剧院，人民大会堂，景山（40 分钟），北海（40 分钟），黄包车游览胡同（30 分钟），恭王府（自理 70 元，40 分钟），什刹海（30 分钟），降旗（30 分钟），新中央电视台外景	仙林	不含晚餐	

续表

5/9	玉器城（40分钟），八达岭长城（2小时），圣水观音演出（40分钟），果脯厂（30分钟）	肆维	圣水	
5/10	天坛公园（首道大门票，1小时），颐和园（2小时），水晶店（30分钟），圆明园（1小时），奥林匹克公园，鸟巢（不含），水立方（含共计2小时），鼓楼，前门大街（30分钟）	江海	唐街	
5/11	早餐后乘机飞往广州，（天坛公园将根据当天回程航班时间调整适当的游览日期，不另行通知）送团	仙林		⑦
餐单号：1000507 门票票据号：1000507A 所有自费景点一定要让客人先签字。 儿童不含床，景点门票，只含车，半价餐！全陪门票自理。⑧				
团队透明行程注意事项：第二天要走的行程，导游一定要在第一天晚上告知客人，行程要透明。 1. 接到客人后告知客人我社质量监督负责人电话：陈××，1390×××××××。有问题在北京解决不要带到组团社。 2. 导游必须按照行程顺序走，不得更改，若有特殊情况必须先与领队及客人商量，导游不得擅自增加行程之外的购物店，如果有违反按客人人数扣罚200元/人。 3. 客人自动离团，团款不退，客人必须签字。如有不可抗原因，经旅行社允许的情况下，所退费用直接返还客人。 4. 如没按上述规定执行，所发生的一切费用——退款、处罚、投诉等由导游个人承担。 5. 导游上团一定要按照新的旅游法规执行，不得有违规行为。否则所有损失由导游自己承担。⑨				

编者注解

①这是旅游团的全称。一般旅行社都会把这个团队在当地最精彩或者最独特的项目放到名称中。这个名称实际作用不大，一般只是在招收游客的时候做推广吸引注意力用的，成团之后自然就保留下来。作为导游，只需要注意名称

中所涵盖的旅游项目，旅行社既然拿这些项目作为推介重点，导游也有责任更认真地完成游览，让游客觉得物有所值。

②因为团队是组团社招徕的，组团社自然希望自己的标志能够更深入每个游客的心中，所以一般需要地接社也拿着相同的标志来接站，有的时候甚至要求地接导游在带团过程中也始终举着组团社的导游旗。

车头纸是旅行社用比较宽大结实的硬纸打印出来的标志，一般是组团社的LOGO、名称等，按要求应在接到客人后第一时间将这张纸放在旅游车的前方玻璃处，除了宣传作用外，更大的用途是让游客能够以最快的速度辨认出自己团队的车辆，省去了记车号的困扰。

③旅游团一般都会有一个独特的团号，是地接社专门为了这个团而编排出来的号码，一般是英文字母和数字的组合，字母大多使用城市或者旅行社的拼音缩写，而数字则多为团队到达该地的日期，如果同一天该旅行社有几个团到达的话，习惯在数字的后面标注 A、B、C、D 这样的字母来区分。这个团号具有唯一性，地接社预订酒店的房间可能需要你用这一串号码来提取钥匙，另外一些餐厅和景点的签单也需要明确写清团号。

计划中还可能会出现组团社的团号，这个用处不大，一般就在接站时与对方全陪导游确认团队时使用。

人数在计划里书写时通常有个讲究，一般旅行社的计划上从来不写多少大人、多少小孩，而是用小数点来分隔。小数点前为成年人数量，小数点后为小孩的数量。上面实例中的准确表示就是：14 个大人，5 个小孩。

④往返交通，是个很重要的信息，写明了飞机航班或者火车班次的号码和到达、出发时间。这里要注意一下，首先要跟计调再次确认交通班次没有进一步的变更，有些团队游客并不是坐同一个班次的交通工具到达目的地的，可要求计调把所有涉及的交通班次和具体时间都列入计划表内，避免漏接。然后查询该次交通的相关信息，如乘坐飞机需确认飞机在哪个航站楼降落，坐火车的话也要确认在哪个火车站进站，这点很重要，一旦出错，可能连补救的时间都没有。最后要在接站前的一定时间内落实交通的最终到达时间，送站前也要确认客票的手续是否已经完全办妥。

⑤这几栏都是相关工作人员的姓名和联系电话，如你是地陪，最好提前一

天与全陪电话沟通，提前确认相关信息，争取合作顺利。司机也要提前联系，确定是否出现临时变更，如有变更需和旅行社确认。如团队前往某些景点参观需要景点导游的话，也要提前联系好，确认前往该景点的具体时间，以便接待方合理安排。

⑥备注是对这个团一些需特别注意的方面进行更为详细的说明，明确到具体的项目和金额，以及提醒导游可能会出现的问题。一般每份计划的备注内容都不会相同，因为每个团都有自己不同的卖点和特点。

⑦这一部分是团队计划的核心内容，包括团队在旅游目的地的旅游日期，所涉及的景点、购物点、餐厅和酒店等信息。随着旅游法规的内容越来越具体，旅行社计划的制订也更加的详细和严格。每一个景点后面都有明确标注，团队在该景点停留的时间不得少于规定时间。每天都有景点需要完成，没有特殊情况的话，原则上导游不能随意掉换景点顺序，更不能删减景点。购物点也被明确地写进了行程，什么时候去什么商店，让导游也让游客能够清楚地看到，减少不必要的矛盾。

有些小的旅行社会标明团队人均的用餐标准，按照这个标准，导游可自行选择餐厅用餐。而规模大的旅行社往往有很多自己签单的餐厅，需要导游前往协议餐厅，一般会在餐厅栏中写明餐厅名称和联系电话。

酒店一般没有问题，一些比较小的酒店旅行社会把联系电话写在下面，便于司机寻找。旅行社经常还会随着行程单附带一张分房名单表给导游，上面除了团队所有游客的姓名、年龄、证件号码等信息外，还会标明哪些游客住标准间，哪些游客住夫妻间，哪些游客房间需要加床等问题，导游按照这个分房单来安排就可以了。分房单的另外一个功能就是提供给酒店一份复印件，作为登记之用。

⑧这一栏还是针对该团的一些要求，以及一些签单号码。有时候也一起写在上面的备注里。

⑨最后的注意事项一般有两方面的内容。一方面，是强调一些与导游有关的工作纪律，旅行社对导游有什么特别的要求，明确奖惩制度等。另一方面，是旅行社告知导游对团队旅游过程中出现紧急问题的处理方针。两方面内容都需认真阅读。有时候新导游还会拿到一份更为详细的导游工作责任书。

二、各项准备

从旅行社领取带团计划、拿到相关单据，都核对无误后，导游就可以开始下一步的准备工作了。

一般来讲，从领计划到真正接团之间还会有几天的间隔。这个时段通常是导游在带团前的准备时期，尤其新导游更要好好准备。如果把带团比作是战斗的话，那么在战前通常都会有物质和精神上的两手准备，我们称之为整理装备和战前动员。

别看导游员主要是用嘴工作的，但需要准备的东西还是不少的，尤其是全陪导游和那些因酒店过远而无法每天回家的地陪导游，他们也相当于出门进行一次长距离的旅行。作为服务者，他们除了携带自用物品外，还要带不少工作必需品和为游客预备的东西，所以导游的行李往往远多于其他游客。

对新导游来说，在第一年上团的时候，如果你足够重视导游这份工作，那么在每一次上团前，你都会产生大量的心理活动，兴奋、犹豫、期待、顾虑、彷徨……当然最常见的还是紧张。

一定的紧张是好事，那会让你更重视自己的工作，每一步都“举轻若重”，稳步前进，但紧张过度显然会带来一些消极因素，这也是新导游在工作初期最需要面对的问题。

如何才能够在物质上准备得更加充分呢?

如何才能够让自己克服紧张情绪呢?

希望下面的几篇文章会对你有所帮助。

信息准备

▶▶▶ 导游讲解与数字换算

宙斯

“北京位于北纬39度，与美国的纽约、芝加哥，西班牙的马德里纬度相近，但由于地理原因要比前两者暖，比马德里冷。”

女士们，先生们：

我们现在即将进入北京市区。

北京市区是亚洲面积最大的市区之一，即使站在北京最高的建筑物上，你也很难看到它的边界。事实上，北京市行政区的面积也是非常之大，共占地1.6808万平方公里，约合6487平方英里，相当于25个新加坡，比以色列略大，比美国的新泽西州略小。

北京处于整个中国的中心偏北，离海岸线很近，只有125英里左右，离蒙古沙漠的边缘只有200英里左右。北京周边的铁路体系非常完善，火车四通八达，从这里前往各个重要城市都很方便，如果乘坐最新开通的高铁，去距离600英里的西安需要约5个小时，去距离750英里的上海需要5个小时。乘火车去距离1500英里的香港需要22个小时，而前往2500英里外的拉萨则需要48小时的旅程。当然，去西藏的旅程会很奇妙，因为它将带你穿越超过1.6万英尺高的唐古拉山口，到达1.2万英尺高的日光城——拉萨。

北京位于北纬39度，与美国的纽约、芝加哥，西班牙的马德里纬度相近，但由于地理原因要比前两者暖，比马德里冷。北京年平均气温为华氏53度，春季大约为华氏55度；气候干燥多风，近似于美国亚利桑那州的菲尼克斯（Phoenix）；夏季大约为80度，白天气温甚至超过90度，而且气候湿热，潮气很重，类似美国德州的休斯敦（Houston）；秋天的北京是最舒适的，大约华氏60度，接近于美国西海岸的城市波特兰（Portland）；冬季很寒冷，会有几次降雪，大约有两个月的结冰期，气温也很低，约为华氏25度，类似于美国的首都华盛顿（Washington D. C）。

北京的人口数字很庞大，约有1700万，相当于半个加州或者半个加拿大，接近整个纽约州的人口。过去，北京被称作自行车王国，拥有超过1000万辆自行车，几乎达到人手一辆，但随着市民逐渐富裕，很多人开始放弃自行车，转而购买汽车用于工作和生活。现在，城市里共有约300万辆机动车，每天都会有1000辆新车出现在城市里，目前在北京平均每两个家庭就会有一辆机动车，数量的快速增加和国际油价的走高使得北京的汽油价格已经和美国的很多州基本持平，大约每加仑3美元。事实上，北京的公共交通网络是全国最好的，甚至超过纽约，算上目前正在建设的，北京的地铁总长度接近350英里，我们有2.5万辆公交巴士，超过800条公交线路，城市里还跑着超过6.7万辆出租车。

下面再介绍一下我们的行程。中国是一个地理资源丰富、历史厚重的国家，联合国教科文组织为我们评选出了34处世界文化遗产，接近于美国的两倍（18个）。其中，比较有名的包括秦始皇陵兵马俑、苏州园林、敦煌莫高窟、拉萨的布达拉宫等。我们在北京的游览行程中将会访问到5处世界文化遗产，分别为故宫、颐和园、天坛、明陵和长城。其中，只有颐和园建于清朝中期的1750年，大约250年前，比美国宣布独立早26年，比法国大革命早39年，它的面积足有716英亩。其他四处遗产都建于明朝初年的15世纪，确切的年代为1420年，比哥伦布发现美洲新大陆要早72年。天坛的面积和颐和园差不多，约有674英亩，而故宫则只有177英亩。明陵的各个陵的建筑形式类似，可不同的陵实际面积区别很大，但把所有的陵区面积加起来也只相当于秦始皇陵的大概面积（10000英亩）。长城的确很长，我们所看到的明长城就长达4000英里，而早在2000年修建的汉长城更是超过了6000英里。有两个著名人士曾经给长城做过"免费宣传"，一个是我们的毛主席，另外一个是美国的宇航员阿姆斯特朗。

好了，就先讲到这里，太多的数字可能会让你混乱，但它们的确可以帮助你记住我们这个美丽的城市——北京。

编者评

可惜秦始皇没有统一世界，否则全球都可以书同文、车同轨，也省去了翻译和换算的麻烦了。世界上每个国家都有自己的计算单位，包括货币单位、计量单位、温度单位等。人们对自己家乡的计算单位最为熟悉，而遇到其他国家的计算单位往往需要费时费力去换算。比方说，你第一次到美国，你的导游跟你说美国东西两岸相距多少英里，明天多少华氏度，纽约时代广场多少英亩，你是不是也有点儿晕头转向啊？

导游的工作重点就是给游客带来舒适的感受，不仅是身心方面，也包括头脑的放松，在带团前，提前把很多单位按照客人国家的习惯换算好，再结合该国的情况对比讲解，这样的效果绝对不错。

让客人每节省一分思考，就需要自己多十分的准备。知己知彼，才能百战不殆。

关于翻译

LEGEND-K

“同样是‘TIMES’这个单词，在美国叫‘时代周刊’，在英国则应该被翻译作‘泰晤士报’。”

“我想，在我们的工作当中，尤其应该注意要使用正确而地道的语言，否则就可能出乱子。”

因为工作的要求，我不得不通过看原文影片和听英语唱片来学习说地道的、外国人能听得懂的英语。不过很多时候，连我自己也忘记了这样做的初衷，而更多的是去欣赏音乐和影片的本身。久而久之，学习没见有啥长进，却由此发现了很多有趣的东西，它们看起来好像都是一些枝节问题，却时常影响我们的实际工作。同时，也让我看到东西方文化差异的具体体现。

如今的同学们可能想象不出，我最早看的原文电影，是在学校内部放映的英文版的《半夜鸡叫》，凭学生证免票，进场前还每人发一本台词。那电影看起来可真的是非常别扭，高玉宝用英语和母亲对话，周扒皮骂工人们是“lazy bone”（懒骨头）。我想，那都是正统的学院派的翻译风格，一丝不苟却缺乏语言转换的灵活性。后来我明白，有些东西是无法用地道的外国语准确地翻译出来的。

学院派的东西至少是严谨而准确的，虽然过去因为和西方交流很少，导致了中国式英语的出现。比如，课前的问候，我们总是说“Good morning teacher”。事实上，地道的英语应该用“Sir”或“Madam”。但是这仍然是可以被接受的，它和书呆子所犯的错误是两回事。这些书虫们把假日饭店（Holliday Inn）音译作“霍利德英”，把七喜汽水（Seven-up）叫做“射文阿普”，因为他们在字典上找不到这类词组的官方译法，但是他们又只会从书本上去寻找答案。这实在是很难看，既不准确，更不优雅。稍微动动脑筋，考虑到单词连读的规则，至少可以把七喜翻译作“赛雯娜”或者是更好听的一个名字。

在新版的《福尔摩斯探案集》的“巴斯克维尔的猎犬”这一章节里，这位伟大的侦探一眼就看出给亨利爵士的匿名信是用当天出版的《时代周刊》上剪下来的单词拼凑的。同样是“TIMES”这个单词，在美国叫“时代周刊”，在英国则应该被翻译作“泰晤士报”。而19世纪的福尔摩斯先生应该是看不到美国出版的“时代周刊”的。这是当今美式英语泛滥的结果。

这就涉及很多约定俗成的翻译。比如有家出售女装的商店叫做“伊芙”（EVE），我们通常翻译作“夏娃”，美国的城市“San Francisico”有人音译作“圣·弗兰西斯科”，但我们更习惯管它叫“旧金山”。这对我们的工作也很有意义，尤其是菜名的翻译。比如“豆腐”的正规翻译叫做“Bean curd”，不过老外们更喜欢用中文的发音直接说它是“Tou-foo”。我们的旅游餐厅里常有的一道菜“口袋豆腐”，如果你翻译作“Bean curd cooked as a pocket”也不算错，不过如果你说它是“Tou-foo with meat inside”（里面包着肉的豆腐），客人就会更加明白那到底是什么了。俺自己就曾经想当然地把“红茶”说成是“Red tea”，其实那应该叫“Black tea”（看字面意为“黑茶”）。

港式翻译从某种程度上说，也很有趣。

对于名词的翻译应该是采取音译的方式，因为广东话的特殊发音的原因常导致出现一些我们看不太明白的单词。但是那发音至少和原文是接近的。

如意大利的内衣厂商“瓦仑缔诺”（Voluntino），他们叫“华仑天奴”，马提尼酒他们叫“马爹利”，澳大利亚的悉尼他们叫“雪梨”。有很多甚至取代了我们旧有的官方正规翻译，比如我如果说费雷丽、罗尔斯－罗伊斯、麦克唐那快餐厅、柏儒汽车公司，可能明白的人不太多，换成他们的说法，那分别叫做法拉利、劳斯莱斯、麦当劳、标致汽车，就几乎人人都明白了。这其中，很有代表性的是英国的足球明星贝克汉姆，他们叫“碧咸”。当地道的英格兰人在读这个单词的时候（Beckham），把其中的“ck”应该发的［k］这个轻辅音几乎都吞掉了，所以那听起来就和用广东话读“碧咸”两个汉字的读音几乎是一模一样的。

有意思的是，他们常把英语单词的发音直接套用到日常的口语中来。比如我们把“UFO”叫做“不明飞行物”或者“飞碟”，他们则直接叫做“幽浮”。我们常说某人“发神经”，他们则说“你秀抖啊”。所谓“秀抖”是指“short”这个单词，意为“头脑短路了”。而外国人也的确是这样说的。

这些还都是属于可以接受的那一类。但是他们有时候又不遵循这一原则。比如他们把美国的“卡彭特乐队”意译成“木匠乐队”。而应该意译的，比如德国大众汽车（Voksvagan），他们则叫做“福氏”。德文里面，“voks”意为“平民的”，“vagan”即“汽车”，这间公司是希特勒创办的，他的初衷就是要让每一个德国人都用上一辆汽车。而意大利的超级跑车兰博吉尼－康塔赫他们叫“林宝坚尼－康塔什”，这个单词的词尾是“ch”，它们在原文中的读音应该是［h］，他们可能是用英语字母的发音读这个单词进行的翻译。这一点，他们和美国人很像，美国人就不管三七二十一把法语单词“Citroen”（雪铁龙）用他们的习惯读做［sitron］。更多的时候，是商业的需要。比如德国的BMW汽车，我们过去直接就用这个字母缩写的名字，或者意译为“巴伐利亚汽车制造厂”，他们却给了一个很好听的名字“宝马”；而保时捷更标准的发音应该是“波尔舍”，但是前者明显比后者更为响亮和动听。

最多的就是电影名称的翻译，简直就是五花八门，很多时候根本就和原文沾不上边。史蒂芬－西格尔的动作片《爬行人》他们翻译成《威龙猛探》。而音像商店里像这一类的名字简直铺天盖地，你恐怕很难找到你想要的影片。

我们中国翻译界的先辈严复老先生提出，翻译工作要遵循“信、达、雅”三个原则。信，就是要真实，要忠于原文，否则就失去了翻译的意义，而应该叫编写了；达，就是词要达意，要翻译成大家都能看懂的内容；雅，就是要在忠于原文的基础上尽量使用通顺甚至是优雅的母语来进行翻译。这是一种十分令人钦佩的严谨而务实的治学态度，是翻译工作者始终应遵循的。再早的，我国唐代的玄奘法师，在对他从古印度带回来的原文佛经进行翻译的时候，为了要忠实地传达佛经的本意，在长安召集了精通梵文的中国人和精通汉语的印度人各一批，先由华人把原文翻译作汉语，再由印度人把汉语译文译作梵文，和原文对照，稍有出入即刻推翻重来。所以当今世界上只有我国现存的唐译本佛经在内容上是最权威的，连印度学者都要参考中国的翻译本。这种一丝不苟的严谨治学的态度值得我们继承。

我想，在我们的工作当中，尤其应该注意要使用正确而地道的语言，否则就可能出乱子。比如我们应该称呼英国为“不列颠”或“联合王国”，称英国人叫“不列颠人”。因为他们的国家由英格兰、苏格兰、威尔士及北爱尔兰所组成，统称为“大不列颠及北爱尔兰联合王国”。你所面对的英国客人很可能是一个苏格兰人，如果你把他的祖国只称为“英格兰”，他可能会很不高兴。同样，对于我们中国，现在大家都知道是“China”，但是更早的时候，也有用“Sino”这个词的。“Sino”专指“中华”或“汉族”，现在已经被官方所弃用了。但是在一些旧式的名词中还有用到。比如俺们重庆导游人人皆知的“中美合作所”，它的原文就是用的“Sino-America”而不是“China”。

编者评

新从业的外语导游在第一年恐怕都有一个彷徨的时期，如果上学时候很少关注原版外国电影或音乐的话，你会在刚入行时忽然听不懂很多外国游客描述的东西。我们的外语教学还不够灵活，一些名词的翻译也存在问题，使得导游这种身处一线与外国人交流的行业经常发生措手不及的尴尬。电影《三枪拍案惊奇》这个名字部分借用了名著之名，也明确诠释了影片的内容，但一翻译成英文就变成“一个关于面条的简单故事”，个人认为实在够不上雅致。要提高在翻译上的灵活性，还需要导游在平时生活中多多积累，广泛涉猎。

物质准备

▶▶▶ 地陪导游装备全攻略

宙斯

“在接待一些高标准的游客时最好是穿正装，尤其在接机的时候，这样会让游客感觉你很专业。”

“笔：随时都可能有用，如果游客没有你也没有的时候就很麻烦了。”

地方陪同导游主要是在一地陪同游客参观游览、提供讲解服务，并且为旅行社确定预订的各种项目、解决在当地出现的各种问题的服务人员。地方陪同导游一般情况下住在游客所住宿的宾馆，当然，如果宾馆的档次较高就需要回家住宿。这里列出了地陪在 3 ~ 7 天服务过程中所需要携带的东西，★★为必须携带品，★为建议携带品。当然，导游证、行程计划、签单、意见单、导游旗，这些必需品就不一一赘述了。

机械类

★★手机：导游普遍使用手机是在 1999 年以后了，之前导游不需要必须拿手机，因为旅行社已经提前预订好了一切事项，导游只需要执行就可以了，而且那时候游客数量不算多，没有太多排队、拥堵等现象。而现在，没有手机你简直无法上团。餐厅等需要导游自行预订；随着环境保护观念的深入，停车场也被划到了离景点很远的地方，和司机随时保持联系也是很必要的；另外，导游还需要提前与餐厅、商店等地方联系以确定午餐时那里人流量如何。旅行社有事要找你，司机要找你，游客要找你，太多的人可能也要找你，所以你上团什么都可以不拿，手机则必须要带着。

★扩音器：在人多的时候对保护你自己的嗓子很有必要。超过 40 人的时候站在外围的游客就有可能听不到你讲话，所以为了保护自己的嗓子，也为了照顾到外围的游客，带大团时候最好还是拿着。目前全国比较流行的导游扩音器材是别在腰间的那种，北京买的话，价格在 100 元多一点。

★计算器：导游在工作过程中需要算钱数的地方很多，如果算错了，损失赔偿可就是你的事了。鉴于有些手机中包含计算器，这个就作为建议品。

★★手表：导游是个对时间要求很强的职业，我们要看升降旗，我们要约定集合时间，我们要推算路程时间，在商店还要留出足够的购物时间。虽然手机也带电子表，但看时间是随时的事情，而且如果你穿正装的话也需要佩戴一块手表搭配一下。

★刮胡刀：做导游，仪表必须整洁。

食品类

★★口香糖：在导游的兜里无论何时要装着一包口香糖，因为目前在旅游餐厅吃饭，你很难避开葱、姜、蒜、韭菜等，而口中带有这些气味讲解，对游客无疑是一种折磨，更是不礼貌的表现。所以，饭后嚼一片口香糖吧。

★巧克力：地陪的工作量非常大，一般每天从早晨7点开始一直要工作到晚上8点以后，而目前的旅游餐厅提供的陪同餐不太可能让你吃饱，更别提吃好了。接下来就是对你抗饥饿能力的考验，身体不好的导游可以随身携带一两块巧克力以补充必要的热量，夏天时候改带压缩饼干一类的食品。

★茶叶：在导游工作过程中，一定要注意多补充水分。否则在炎炎夏日下很容易出现脱水、晕厥等现象。实践证明，茶水要比白开水效果更好。重点推荐绿茶，它对咽喉可以起到保养作用。而在宾馆和餐厅都有可以续热水的地方。

衣服类

★★日常衣物：包括日常带团各个时段所需要的衣物。下面通常穿旅游鞋或运动鞋，走路的时候可以有效缓解疲劳。

★正装：主要包括西装、皮鞋、衬衫等。在接待一些高标准的游客时最好是穿正装，尤其在接机的时候，这样会让游客感觉你很专业。同样，在景点的时候，如果你周围的导游穿的都是休闲服，而你则是西装，你的游客会非常自豪地跟着你的。但穿的时候要注意配色和穿正装的一些惯例，而且你的行为举止也要和这身衣服相吻合。

★遮阳帽：在阳光照射强烈的地区是必备的。鉴于目前旅行社都给客人发放同一颜色的帽子，导游的帽子则必须要更突出一点，以便让游客能够很容易找到。

★太阳镜：第一个功能和遮阳帽是一样的。第二个功能就是保护自己的眼神不被看穿，使自己在特殊时刻更加镇定自若。再有，就是像我这样的帅哥导游戴上太阳镜会比较酷。

★手套：在比较寒冷的地区带团必须要用的，因为你时时刻刻都在举着导游旗，如果不想被冻坏的话就戴上手套吧！

洗护品类

★化妆品：女导游最好不要化太浓的妆，记住自然美才最重要。

★★防晒霜：携带这个则不分男女，紫外线的危害人所共知，随时涂抹防晒霜是有益于皮肤健康的。在阳光照射比较强烈的地区建议使用 SPF30（SPF 指防晒系数）的，而一般的地区 SPF15 就可以了。

★★清洁用品：包括洗发水、浴液、香皂、梳子、毛巾等。如果地陪也住在宾馆的话，自己带着这些用品比使用宾馆那些一次性的舒服多了。

★卫生用品：消毒纸巾等。

★隐形眼镜及药水：针对使用隐形眼镜的导游。

★防蚊水：如果你住宿的是档次较低的宾馆或招待所，携带这个就是很必要的了。

随身携带类

★★小包：这里说的小包是可以随身拿着的。当然也可以是背包，但导游要随时从包里拿东西，包括行程计划、名片、通信录等，所以拿个手包要更方便一点。这里推荐使用透明的塑料包，在里面可放如行程计划、通信录、名片夹、笔等物品，钱最好不要放这里。这种包的优点就是安全，别人可以一目了然地看到你包内的东西，看到没有现金在里面，也就不会起什么歹心了。当然，带个腰包也不错。

★★通信录：通信录是很有用的存储工具。作为导游，你的联系面非常广，包括多个旅行社、餐厅、商店、旅游景点、酒店、司机、游客和供查询的电话，统计一下，至少也得好几百个电话，在通信录里还可以记下地址、邮箱等其他信息。另外，通信录丢失的概率要比手机小得多，所以它也是手机存储电话的良好备份方式。

★名片夹：在这里放你自己的名片和刚刚收到的名片，结束带团后可分门别类进行整理，以储存更多的人脉资源。

★★小本：小本的尺寸不需要很大，普通照片大小就可以了。可以随时记录一些电话或事件，也可以随时撕下来当做便条使用，例如给别人留电话、客人签字的证明、收到钱的收条、借出钱的借条等。

★★笔：随时都可能有用，如果游客没有你也没有的时候就很麻烦了。

★瑞士军刀：也许上了好几个团都没用上，但是如果不带着的话也许马上就有用了。

★电池：手机的电池还有扩音器、刮胡刀的电池。当然，还可以拿着充电器。

★打火机：客人要吸烟时你拿打火机去帮着点会被视为非常有眼力见儿的行为。

★★旗杆：如果随意折一条树枝或卷个报纸棍当旗杆的话很容易给游客一种不正规的感觉，买个可伸缩、结实耐用的，还是非常值得的投入。

★★润喉片：由于导游职业的特殊性，润喉片应作为导游必备的物品之一，就算很多导游都带着，并且随时含着，我们依然可以听到很多导游的嗓音像单田芳一样。

编者评

有点眼花缭乱吧？没错，看着是有点恐怖，好像户外运动员要去登山一样。当然这只是一份建议性的清单表，全国各地的导游可以根据自身不同的情况来调整。不同的工作类型，比如全陪因不用过多的讲解，可不用携带扩音器，进而也就不用带太多润喉片；不同地域的气候环境，携带的服装也有较大的差异；不同的工作场合，比如野外活动为主的导游就不必携带正装……

导游的工作性质决定了你需要心思细腻。无论你之前是什么脾气秉性，多么奔放豪迈，多么不拘小节，从事导游这一职业以后都需要细心，至少在进入工作状态时要这样。这份表格如果已经记入了你的心里，就说明你的细腻心思已有小成了。

心理准备

▶▶▶ 怎样消除上团前的紧张心理

文立刀

“虽然书上也这么说，但是你自己要清楚了解这些细节有什么用！”

“上团之前要摆明自己的位置，你是一个新导游，经验还不是很丰富，所以你只要不出什么错就是成功。”

在带团之前你紧张吗？说实在的，大部分人都会紧张，那是因为重视。

在 QQ 上有不少人问我这样或那样的问题，问得最多的就是上团之前紧张怎么办这个问题了！心理学我没研究过，我只能说说我的调节方法。

首先要有充分的准备。准备工作最重要，你在上团之前需要了解客人的人数、来自什么地方、什么工作单位……虽然书上也这么说，但是你自己要清楚了解这些细节有什么用！

（1）人数。多少人决定坐多大的车，车决定你的讲解环境。45 座金龙上你可以站着讲，可以加动作，可以眉飞色舞、指手画脚地讲；可是在 15 座的面包车里就不行了，只能坐在前面，采用自我陶醉式的讲解方法，而且还要注意你的脖子。了解这些之后你可以假想一下致欢迎词的情景，在脑海里多温习两遍，真正上团的时候也就不那么紧张了。

（2）来源地。城市在某种程度上可以体现人的性格，东北人的豪爽、上海人的精明、北京人的自豪感都可以加以重视，投其所好，而且在讲解的时候插几句当地的方言，效果一定不错。如果你能在上团之前到我们导游栖息地来查查资料，了解当地的名胜景区、风土人情，融合到你的导游词里，一定会给人一种博学的印象！

（3）工作单位。有助于了解团内人员构成。如果是来自同一个单位的客人，遇事可多征求领导的意见。对客人从事什么行业、对什么感兴趣，如果你有所了解的话，对工作也大有益处。

有了充分的了解和准备之后，心里面是不是踏实多了？

看到这儿有的人也许还会继续问，我计划准备得很周到，可是一上车就什么都忘了，紧张得汗流满面，说不出话来。怎么办啊？

这是个人的心理素质问题，不是一朝一夕能改变的，不过也有调节的方法。我分析过，一般出现这种情况是由于把自己定位过高所致，太想把团带好了，无形中增加了自己的压力，背着很重的包袱上团自然会紧张了。上团之前要摆明自己的位置，你是一个新导游，经验还不是很丰富，所以你只要不出什么错就是成功。

上团紧张主要是因为在讲解上自信不足，你可以试着找到这样一种感觉：你不是一个职业的导游机器，你是一个人，一个有自己思想、有自己性格的人，不要考虑别人怎么讲的，某个点你没讲到也没关系，不是所有的导游都要讲得一模一样，你只要讲出自己的风格来就可以了。

讲解的过程也是交流的过程，从表情、动作、声音等诸多方面来向你的客人暗示——我愿意和你们交朋友！这也是自我暗示。最后甚至会感觉你是在你的朋友们面前“夸夸其谈”，你还会紧张吗？

编者评

文立刀是整个导游栖息地网站和论坛的创建者，在他刚刚接触导游工作时就有了要把我们行业放在网络这个更大平台上交流的想法。尔后，他身体力行，敢想敢干，以满腔热情开始建设这个行业网站和论坛。

在论坛茁壮成长的今天，他已成为老导游中的一员，在解答网友提问时，时常会遇到相同问题，他习惯写一篇有针对性的文章来统一回答。这篇是他对消除带团紧张感所作的论述，核心就两点：“充分准备＋放低对自己的要求”。我说得对吧？

导游如何克服怯场

北斗之星

“对客人的微笑是缓解压力最好的途径。”

“有些新导游准备的东西很多，但不太会把握层次重点，那么可以把一天的行程划分成几块来讲。”

怯场一般是针对刚出道的新导游而言的。不过带有些贵宾团，比如旅游局开旅游交易会的局长团、市长团或者旅游公司接到的层次比较高的教授团、艺术家团，对每个导游都是一个很大的考验。我想，达不到一定的层次，要做到不怯场还是有一定的难度的。下面我就谈谈我的一些体会。

新导游克服怯场

对新导游而言，一开始肯定带团不多，心里难免紧张，首要的是尽快树立自信心，克服导游讲解的畏惧感。一开始你必须多准备一点资料，做到心里有底。

首先，有些新导游准备得很多，但是因为紧张，开口时可能就忘了一半，越忘越紧张，到最后脑子里一片空白。要克服这些需要注意方式方法。紧张是由于压力造成的，而客人是压力的诱因，那我们就让压力从哪里来还到哪里去。有些导游很有经验，一上车第一件事不是先急着自我介绍，把背的东西照本读出来，而是与在座的每一个客人都有一个目光交流。这一点很重要，与每一个客人目光交汇后给出最真诚的微笑，其实已经是在与客人交流了，而且对客人的微笑是缓解压力最好的途径。

其次，不要怕难为情。有些导游很腼腆，特别是在景点的时候，看到其他导游在讲解，心理压力就来了，产生了一种错误的心理暗示，觉得自己没有对方讲得好，于是开始语无伦次，颠三倒四，或者干脆避着其他团走。当然客人是会有比较的，当他们觉得你讲得没有其他团导游多的时候，可能会有意或无意地问导游，这个怎么不讲，那个怎么不讲，你的压力就会升级到另一个危险的境地。那时你工作的激情和信心会荡然无存，连讲解都不会，更别说怎么去带好团了。所以在景点千万不要怕别的导游，把他们都当成是游客，把你的喇叭的音量调高，用你最精辟的语言、最动听的声音用心去讲解，让你的讲解区域都能听到，那么首先客人会觉得你很自信，哪怕你讲得不是很出色，他也会觉得你很敬业。有些好导游讲解声音非常清晰流畅，甚至把其他团的客人吸引过来，一个景点一大堆人围着一个导游认真地听，说明了什么不言而喻。这样一来，你不但解除了压力，还会增加日后带团的信心。所以，在景点千万要记住，不要怕难为情。

最后，有些新导游准备的东西很多，但不太会把握层次重点，那么可以把一天的行程划分成几块来讲。如果准备充分，但要临场发挥时变得没有章法，到最后一紧张，忘得差不多，等于没有准备。根据情况合理安排很关键，不是准备得多就好。

带贵宾团克服怯场

带贵宾团，首先对自己要有信心，合理安排讲解的内容，分段分层，有理有节有度。但要做到这一点很不容易，不过只要导游员能够大胆地迈出这一步，那对你就是一种突破，一种进步，一种财富。机会来了一定要把握住。不要把贵宾团当做一种负担，这是对你进步最好的锻炼，是求都求不来的机会，哪怕贴钱都要带的团。

总之一句话，只要你热爱导游工作，对自己有信心，胆大心细，实践中不断完善技巧，那怯场见了你会闪得很远！

编者评

北斗之星是论坛里一位来自无锡的版主，他的带团风格颇为细腻，而实际为人却很豪放，这也就是我之前谈到过的工作与生活上的两种不同状态吧。作为走华东全线的导游员，需要对好几个城市进行讲解，以及消化掉漫长的行车时间，所以这个岗位上训练出来的导游员水平尤其出色。看过他的文章，你应该会觉得与上一篇有相似之处。这种重叠也恰恰说明了方法的正确性。

细看北斗之星的文章，会发现，他又提出了一个新的观点，就是讲解的层次感。这的确是可以让你避免因紧张而讲解有遗漏的一个重要方法，把你要说的东西分好层次，然后逐步按照顺序来说，不仅自己容易记忆，也能让客人觉得更有条理，更易理解。

论导游带团的必备心理条件——危机感

金一刀

“老导游之所以能带好团，是因为从带团开始就具备了一种必要的心理素质——危机感。”

“当你有了一份危机感，做了一次坏打算，其实你也就拥有了一份轻松的心态上团。”

“时时刻刻给自己敲警钟，提醒自己危机无处不在，防患未然。”

一直想着怎么样能够给一些新导游讲一些有用的东西，今天忽然想到一点，先记录下来，希望能对大家有帮助。

总是在聚会的时候会聊起，总有些导游会问起，到底怎么样才能把团带好。因为只有把团带好了，游客舒心、开心了，我们才做好了本职工作，才会获得应有的回报。那么怎么才能把团带好，带得顺？见仁见智，各有说法，可谓八仙过海，各显神通。

流畅的讲解，幽默的言辞，不是每个导游都能做到的，用真功夫去征服你的游客，那是你个人魅力的体现。其实，也不是所有有真功夫的老导游在每个团上都能把自己的个人魅力淋漓尽致地展现出来，即便如此，老导游带团就是没有毛病，就是能让旅行社放心。既然这样，我们那些刚上路的新手们应该找一些小窍门、小方法了。个人感觉，老导游之所以能带好团，是因为从带团开始就具备了一种必要的心理素质——危机感。

从拿到计划开始我们的导游就开始盘算了。不要先想着这个团的人数是多少，客人是哪里的，我们能赚多少钱。没错，咱们拿一份计划就是背负一笔“债务”，不得不考虑现实，但同时旅行社也给了你一次机会。这就要求我们首先要摆正自己的心态，把困难永远先想在前头，而且把困难设想得越大越好。我始终坚信一点：最坏的打算，最好的努力（即便报酬不多，也能在客人和旅行社那里赚个好名声，机会下次还有）。当你有了一份危机感，做了一次坏打算，其实你也就拥有了一份轻松的心态上团。海纳百川，有容乃大，壁立千仞，无欲则刚，面对金钱利益，在游客面前洒脱一点，客人自然有触动！

别以为把客人带到餐厅，找到位置，拿到碗筷，就没事了，可以在导游座上吹牛了。餐厅不能忽视，始终要坚持在不同的餐厅保持不同的危机感。不定时地去看看你的客人吧，因为餐厅投诉占了旅游投诉的30%以上。

想加夜景？一定要和你的司机协商好。在介绍的时候，首先要想到一定有人不去或者不情愿去，心里有个提前准备。再来一些针对性的处理和讲解，效果就会比较好。（加景点，不管你愿不愿意，不去的人是你首先要考虑和安排的。）还要考虑顺利地带客人看完景点，会不会有问题？（如天气、戒严等客观原因。）

看完了夜景，总没问题了吧？是啊，夜景没问题了，但往往想不到的麻烦随之而来了，在静悄悄的深夜入住酒店，分房的问题是很多的，不详细讲，自己去想。

永远不要在送团之前安排自由活动。如果必须要安排，一定要在飞机起飞前三个半小时以上集合（上海）。在让客人自由活动前，你就应该想到如果有客人迟到怎么办，而且一定要把迟到的后果向领队说明，并且告诉他你将以大局为重，剩下的事情领队会处理！

再说接团，首先我们要把客人到达的时间告诉司机。我一定是提前半个小时告诉司机，10点的飞机我就说9点半，你说得准确司机就算得精，卡着时间很容易迟到，之前看到过很多次这样的情况了。

要考虑到司机可能是新手，或者不那么理解导游工作，接团之前与司机的沟通和交流至关重要。有的时候导游吃那么一点儿小亏，其实是必要的！人哪，有感情的，只要聊到一块儿了，都好说！

有的全陪也许会不好沟通。出于各种顾虑，有些事情全陪有可能不会和你站在同一战线。其实只要把客人带得开心，团带得好，全陪自然会倾向地陪。从心理学上来说，当所有的游客与地陪玩得很好，全陪再不与地陪把关系处理好，那他就会是这个团队“被遗忘的角落”。

不要在购物点和餐厅当自己是老大，是上帝。懂得尊重别人，才能得到对方的尊重。别动不动就喝人家的旺仔牛奶，动不动就拿人家的蹄髈牛皮糖，动不动就吃人家的白切鸡，别占小便宜！

时时刻刻给自己敲警钟，提醒自己危机无处不在，防患未然。在我们带团处理突发事件、应对难题的时候，就有了提前的心理准备！

做导游就像做演员，愚认为还是做本色演员吧，可以变换我们的台词、表情，但不要变了自己内心的本质！不要导游做久了，找不回自己了……

编者评

金一刀是杭州知名导游，也是全国优秀导游员，受到过前副总理吴仪的接见，是这个行业中的佼佼者。他从心理上分析新老导游的区别，提出了一个很新颖的概念——危机感。细细读来，很有道理。总结一句话：“做最坏的准备，尽最大的努力。”俗话说，吃一堑长一智，如果你能在学习时把别人得到的教训充分理解，完全可以成为自己的经验。

带团就是战斗 第二篇

战鼓雷鸣

3 STEP

步骤三:找到属于自己的导游风格是成功的捷径

一、亲友型导游

二、压迫型导游

三、服务型导游

四、讲解型导游

4 STEP

步骤四:导游词,工作中的灵魂

一、欢迎词,成功的50%

二、对景点的实战讲解

三、车上讲解,新导游的一道坎

四、欢送词,锦上添花的点缀

5 STEP

步骤五:导游实战促销

一、对本地购物的宣传

二、对本地其他景点的宣传

步骤三：找到属于自己的导游风格是成功的捷径

商场如战场，导游的工作环境亦然。

新近进入一个圈子的菜鸟，首先要保证的就是，不要在一开始的时候就落后一步，以至于还没有融入环境的时候即被淘汰出局。

就像金庸小说中的武林门派一样，你初入江湖，打算修炼武功，面前可选择的门派让你有点眼花缭乱。有像少林武当这样循序渐进的名门正派；也有像古墓派这样的旁门左道；还有像五毒教这样的专修各种毒药暗器，以求出奇制胜的宗派。五花八门，无奇不有。选门派意义重大。修习几年之后才发觉走上了一条并不适合自己的道路，可能一切努力付诸东流。还有不少选错了类型的人，始终没有发现自己的错误，虽然付出的努力不比哪个绝顶高手少，但终其一生也只能庸庸碌碌，这是更大的悲哀。有些人则在开始阶段充分熟悉自己的性格和特点，正确选择了武功类型和修炼方式，就像杨过之于古墓派、郭靖之于降龙十八掌、令狐冲之于独孤九剑，修习起来便可以达到事半功倍的效果。抛开悟性不谈，选对你的道路，对新人来讲格外重要。

有部电影中曾有这样一句话，“有人的地方就有江湖”。旅游圈也是如此。对刚刚拿到从业资格，准备踏入这个江湖的你来说，选择什么样的导游风格，决定了你会以何种方式面对游客，以什么绝招去征服游客，以什么话语去引导游客。如果你充分理解所选择的导游风格，结合自身特点融会贯通，并最终确定下来，它将决定你今后很多年的工作方式，进而影响整个职业生涯。

随着论坛在全国的影响扩大，我们接触的导游越来越多。逐渐地，在不断地了解汇总后，我们把导游的工作风格大体划分成了四类，然后逐一将目标导游对号入座，发现几乎所有的导游都可以找到其相应的位置。

这四种风格分别为：亲友型导游、压迫型导游、服务型导游和讲解型导游。

一般来讲，很多刚刚从事导游工作的新人，在第一年大多没有明确的风格定位，属于茫然的探索阶段，风格经常受其他导游影响而改变。在辛苦工作一年以后，开始在实践中找到规律，确定了其中一种风格，然后通过持续不断地带团来加以强化。如果选对了的话，他们在之后工作的几年里都是这一种风格。在工作了四五年以后，当主体的风格和工作方式越来越成熟，达到举重若轻的程度后，不少导游开始涉猎其他一种或几种风格。通常来讲，我们很容易看到一位从业十年以上的老导游同时拥有两到三种风格类型，当然还是以一种风格为主，但在讲解上或者处理事务上会隐约具有不少其他类型风格的特点，所谓成熟导游正是如此。当导游工龄超过十五年以后，天资高者，将会全面融合这几种风格的特点，掌握所有的“必杀绝技”，在带团中因不同的环境和形式随时切换自己的“武功”，永远使用最佳的招数来应对即将面对的问题，这就是我们常说的“大哥大”——骨灰级导游。

不过还是不要盲目崇拜哥，其实哥只是个传说，想要成为高手，你还需要自己脚踏实地，一步步地稳健前行。

还要补充一点的是，我所说的这四种类型仅仅是工作的风格，而不是内容。每一个合格的导游都需要达到最基本的工作要求，这点毫无疑问。导游在工作中，即使你再腼腆，有时也要以朋友的口吻与客人交流；在一定的条件下也需要给客人施加影响；最基本的服务工作是必不可少的；讲解则是每个导游的必修课。不能说为了达到压迫型导游的要求，总是保持一副冷酷的面孔，连客人提的最起码的要求都置之不理，这样显然本末倒置了。

下面的章节中，我们将对每一个风格类型进行详细的论述，并通过一些案例和技巧，以及对具有某一风格的典型导游进行的访谈来深入剖析，让你能更为全面地了解这些类型，并找到合适自己的一款。

还有什么问题吗？什么？你还不能充分了解自己？有没有搞错，你已经不再是一个学生了，只有先比较透彻地进行自我分析，才能更客观地去分析别人。现在达不到的话，就先慢慢练习吧！我们研究设计了20道性格测试题，这也许能帮你分析出一个大概结果。仅供参考，真正的最佳选择还需要你自己明确定位。

无论怎样，先把测试题做做再说吧！

▶▶▶ 小测试

不妨做一下下面的自测题，相信会给你提供一些参考依据。

请根据看题后的第一反应作答。

1．你是什么星座的？（　　）

A．巨蟹、天蝎、双鱼　　B．双子、天秤、水瓶

C．金牛、处女、山羊　　D．狮子、射手、白羊

2．初次与陌生人交流，你会怎么做开场白？（　　）

A．找共同点

B．直接切入正题

C．侧面打听对方爱好

D．谈论天气或者体育等话题

3．与朋友聊天时，你喜欢选择什么话题？（　　）

A．简单通俗的日常生活话题

B．独立的个人话题

C．随着对方的话题聊

D．有些深度的历史话题

4．当别人请求你的帮助，而你又无能为力时，你会（　　）。

A．先说难处，然后拒绝

B．直接拒绝

C．避实就虚，让对方感觉到你的难处

D．委婉拒绝，但帮他想别的办法

5．用两个字形容你性格中最明显的特点是（　　）。

A．热情　　B．冷静　　C．圆滑　　D．沉稳

6．你比较喜欢什么颜色？（　　）

A．红　　B．黑　　C．白　　D．蓝

7. 你觉得你的为人处世更像金庸小说里的哪个人物？（　　）

A. 韦小宝、黄蓉　　B. 杨过、王语嫣

C. 段誉、双儿　　D. 黄药师、任盈盈

8. 一次聚会上，服务员端上来一盘蛋糕，1234 从前往后分别代表从大到小，你会拿哪一块？（　　）

A. 2 号第二大的　　B. 1 号最大的

C. 4 号最小的　　D. 3 号第三大的

9. 如果你打算养只狗，你会选择哪只？（　　）

A. 性格开朗的贝贝　　B. 爱憎分明的晶晶

C. 亲近家人的欢欢　　D. 稳重独立的迎迎

10. 你更欣赏三国中的哪个人物？（　　）

A. 刘备　　B. 关羽　　C. 赵云　　D. 诸葛亮

11. 一个人在家，想和朋友吃饭了，你通常打算怎么办？（　　）

A. 找朋友一起出去吃饭

B. 找朋友来家吃饭

C. 给朋友打电话，让朋友决定

D. 直接选择好餐厅，电话通知朋友

12. 餐厅点菜的时候通常你会（　　）？

A. 主动拿起菜单，问东问西，但不急于点菜

B. 菜单都不拿，直接叫自己想吃的菜

C. 不愿点菜，吃什么都行

D. 拿过菜单，仔细考虑后点菜

13. 出去旅行，除去金钱、时间等因素，比较想去哪？（　　）

A. 北京　　B. 泰山　　C. 海南　　D. 南京

14. 出去旅行，喜欢和什么人一起走？（　　）

A. 年龄相仿　　B. 年龄比自己小一点的

C. 年龄比自己大一点的　　D. 自己去

15. 人在外地，遇到一个比你强壮又想要欺负你的人，怎么办？（　　）

A. 看看能不能拉上关系，避免尴尬

B. 用冷静的眼神吓唬他

C. 寻找他身上的破绽

D. 用电影中黑道的口气吓唬他

16. 你饮食的味道偏（　　）。

A. 甜　　B. 辣　　C. 酸　　D. 咸

17. 这些东西你喜欢吃什么？（　　）

A. 芝士蛋糕　　B. 麻辣香锅　　C. 酸汤鱼　　D. 椒盐基围虾

18. 你喜欢看什么类型的电影？（　　）

A. 喜剧片　　B. 惊悚片　　C. 悬疑片　　D. 战争片

19. 你最欣赏哪个男演员的风格？（　　）

A. 成龙　　B. 黄秋生　　C. 陈坤　　D. 陈道明

20. 你最欣赏哪个女演员的风格？（　　）

A. 姚晨　　B. 袁立　　C. 孙俪　　D. 章子怡

有结果了吗？

那么就数数你的答案中哪个字母更多一些。A 代表亲友型，B 代表压迫型，C 代表服务型，D 代表讲解型。

如果你的结果中某一个字母的数量鹤立鸡群，那么恭喜你，你可以考虑确认你的风格了。如果你有两个选项的数量相差无几或是完全相等，那你可能具备成就这两种类型的潜质，先选择其中觉得比较好达到的，在充分修炼并收放自如后，再修习另一项。如果你选的四项实在太平均，那么也恭喜你，你可能是个矛盾的复杂体，简单的 20 道题还无法将你剖析明白，你需要更多的测试题……敬请关注本书第二版吧。

心急是可以理解的，不用按照顺序，直接跳到你那个类型，先满足一下好奇心吧！

一、亲友型导游

亲友型，顾名思义，此类导游在带团的过程中所扮演的角色就像是游客的一个亲朋好友。在言谈举止中与游客拉近距离，让大家都拿你当自己人来看待，这样你的很多工作开展起来将会非常容易。

典型的亲友型导游，可能并不需要多么周到的服务，多么深刻的讲解，重要的是给游客一种非常阳光的感觉，每天带团脸上都洋溢着亲切的微笑，笑得真诚、自然，让游客如沐春风。

在工作上，亲友型导游多采用将游客当自己家人来对待的方式，在餐厅、商店和酒店等场所中绝大多数时候都是坚决地与游客站在一起。在餐厅里，尽量与游客同桌吃饭，主动为客人倒茶加水，并热情介绍地方美食。在商店里，精心为游客挑选商品，并热情帮助游客杀价。在这里，你的形象并不是假扮来的，而应该是发自内心的。因为你并不是演员，在几天的时间里，如果一直假扮的话，很容易让游客看出漏洞的。只有在内心当中就坚定地认为自己是游客在当地最好的朋友、最可以信赖的伙伴，这样才能出自本色地完成上述工作。另外，在很多需要游客配合的项目上，以一个朋友的立场来提出请求，也更容易得到客人的呼应。

在讲解上，亲友型导游的讲解并没有多高深、多丰富的知识含量。他们的讲解通常是最通俗易懂的，因为只有聊一些家长里短的东西才更能引起所有人的共鸣。平常交谈时也是如此。打个比方，如果你跟游客刚见面，简单寒暄后，就被你转入一个比较深刻的话题，历史或者宗教什么的，游客要是知识层次稍微低些的，很难接得上你的话茬，有时会造成一些尴尬的场面。而见面时，刚聊一会，就冒出一句，“我也有件你这样的衣服”，“头两天的××电视剧真不错”，“你们公司的×××是我原来的朋友的对门的三姑妈”之类的话，客人可能觉得你略显肤浅，但这些话可以帮助你与每一位游客打成一片。

很多亲友型的导游在与游客见面后摒弃了欢迎词中开篇的枯燥历史信息，而是从房价、美食、娱乐、交通等更贴近民生的话题入手，同样是介绍一个城市，这样的开始具有独特而朴实的风格。在讲解方式上，亲友型导游也更喜欢用问答式，先提出问题，“大家猜猜我们这里去年最贵的房子多少钱一平方米?”在得到一部分客人响应后，再自己来回答上面的问题。在多次的问答中，导游与游客的互动就自然而然地进入了良性循环。

亲友型导游风格的最大优点就是拉近与游客之间的距离，即使工作中出现不少让游客不甚满意的地方，但游客想到导游的热情服务，可能就不会选择投诉。促销时，帮助游客购买称心如意的商品显然比远远看着游客买东西的效果好太多了。

从年龄和阅历上看，亲友型导游还可以进一步划分为晚辈型、同龄型和前辈型。比方说你目前是30岁，你带的客人是一个夕阳红之旅的老年团，就需要你以晚辈的角色出现，亲热地称呼团员为“叔叔、阿姨、爷爷、奶奶”，在外形上也可走乖乖男路线，让这些老年游客感觉像是自己家里的一个孩子在跟他们交流。如果你带了一个学生团，那么你就可以以一个年长者的身份来面对他们，以自己的一些实际经历为话题，言传身教，让他们感觉你是个可以信赖和依靠的叔叔或阿姨。如果这次的团队都是同龄人，那么干脆就拿出哥们聚餐时的口吻，别太见外，肯定会立刻把气氛带动起来。

这个类型的缺点也很明显，就是语言的深度不够。你可能会很轻松地博得客人的喜爱和信任，但很难成为游客尊重和敬佩的导游。另外，如果不加选择地满足游客的要求，也会给自己后面的工作增加不少难度。在带团过程中最需要注意的一点就是说话的尺度，就算你再自来熟，毕竟跟游客也只是刚刚认识，难免有些关系慢热的人，得相处一段时间才能充分接受你。所以说话的时候务必把握好分寸，玩笑也要挑无伤大雅的来开，否则好心办坏事，对后面的工作很不利。

亲友型导游其实是新导游最容易实现的一种类型，尤其刚刚毕业的年轻人，以晚辈自处，热情亲切、谦虚谨慎即可。不需要你有太多的知识储备，聊聊自己的生活、求学之路、家长里短、邻里逸事，同样可以吸引游客的注意。要知道很多游客也不喜欢听那些高深的东西。但如果你本身不够外向或者思维更细腻，那么看看另外几种类型，再考虑最后发展方向吧！

本类型绝招：亲切的微笑、言语中的亲近感、如火一样的热情。

晚辈亲友型必杀技：干净整洁的外形、谦虚的言辞、偶尔可以“撒撒娇”。

同龄亲友型必杀技：对共同爱好的追寻、适度的玩笑。

长辈亲友型必杀技：阅历的分享、适度的教导、亲切的关怀。

▶▶▶ 与客人一起用餐！

宙斯

“会像主人一样帮客人盛饭，教客人如何使用筷子等。”

“很多在车里不方便问的私人问题在饭桌上变得非常容易开口，很自然。”

与客人一起用餐，原来似乎很少想到这一点，总觉得和客人一起吃饭会有点别扭，在司陪餐厅吃会更随意一些，还可以与邻桌熟悉的司机、导游瞎侃一会儿。但自从年初跟水果糖同学彻夜交流后，我开始尝试与客人一起吃饭。经过了一个来月的“生涩”期，我已经越来越喜欢这样做了，会像主人一样帮客人盛饭，教客人如何使用筷子等。我们可以在这个很随意的环境里自由畅谈，比如中国的饮食文化、不同地方的菜系、中国人的性格、如何在中国交朋友等，距离瞬间缩短，客人也很感谢你。大家不妨也去试试！

帮助客人翻译菜名

这是客人遇到的最大阻碍，不要指望餐厅的服务员能很清楚地把菜说明白，他们的英语比导游可差多了。当你回来观察游客的用餐情况时，可能被问到的最多的问题就是：“这是什么菜?”如果征得同意，干脆就坐下来，一边吃一边给他们介绍。不过在这之前，你最好针对一些常吃的菜的翻译做一些准备，否则被当场问住，可没地方求助。一般的菜我们都可以从英汉词典里找到准确的翻译，有些菜甚至可以直接音译，比如 Kongpao Chicken（宫保鸡丁）、Mushu Pork（木须肉）、Doufu（豆腐）和 Danson（点心）等。这里说两个不好找的：西蓝花（Brockli）、木耳（Fungus）。可以在日常吃饭的时候多留意餐厅里菜单上的翻译。

拉近与客人的感情

客人来中国通常会有一种孤独感，这可能是每个出国经验不多的旅游者都会遇到的，问题最多的地方就是吃饭和住宿了。在住宿方面，四五星级酒店的工作人员的英语非常不错，可以解决客人在住宿方面的任何问题。而吃饭时如果导游能陪在旁边，跟他们聊聊天，及时地解决一些问题，他可能就会非常信任你了。

充分了解游客的个人信息

在跟客人用餐聊天时，很多在车里不方便问的私人问题在饭桌上变得非常容易开口，很自然。客人可能会很自然地谈到家庭情况、旅游经历、邻里关系和工作信息等，这些对你之后进行导游讲解非常有帮助，可以有针对性地进行设计。有时候聊得多了，可能还没等你提问，客人已经非常主动地自我介绍上了。

及时解决各种问题

用餐方面，小的问题会有很多，比如客人的饮食习惯、忌口、免费饮料的选择、单独零点饮料、是否使用刀叉、是否需要更多的碗或者餐巾纸，导游很难把所有事情都考虑全面、问清楚。当出现问题的时候，如果服务员的英语水平有限，无法顺利地沟通，还需要再把导游叫过来解释，有时候一个问题解决不好或不及时，可能会影响客人之后的游览情绪。

为购物和介绍景点及娱乐项目作有效的铺垫

吃饭，有可能是在购物前也有可能是在购物后。当聊天涉及购物时，没必要闪烁其词，因为有足够的时间去做各种说明工作。充分利用饭桌上的时间，给游客作一次细致全面而理性的分析，列出各种购物场所的优缺点，让客人有个自己比较选择的空间。在购物前可以进行适度的铺垫性讲解，在购物之后也可以用各种说明来打消客人的疑虑。另外，还可以相机向游客介绍些景点或晚上的表演。

编者评

当你走到一个陌生国度的时候，可能会对饮食有些顾虑，什么能吃什么不能吃，还有自己的忌口以及体质上的禁食东西都要考虑，所以在接触一个相对陌生的菜系时总会犹犹豫豫。诚然，现在中餐馆在各国遍布，但那毕竟是经过本土改良的中餐，就像一些西餐来到中国后也要经过改良去适应中国人的口味一样，这里吃的中餐肯定与他们惯常去的唐人街中餐馆的很不一样。还有一些人自身的体质对某种食材过敏或可能引起病变，比如花生或味精，这些都需要格外注意。所以，要尽量给他们解释一下每道菜里的材料，让他们吃得放心。与客人一起用餐，不但是服务，也很容易与客人建立良好的私人关系，瞬间拉近彼此距离，为完美的工作打下坚实的基础。

▶▶▶ 典型人物经验访谈

人物

大晚上53（同龄亲友型导游）

工作背景

2003年成为普通话导游，主要做全陪导游；通过自修西班牙语，于2005年顺利通过口语加试，成为西语导游，并于次年转型为入境外语导游；2009年考取领队证，目前的主业还是西语导游，在空闲时段也兼职做出境领队周游世界。

测试结果

C，A，A，A，B，A，D，A，B，C，A，D，A，A，A，D，B，A，A，C

人物访谈

（B：编者　D：大晚上53）

B：你觉得把你归入亲友型导游合适吗？

D：看你的答案似乎就指向这里，还是挺准的。

B：具体一下你算是哪一个小类型的呢？

D：应该算同龄型的吧，因为我带的客人大部分都是同龄人，即使有差距，也像平辈朋友一样相处，甚至是一些老年人。

B：能说说理由吗？

D：感觉平辈人说话会更放得开一点。

B：相比于其他类型，你觉得这种风格更适合你吗？

D：还可以吧，我本身聊天就不喜欢说太深奥的东西。

B：那第一次见面你会聊些什么呢？

D：找些共同点吧，比如我看见你，马上会说你这件衣服我也有或者我也喜欢这个款式的鞋子，诸如此类的吧。

B：看来是很容易拉近距离，但你是否觉得这些话太没深度了？

D：我平常很注意对知识和信息的积累，熟人的话会聊一些很深的东西，自己也会创作点抒情文章，但我认为初次见面的人还是聊得浅一点比较合适。

B：你觉得你的讲解怎么样？

D：我的讲解词也比较简单，毕竟现在带的客人都是国外游客，他们对中国了解得不多，讲太深了他们可能会听不懂。

B：你在带团过程中遇到过特别难沟通的游客吗？

D：肯定有，而且不少，相信大多数导游都有这样的经历，不过我们就是做这个行业的，只要客人占理，有委屈也应该先忍忍。

B：如果客人不占理呢？

D：我会给他们指出来，不过语气会很委婉。

B：不怕激怒客人吗？

D：一般不会，很多情况下，客人不知道自己有冒犯行为，也许存在文化差异。我的口吻并不是导游，而更像是一个朋友，为他善意地指出来。

B：你的工作着装一般是什么样子？

D：休闲式的正装吧，衬衫、牛仔裤、运动鞋，别太严肃了，也别太随意了。

B：平时也是这样吗？

D：对，基本上我在工作和生活中的状态区别不大，属于很本色的那种吧。

B：那么你与社里怎么相处呢？

D：没什么特别技巧，也许是性格很阳光吧，很多社里的计调都很喜欢找我带团，有时候也觉得自己很幸运，大家都照顾我。

B：跟社里人说话也像对待客人那样吗？

D：对，我觉得没什么区别。我很少做什么特别的公关，最多是请客吃个饭什么的。

B：那不是谁都会做的吗？

D：嗯，是，不过还是要看吃饭时候的话题吧，能聊得投机可能关系就算是处得好了。

B：你对以后的工作发展有什么规划吗？

D：目前还不明确，随遇而安吧。

B：会考虑转行吗？

D：也许吧，不过要看机会。我很喜欢这个工作，应该还会再做一段时间的。

二、压迫型导游

所谓压迫型，并不是说导游一上车就拿起麦克风对客人提出要求，然后施加压力："我是这个团的导游，大家必须要配合我，否则我就怎么样……"可以很肯定地说，这不是压迫型导游，这是愚蠢型导游。

出来工作，想获得应有的回报可以理解，施加一些影响力也没有错，因为做任何促销都有不同的公关策略。但是在此，我们还是很慎重地把这个类型列入"新导游慎入类"，毕竟导游是服务型工作，在还没学好如何给予更多服务之前，还是不要去想如何给客人施加影响，否则就是本末倒置了。

作为参考，这里还是把这一类型的特点介绍一下。导游队伍中的压迫型导游大致分为两种，一种是气势压迫型，再一种是思维压迫型。

气势压迫型导游，有"气势"，这个类型里大部分人的气势是与生俱来的。他们平时在生活中很有主见，而且很喜欢拒绝别人，无论做什么事负罪感都很少。这种人如果在朋友中出现，应该可以归纳到不太受欢迎的那一类，除非他有什么高于常人的能力。换到做导游也一样，通常这种导游在刚接触游客的一段时间内，会给游客很不舒服的感受，但后来游客发现这其实是他的本色性格，也就不以为意了，如果该导游在工作中能展示出一些高超的带团技巧或生动的讲解内容，更可以很大程度地扭转游客对他的印象。

思维压迫型导游需要有一个非常缜密的头脑，以及对导游工作各个环节的透彻熟悉。在带团过程中，导游需要在日常聊天和景点讲解中用语言向游客施加影响，当然不是一般所想象的那种拿话挤对人，而是利用语言的严谨和逻辑性，讲解时连贯的语气来完成，这样一来，有些游客就可能在无意识的情况下跟随导游讲解的思维前进，从而达到顺利完成游览的目的。其实这种"压力"对游客并没有害处，从某种程度上说，这就是想游客所想，急游客所急，每一个环节的工作都走在了游客预计之前，这样带团就会减少很多阻碍。比如在团队游览过程中，你已经预料到后面的酒店或者用餐可能会让游客失望，那么提前打好预防针，适当减低他们的期望值，就可以达到消除或减少投诉的效果。

压迫型导游的优点，首先在于可以在游客中树立起一定的权威。有些导游在带团初始阶段，对游客过于谦卑，任劳任怨，结果承担了很多本不应该由导游来做的工作，既折腾自己又连累了工作伙伴，做好了游客认为应该，做不好反倒成了自己的责任。而这个类型的导游就不会吃这种亏，因为他们很懂得拒绝（有的时候巧妙的拒绝也是导游工作的一个重要手段）。

再有，压迫型导游通常在带团初期会与游客有一场短兵相接的“心理战”，一旦运用自己严谨的思维把游客带领到预期轨道上，后面几天的工作将变得异常顺利和省心。

这个类型的缺点也是显而易见的，施加影响要拿捏好分寸，一旦失误将玩火自焚，反而会造成工作过程中的巨大阻碍。有些新人也急功近利地盲目效仿老导游的工作方法，但没“压”住客人，反而激起了客人的逆反心理，可谓东施效颦。

本类型绝招：严肃的外表、干练的语言和严谨的思维。

气势压迫型必杀技：直白的语言、善于拒绝不合理要求。

思维压迫型必杀技：连贯的讲解、超前性地了解游客需要。

▶▶▶ 动力与压力

宙斯

“每一个群体都有他们的优越之处，能说到他们的得意之处就会让对方对你的好感大大提升。”

“在旅游过程中，让游客的情绪保持一个比较活跃的状态，同样需要连续地‘加油’来达到目的……”

带团是一门艺术，我认为，作为优秀的导游，不光要在行为和语言上力求完善圆通，更要会在心理层面对目标客人进行深度研究和分析。

从旅游动机上讲，客人出来玩通常是以休闲和猎奇作为主要目的的，导游在讲解和服务上自然要尽量照顾游客，为了活跃团队气氛，通常会通过一些小笑话或者即兴表演来积极与游客产生互动。如果有些游客比较拘谨，放不开，导游会给一些鼓励或者赞美来拉近彼此的距离。这些手段其实是一个导游所应该具备的基本工作方法。

我们从事的是服务行业的工作，在日常的交流中要学会有意无意地对人表达出适度的鼓励和赞美，这样很容易让人对你产生好感。关于赞美，最重要的是针对目标群体的优点夸得恰如其分，能有选择地避重就轻。打个比方，你团里面总会有女游客，打算怎么夸她们呢？漂亮的叫美女，不漂亮就叫有气质；有才气叫才女，没才气也不要紧，可以叫淑女；瘦点的叫苗条，胖点的叫丰满；高的叫亭亭玉立，矮的叫小巧玲珑……再比如一个男人的职业，老板就叫事业有成，职员就叫劳苦功高；民间商人叫商场精英；教师叫灵魂工程师……每一个群体都有他们的优越之处，能说到他们的得意之处就会让对方对你的好感大大提升。

说了很多，归根结底，积极的赞美和鼓励总归不是很难的，拍马屁一般不太能拍到马脚上，即使你的夸奖不太恰当，也很少有人会往讽刺的方面想。不过，也有些人比较难沟通，如果一味地去吹捧夸奖，有可能毫无效果，也有可能适得其反。这时候就需要你运用更为巧妙的方法来与对方交流。（但下面的方法，新手在入行初期最好不要去尝试。）

需要采用特别方法沟通的客人一般有两种。第一种是某些领导层的人，这些人在特定的群体内较有权威，对惯常意义上的夸奖和赞美早已听得不厌其烦，导游与其相处只有仅仅三五天，无法对其心理有深入的了解，如果千篇一律地说些溢美之词，可能会让对方感觉就像是自己的下属，自然而然地对你产生怠慢的感觉，说话间也会缺少相应的尊重，提一些个人要求的时候，也习惯地使用命令语气，使导游工作处处被动。第二种是逆反心理和戒备心理都很强的人，这些客人可能原来在旅游过程中上过当受过骗，也可能本身的脾气不太好。这两种人都需要使用逆向的方法来进行一些沟通，仅仅夸奖、赞美可能毫无效果。

对待第一类人，除了保持基本而必要的服务姿态外，要不卑不亢，礼貌而有节制，让对方感觉你虽然在为他们服务，但互相的交流是平等的。通过一两天的交流，他们会渐渐适应这样的接触方式，逐渐以一个朋友的态度去与你沟通，那么你的目的就达到了，不但可以拒绝一些不合理要求，而且还可以提出合理的要求让对方配合。

对待第二类人，你不仅要保持平等交流的态度，而且要视具体情况，尽量给对方施加正面的影响。不要使用太多谦卑的用词，学会拒绝不合理的要求，敢于提出自己的要求，把握互动时的主动权。别被客人指挥得团团转，在你晕头转向时出现差错还要承担过失责任。有些时候，需要你来掌控局面，争取让对方接受你设计的行程安排，这样一路下来，会使团队走得轻松惬意。

人就像一部汽车，保持良好的运转需要持续不断地提供燃料。在旅游过程中，让游客的情绪保持一个比较活跃的状态，同样需要连续地“加油”来达到目的，这种“加油”有动力，也要有压力。不要认为我们是服务者就不能给对方施加积极的影响。同样是服务者，健身教练辅导客人健身减肥时不也常常绷着脸吗？只要目的是好的，影响是积极的，为了让游客顺利、愉快地完成旅游行程，无论压力还是动力，其实都是服务的一种表现形式。

我之所以认为这种方法暂时不适合新手，是因为新人有时候连自己的心理状态还不能完全把握，更别提对游客心理的揣摩了。老导游在施加影响之前，通常会经历一段时间的观察，并把自己设计好的方法和语言在头脑中进行几次推演，找到可能出现的漏洞，预估客人的承受底线，在万一出现纰漏的情况下有预案来进行补救，这样才能确保对方乐意接受。

编者评

施加影响的对话方式，很多服务性的职业中都会运用。人的思维既然包括了顺向和逆向，那么也需要导游从两方面去考虑，来满足客人的各种需求。当然，这是一个经验优先的方法，并不适合所有同行，毕竟使用这种方法的精髓，就是掌握火候。

典型人物经验访谈

人物

东宁 23 号（思维压迫型）

工作背景

2000 年大学毕业后来到北京打拼，先在酒店业工作两年，后考取导游证。于 2002 年正式成为中文普通话地接导游员，以带广东团为特长。2006 年通过自学考取英语导游证，并于次年改为英语入境导游。2009 年顺利拿到出境领队资格并成功转型。

目前已作为领队带团访问了超过 20 个国家。

测试结果

A，A，B，C，C，A，B，B，B，B，B，B，B，B，B，B，B，B，D，B

人物访谈

（B：编者　D：东宁 23 号）

B：压迫型导游，你能接受这样的结果吗？

D：还可以吧，有时候是像你描述的那样。

B：哪一个小类型的呢？

D：应该是后者，我喜欢在讲解中调整思维方法，其实我说话还是很谦恭的。

B：你觉得自己还有别的工作风格吗？

D：看了一下，大概还有点亲友型的感觉吧，有时候更喜欢以一个朋友的方式跟客人相处。

B：貌似这两个类型有点冲突啊？

D：也不是，其实朋友间也喜欢互相斗嘴施压的，并没有恶意。

B：能说说你是怎么进行思维引导的吗？

D：我觉得语言的感染力很重要，内容先不谈，若你讲解时很投入感情，客人也会被你所感染，当然就会按照你的思路前进了。还有就是站在客人想问题的角度进行讲解。

B：如何才能更多地投入感情去讲解呢？

D：我觉得首先是爱好，要讲你所喜欢和关注的东西。去介绍自己喜欢的东西，总是会充满感情的。其次，要多阅读，言之有物才能吸引人，光有感情也不行。再次，就是要说实话，从实际出发，假大空的讲解是不能引起客人兴趣的。

B：你觉得你的讲解偏好是什么？

D：我很喜欢中国传统文化的有关内容，比如中医、风水什么的，正好原来一直带北京地接团，这里有丰富的人文资源供我来发挥。

B：现在做领队好像用不上了吧？

D：也还可以，有时候用中国人的视角去审视西方社会也很有意思。

B：比如呢？

D：比如我带团去澳大利亚，就发现澳洲几个大城市的唐人街也都选在了风水不错的地方，当我随口讲解时，不但游客认真倾听，连当地的导游也为之钦佩。

B：嗯，确实很有意思，我都想听听了。

D：呵呵，还有我原来专门学习过声乐，中国的和西方的都有涉猎，结合当地的特点也可以做一些深度讲解。

B：听着也不错，但我没感觉这里面有什么带有压力性质的内容啊？

D：其实所谓压迫型也不一定准确，也可以叫“催眠型”，我并不想给游客任何压力，毕竟出来玩是放松的，弄得跟上课一样也不好。我理解的压力应该就是对游客思维的引导吧，只要能让他们的思维跟着我引导的方向走就对了。

B：听着很玄乎……

D：那倒没有，其实我并没有恶意，无非就是想让客人高兴，让工作顺利进行罢了。

B：有没有遇到过特别抗拒的客人，怎么也不顺着你思维走？

D：确实遇到过，不过也没事，毕竟我说话还是很客气的，并没有得罪他，这样的人就算抗拒我的引导，也不会和我作对的。

B：有没有真跟你作对的？

D：带了这么多年，倒也碰到过几次，有的私下聊聊能解决最好。记得还有一次有个客人一直跟我沟通不佳，但其他客人却跟我相处得很好，结果他反而有点被孤立了。

B：这样似乎也不够理想啊！

D：导游毕竟是种服务型工作，客人千差万别，我也不是独孤求败，总有可能出现不周到之处，尽力而为。

B：好了，说了不少，你对这个类型的导游有什么经验要说吗？

D：嗯，我感觉你前面介绍得很对，新导游还是尽量别在工作初期选择这种类型，分寸拿捏不好，容易被投诉。

B：你后面还有什么发展规划吗？

D：出了国门，感觉自己知道的还是太少了，我觉得我会多做几年领队来丰富自己的人生阅历吧。还有就是多角度发展吧，把从外面吸收的经验为我所用，通过旅游了解其他工作，正所谓旅游搭台，经济唱戏嘛！

三、服务型导游

个人认为，服务应该算是导游工作中最原始的属性。

学过导游的人都知道，在19世纪中期，世界上第一家旅游公司——英国的托马斯·库克旅行社正式成立。1846年，托马斯·库克亲自带领旅游团去苏格兰旅行，旅行社为每个成员发了一份活动日程表，还专门为旅游团配备了向导，导游服务作为一种职业正式登上了历史舞台。我想，这时候的导游工作肯定处于摸索阶段，讲解不会有多精彩，其他技巧更是谈不上，唯有陪同服务是一定会有的。

从投诉率角度来看，这个类型的导游被投诉的可能要远远低于其他三个类型。因为游客在出发之前，通常会对整个游览过程有一个预想。有一部分人预期会高一些，比如沿途的酒店（因为标明了星级）、目的地景点（已经看过不少该地方的图片和介绍）以及导游服务（旅行社承诺有优秀的地陪导游）；而一部分人预期会低一些，比如用餐（外面的饭不一定吃得习惯）和导游讲解（毕竟每个人爱听的东西不一样）。服务型导游虽然无法改变客观上的不足，但会用自己优秀的服务，使客人满意。所以很多旅行社都喜欢雇用这个类型的导游，尤其是针对一些更为侧重服务的目标客源地区，比如台湾地区的游客。

我见过一些带日本团队的导游，他们的行事风格跟日本人也有些许类似，无论冬夏一身西服套装，说话的时候点头哈腰，备显尊重。有些带台湾地区团的导游，语言细腻，动作轻柔，纵使你有再大的愤怒，让他们和声细语地安抚一下，就像一记重拳打到了棉花上，颇有些四两拨千斤的效果。还有带美国团的导游，平常说话看不出来，一旦客人有什么要求，即使是与旅游行程无关的，也都尽量满足。

服务型导游最明显的优势就是服务本身，除了语言和行动外，还有服务意识。服务意识可以说是这个类型导游的核心概念，游客想到的要求你能完成，游客没想到的你也能完成。我曾经见过一位全陪导游在机场开准备会的时候拿出了一张图纸，他先查询了游客本次航班的飞机机型，又在网上找到了有关这个机型舱内座位分布的平面图，这样他就可以拿着图纸向游客介绍哪个座位是最合适的，什么号码靠窗，什么号码靠走廊，游客一目了然，在办理登机牌选择座位的时候帮助很大。在带团之初就给了游客如此细腻的服务感受，后面的工作一定会非常顺利。

服务型导游可细分为外向服务型和细节服务型。外向服务型的主要特征是服务外在化，穿的衣服不但整洁而且庄重，平常都是衬衫、西装、领带，即使天气炎热到不得不穿 T 恤的时候也要选择带领子的，充分体现了对服务对象的尊重。说话的语气是谦恭礼貌的，配合点头、鞠躬、搀扶等形体动作，让客人有一种享受服务的舒适感。说话声调柔软细腻，听着丝丝入耳并不惹人反感。用词谨慎，在不能确定的情况下从不过分承诺，说话时“可能”、“尽量”、“几乎”等使用频繁，不会刻意去提高客人的期望值，同时给人以谦虚的感觉。

细节服务型导游在衣着上也很注意，但可能没前一种那么讲究。在语言上也较严谨，但不会太过柔软细腻。他们的长处在于思考，我上面举的那个“飞机平面图”的例子就是典型的细节服务型。这个类型的导游，平时在带团过程中很注意观察工作的各个环节以及客人的不同要求，过后及时总结，设身处地地为游客设想，他们还需要什么，他们可能遇到什么困难，并制订出解决问题的策略。汽车内的垃圾袋、包里的一把备用伞、饭后的两粒口香糖，都体现了导游对工作细节的完美追求。

服务型导游，不仅能最大程度上减低投诉率，也会在贴心的服务后得到不少好评。在带团过程中，服务到位了，会使游客的行程更加舒服，对你的服务也产生了依赖感，从而大大增加了导游的控团能力。另外，服务型和亲友型差不多，也是比较好学、上手比较快的一个类型。怀着一颗对工作、对游客尊重的心，就具备了起步的基础。

这个类型导游的缺点主要有两点：第一，用谦恭的态度带给游客尊贵感是好事，但遇到素质不高的客人，可能会理所当然地把你的谦让当成了软弱，变本加厉地提出各种不合理要求；第二，可能过于关注服务方面的工作，对讲解上投入的精力和注意力就会相对减少，所以讲解水平不高也是这个类型导游的通病。

本类型导游绝招：服装正式，体现尊重；语言柔和，容易接受；用词谨慎，不留漏洞；勤于观察，注重细节；善于提醒，防患于未然。

外向服务型导游必杀技：西装革履、礼貌的距离感。

细节服务型导游必杀技：细致观察、充分的物质准备、超前的服务意识。

▶▶▶ 我永远不会和客人成为朋友

LEGEND-K

“从某种程度上来讲，我们根本没有时间和客人交朋友。”

“友谊是信任和尊重的升华，并不是刻意要达到的目的，否则那就是虚伪的。”

“我很可能会和一个外国人成为朋友，但是我永远不会作为导游和任何一个外国游客成为朋友。”

看着这个题目会觉得别扭，甚至可能认为是在说反话或是一个反面的教材。“我永远不会和客人成为朋友”，这是一位总社来的全陪大哥说的原话，我个人非常同意这个观点，并把它作为我日常工作的行为准则。

“朋友”，我认为是很需要认真对待的概念，是不可以随意定义的。我们通常喜欢把熟人和朋友的概念混淆，互相知道姓名，时常有联络甚至经常互访，我都不认为是成为朋友的标志。一个人的感情和心力都是有限的，如果一个人可以把他的感情同时分给很多人，作为爱人那是不道德的，作为朋友，这种感情至少是不可靠的。

我们在工作中往往忽视了这一点，很多同行热衷于此道，更有很多喜欢纸上谈兵的同学把“与客人成为朋友”作为服务行业的最高从业标准和境界。我始终不同意这一点，而这位师兄的话则把这种原则形象地概括了出来。那就是我们从事的工作需要我们随时保持清醒的头脑，需要时刻站稳自己的立场，不可以头脑发热昏昏然，进而导致丧失了原则立场。更因为我们总是面对外国人，这一点尤其显得重要。

我们带客人旅游，游玩的是客人而不是我们，我们是在工作，我们通过工作所接触到的一切奢华和享乐，都是为客人而不是为我们准备的，客人由此而产生的对我们的友好甚至感激也并不是针对我们个人的，至少不完全是。我们只是作为中国旅游服务行业的代表和游客直接接触，而我们的工作也是建立在我们所看不到的同行们大量的辛苦工作基础之上的，我们得到的客人的赞许和感激，更多的是应该留给这些我们所不认识的人们的，或者说我们并没有资格来独占这些赞许。但是我们的很多同行明显不那么认为，进而产生了飘飘然的幻觉。

就算是针对导游员本身的工作的嘉许，那也是我们分内的事，导游服务也只是旅游服务工作中的一部分，并没有任何值得自我陶醉的。一些同行把接待单位提供给客人的服务也误会为是给自己的，甚至把人家出于同行的友谊而提供的一些方便认为是理所当然的，进而会在自己的同胞面前产生可笑的优越感。

但是我要说的是更为严重的。

当游客的这种友好和感激到了一定程度后，有的客人会产生超乎寻常友谊的言行。比如我不止一次遇到有老太太在送别时哭着要我跟她回美国，并要把自己的孙女儿嫁给我，或是要认我做干儿子的。大多数的客人，在他们离开中国后，会很快忘记这些事情，但是我们的一些同行很把这个当真。也有的客人还真的不会忘记，他们在回国后也真的给我发过邮件，继续保持着联络。但是我觉得这并不说明什么，这和纯粹个人的友谊或是类似的一些感情是没有关系的。

如果是来过多次的领队，或许有产生友谊的可能，但是前提也是建立在工作关系之上的。就算有客人真的很当真，我们也不能就当真了，因为我们的身份首先是服务人员，只要顾客在我的团队里，那我们就是顾客和服务员的关系，游客在华停留期间我们并没有什么业余时间，我们始终都是在为客人服务。从某种程度上来讲，我们根本没有时间和客人交朋友。友谊是信任和尊重的升华，并不是刻意要达到的目的，否则那就是虚伪的。一个服务员总是想和客人交朋友，这是很不正常的，会让人怀疑他的服务水准和工作能力，或者会让他忘了自己的任务。有的导游在自认和客人混熟后，做事喜欢用我们对待友谊的标准来衡量，和客人勾肩搭背，说话时口无遮拦，甚至更有一些很不理智的言行。这种行为就更糟糕了。

这位师兄说，有的客人至今还给他寄信什么的，他总是以明信片一类的作为回报。我认为作为普通人，处理类似问题时应该是谨慎和理智的，而作为一个面对外国人的导游员，我们更应该时刻牢记自己的身份和立场，不要丧失了国格和尊严。同时，我们在工作中还应该注意外事纪律和保密工作原则。

我或许也会和某个通过工作认识的外国人成为好朋友，但那绝对不会在我的工作过程中发生。我要求自己时刻保持清醒的头脑，时刻牢记自己的身份。就是说，我很可能会和一个外国人成为朋友，但是我永远不会作为导游和任何一个外国游客成为朋友。

编者评

其实这就是一种典型的服务型导游的工作意识，题目看似有点难以理解，但这只是对导游服务意识的一种强调。导游，作为一个服务者，至少在工作过程中，不应该与游客过分亲热，否则就很可能丧失自己随时应该拥有的服务意识。新导游们，别想当然地把自己完全当成游客的朋友或者家人，更别把自己当成游客，也去享受那些本身只为游客提供的服务，而忘记了自己的本分。

典型人物经验访谈

人物

LEGEND-K（外向服务型）

工作背景

重庆元老级英语导游，于 1995 年考取英语导游证并工作至今，从事导游期间先后接待过国内各地和东南亚、西欧、北美等各大地区的游客，最近以接待美国旅游团为主。

测试结果

C，C，B，D，C，B，A，C，C，A，D，C，C，D，C，C，C，C，D，C

人物访谈

（B：编者　L：LEGEND-K）

B：得到这个结果你认为还算准确吗？

L：其实不用测试，我在看到你对这四个类型的大致描述时就感觉到了我应该是这个类型。你写的导游分类也是基于现有的导游的表现而作出的结论，算是发现可不是发明，因为这些分类属性早已客观存在了，你只是归纳总结了出来。

B：的确，不过我还总结出了服务型导游说话都比较柔和谦虚呢，你好像没有这种体现。

L：我在工作中的状态确实是你说的那样。

B：那为什么现在说话那么有针对性呢？

L：可能是我把工作和生活分得很清楚吧。

B：这个一般人不好做到。

L：我原来不这样，也是工作和生活的状态很难分开。

B：但什么促使你改变了呢？

L：可能是接待美国客人多了以后受他们影响了吧。

B：据我了解，美国人很直爽，无论工作还是生活中。

L：是的，不过美国的工作精神中有个核心概念，就是“在商言商”。

B：这个我倒知道，不过这个词好像是形容生意场的事，比如中国俗语里的“亲兄弟明算账”。跟我指的没关系吧？

L：其实“在商言商”这个词早已经脱离了它原来的本意，美国人在生活和工作上都有这种思维，他们干什么事情的时候往往都很投入，像换了一个人一样，但回到生活中可能又恢复了他们的本来面目。我现在可能就是这样，工作中对客人尽量做到有求必应，但生活中我还是很喜欢较真的。

B：还是说说你的工作吧。看了你的文章，你可以把游客和朋友区分得那么清楚吗？

L：这是我给自己的准则，有些客人确实很投缘，相处得又很好，可以做朋友，但那一定要等到这个团结束以后。

B：也就是说你在工作结束后不会给这个准朋友任何私人服务了？

L：客人通常会提出很多私人要求，只要不超出工作范围，我都会尽量满足，无论交情好坏，这个其实就是我们的工作。你所说的准朋友，在工作过程中绝对不会有任何的私人照顾。我在工作，我给你至诚的服务，你给我合理的费用。

B：你看过上面对亲友型导游的描述吗？好像和你的导游观念冲突很大？

L：我承认这个类型的导游为数不少，不过这个与我的性格和思维都有冲突，我做不来。

B：你觉得你这个类型是那个类型的升级版吗？

L：那倒没有，你们在归纳类型时肯定也不会这么想。其实就像你开头描述中所说的武林门派是一个道理，借用电影《霍元甲》中的一句话："武术本没有高低之分，只有练武的人才有强弱之别。"

B：我记得后面他还说了一句："通过竞技我们可以认识一个真实的自我，因为我们的对手很可能就是我们自己。"

L：对的，导游也一样，有了自己的风格才会成功。

B：既然你认为自己也属于服务型的，那么你对这个类型有什么自己的心得吗？

L：正如你所说，服务意识和语言等都很重要，不过我还想说的就是心态。

B：心态？

L：对，要有一个良好的服务心态。

B：始终把自己当成服务者？

L：也不全是。对客人的合理要求，要尽量满足；但是不合理要求，要学会拒绝。这点可不是只有压迫型导游才会的哦！

B：是吗？服务型导游也要善于拒绝？

L：不是善于，而是学会拒绝不合理要求的方法。我们也属于"外交官"，民间的，周总理不是都给我们总结了？"不卑不亢，落落大方"。我很赞同。

B：好的，谢谢，作为老前辈，最后你对这个类型的导游还有什么忠告吗？

L：前辈谈不上，不过忠告还是有。做好服务很重要，不过你们要始终记得，导游是这个团队的灵魂，即使你做了很多的服务，但你所做的一切一切都是为了有效地使团队能够按照你的预想来进行，而不是被游客牵着鼻子走。

四、讲解型导游

如果服务是导游工作的基本属性的话，讲解可以说是导游工作的灵魂。无论你是否擅长讲解，这项工作都是你无法逃避的环节。

讲解型导游把讲解服务这个环节的水准提到了一个新的高度，讲解能力突出，也最重视这一环节的服务。

讲解型导游的性格不会过于内向，善于表达才能使讲解更流利；同样不会过于外向，适度的含蓄可以让自己的思考更有深度，讲出来的东西才会吸引人。另外，成为讲解型导游需要具备的基本素质是良好的语言功底，平时朋友间喝茶聊天时就能口若悬河。这个类型的导游通常很喜欢阅读，对有些深度的知识总是更为关注，在开始带团的新人阶段就对导游词非常重视，照本宣科不长时间就会有编写自己的独特导游词的欲望。

讲解型导游可依次划分为资料讲解型、风格讲解型和艺术讲解型三个层次。

对于刚刚选择成为讲解型导游的新人来说，要求你一开始就出口成章是不现实的。口头表达能力只是这个类型入门的条件，况且再好的语言基础也需要有丰富的知识做依托。所以，首要工作是熟记导游讲解相关的知识。不光是导游词，还有大量的与景点有关的背景资料，从正史到野史，从神话传说到民间故事，从景点的年代、面积到与其他地区的数据对比，都要牢记。然后再把这些内容转化成自己的语言，向游客介绍。一两年以后，当你在车上拿起麦克风，随便就能滔滔不绝地讲上一个小时，而且言之有物，能够吸引大多数游客的注意力的时候，说明你已经达到了第一层境界——资料讲解型。

风格讲解型导游最明显的特点，是不仅熟练掌握和运用各种资料数据，还能提出个人的见解，在讲解的过程中，从语言或者肢体上也表现出自己鲜明的特点。举例来说，有借用相声、小品的语言对自己的讲解词进行幽默加工的；有对知识进行深度研究从而得出理性分析的；有把民间故事串联起来形成独特野史的；也有把讲解与自己爱好深度结合而得出“超级冷门导游词”的。总之，这样的导游讲解不但有血有肉、有丰富的知识，同时还融合了讲述人自己的思考和爱好，使得游客对你的深度介绍备感新奇，无论他们对讲解内容是否真的感兴趣，都不影响他们对你的独特讲解风格的敬佩之情。

艺术讲解型，也可以叫大师讲解型，这个类型的导游已经拥有海量的知识储备，语言上也体现出鲜明的个人风格，然而更重要的是在讲解中能够熟练地利用音量的高低、声调的转换、语速的调节，再配合表情的控制和肢体语言的准确表达，形成让人难以抗拒的感染力，由此控制每一个游客的注意力，甚至转变他们的情绪和思维，营造最佳的讲解气氛。完全忘掉倒背如流的导游词，从而使每一次讲解都不相同，逢山开路遇水搭桥，见招拆招，方能达到“无剑胜有剑”的境界。这个时候的你，不需要任何套路，具有了应对任何突发事件的讲解能力。街边的一棵树、一个人、一座桥甚至一个抽象概念，都可以借题发挥地讲上几十分钟，并且把客人的情绪带到你所需要的高度上。上升到了这个层次的导游更像是一个演说者或是游唱诗人，边讲解边思考边感悟，一定能更深刻地体会到工作的乐趣。

讲解型导游最大的优势就在于会话交流能力，“祖国江山美不美，全凭导游一张嘴”。当团队遇到困难时，这个类型的导游可能不用跑前跑后去拼命补救，不用表现得慷慨激昂或者万分委屈，他们可以直接用自己的讲解来调整游客的心理落差，以达到扭转乾坤、化腐朽为神奇的意外效果。另外，当你把蕴藏丰富知识并且饱含感染力的讲解能力表现出来后，你会成为游客敬佩尊重的对象。

这个类型导游的缺点也是很明显的，由于在讲解上投入精力过多，有些导游会在一定程度上忽略对其他环节的重视程度，容易出现细小的工作漏洞，有时候还会“不拘小节”，在服装、发型等外在方面关注更少。比如有些艺术讲解型导游，可能真的把自己当成了游唱诗人，不修边幅甚至衣衫凌乱。

本类型导游绝招：语带珠玑、口若悬河、谈古论今、指点江山，言之有物、言之有理、言之有情。

资料讲解型导游必杀技：表达准确、语句流利、充足的知识储备。

风格讲解型导游必杀技：独立思考、深度分析、鲜明的个人讲解风格。

艺术讲解型导游必杀技：熟练调配组合现有知识、把握讲解火候、用动情的语言感染游客。

▶▶▶ 心有多大，舞台就有多大

——导游可借鉴的各种艺术形式

文立刀

“我常常把旅游车看做一个舞台，这里是展示导游才艺、学识最好的地方，心有多大，舞台就有多大。”

“导游是地方形象大使，如果想要担负起这个称号，就应该主动学习当地的地方曲艺。”

“把导游技巧当做一种艺术，把导游工作当做一种事业，其乐无穷！”

本文讨论的是在导游活动中可以借鉴的各种艺术形式和方法。我常常把旅游车看做一个舞台，这里是展示导游才艺、学识最好的地方，心有多大，舞台就有多大。谁说导游讲解不是一门艺术？

一、歌曲

导游唱歌不是什么新鲜事，如果仅仅是单纯地唱歌的话，只能算一种才艺展示，并非一种应用。我这里举出几种应用形式，给大家开拓一下思路。

1. 改词

把歌词改了，向旅游活动靠近。这里自己改一首任贤齐、阿牛的《浪花一朵朵》，算是抛砖引玉。

我要你们随着我，体验这某地N日游
悠闲地坐在大巴上，数着高楼一座座
你不要害怕，你不会寂寞
我会一直陪在你的左右，让你乐悠悠
时间分分秒秒过，我们快乐又潇洒
出游的感觉真的很不错
也许过了几天，我们一定会爱上这
这里有我们的友谊和快乐
我们这里也要走走，那里也要溜溜

偶尔也要出趟国

人生高高兴兴工作，快快乐乐生活

我们一起手牵手

啦啦啦……啦啦啦……啦啦啦……

我们结伴一起游

我觉得这样改歌词并不困难，可以随时根据实际情况作出调整，比如送团时候唱，就可以改成“你们曾经随着我”等。对歌词的修改会让客人觉得很新鲜，并且注意听下去，而且这样的歌词可以先入为主地给游客灌输一种快乐理念，在不知不觉中营造了一个非常良好的工作氛围。游客也会觉得你是一个用心的导游，而且多才多艺。

2. 跑调

看到这个题目大家可能会觉得有点奇怪，跑调难道也是一种导游技巧吗？我有切身体会，其实不是我想跑，我是不由自主地跑。改词我会，可是让我把改的词唱出来就比较费劲了。有一次去大连出全陪，临走的时候当地地陪唱了一首歌，唱得很有味道，游客也非让我唱一首，于是我只好“鬼哭狼嚎”地来了一次说唱，结果掌声要比给地陪的热烈得多。差到了一定程度，其实也是一个特点，而且可以起到调节气氛的作用。我当时就博得了游客的同情——这厮唱得这么差，还敢出来，勇气可嘉；而且在他们面前自暴其短，让他们感觉没把他们当外人，心理距离也拉近了。

跑调的技巧大家还要熟练掌握，像我这样的天才自不必说，对天生唱歌就字正腔圆的，这也是一门非常复杂的技术，你不但要跑，而且还要让大家不知道你要跑到哪里，就算知道了也追不上……

注意：这个技巧要慎用。你得在其他方面赢得游客的认可之后，才可以用这个办法，否则人家会认为你是个草包，什么都不会。

二、相声

我听过很多相声，感觉相声中的很多技巧都可以用在导游工作中。下面就多写一点儿，希望对大家有点帮助。

1. 贯口

带团的过程中来一段《报菜名》，肯定掌声不断。这种形式好就好在，一大段词下来，游客一定会情不自禁地鼓掌和叫好。其实要背下来很容易，下下工夫，没什么难的，这是一个投资小、收效快的学习项目，建议大家都可以尝试一下。记得有次聚会的时候宙斯来了一段“莽撞人张飞”，效果就不错，连这厮都能学会，咱们谁不比他强啊！对吧？

如果仅仅是《报菜名》、《地理图》等传统节目表演，只能说是借鉴，谈不到应用。我们其实可以把这种艺术形式穿插在导游词里。下面是我根据张学良的生平写的一段贯口，给大家作参考。

在清末民初，有东北人张作霖，出身草莽，不熟诗书，少年研习兽医，懂相马医马之术，20岁投清“毅军”，为谍报员，因其胆大心细，屡立战功，升为骑兵哨长，次年还乡，得军中枪支弹药，聚集乡勇，成立保安队。期间拢人才，交乡绅，灭异己，聚财资。不几年，已成当地一大势力。而后投靠清廷，为新民府游击马队营管带。1904年日俄交战，占我东北，张作霖左右逢源，周旋于两国之间，金钱枪械颇得壮大。多次剿匪，击溃苑四苑五兄弟，灭金凌宝帮、海沙子帮，智擒匪头杜立三，战功彪炳，升为镇守使。1911年武昌起义，张作霖审时度势，计杀张榕，逼走蓝天蔚，身染斑斑血迹进驻奉天，气走张锡銮，驱逐段贵芝，执掌奉省之大权。忍一时，流放冯德麟，进一步，统一东三省，成为赫赫有名之东北王。张作霖以奉系三省之地，三进山海关，当其盛时，控京城、挟政府、威震中原，饮马长江，鹰扬虎视，踌躇满志，亦一代枭雄。一生生有八男六女共十四子，长子张学良，字汉卿，号毅安，自幼聪慧，才智过人，三岁识千字，五岁背唐诗，一十九岁进讲武堂，求学期间，刻苦勤奋，成绩为全校之首。二十岁为卫队旅长，吉林剿匪，初试牛刀，直奉大战，崭露头角。有孙中山先生亲题“天下为公”，赠予学良，与之共勉。1928年，日军策划皇姑屯事件，炸死张作霖，张学良子承父业，主政东北。当时，有日本虎狼之邦，对东北之野心由来已久。张学良审时度势，毅然决定易帜，实现国家一统。自主政以来，息兵罢战，整顿军纪，发展经济，兴办学校，使东北之面貌焕然一新。1930年，阎锡山、冯玉祥联合反蒋，中原大战一触即发，张学良调兵入关，武装调停，止住内乱。但因主力出关，后方空虚，给日寇可乘之机，1931年9月18日，日军自炸铁路，诬陷我东北军所为，火烧北大营，史称“九一八事变”！沈阳、长春、吉林、锦州、哈尔滨……四月之内，东北四省全部沦陷。张学良忍辱负重，代蒋受过，身背骂名，下野出洋。……

这种东西我觉得很容易，只要说的时候连贯、熟练，应该就能出效果。

2. 捧逗

在来了一段贯口之后，很容易把话题牵扯到相声上，这时候就可以和游客互动起来，请一位前排的游客和你配合，给你捧哏，你在讲解的时候，让他捧，“是啊！嗯，没听说过。我呀？怎么回事？嘿！有点意思……”随便什么，很容易调动起大家的积极性，也能给自己营造一个轻松、和谐的讲解气氛，这样一来，讲解就不是无意义的重复、背诵了，而是真正做到讲演并重！

也许你会认为这样过于随便，或者游客的插话会打断讲解的思路，但我觉得这都不是大问题。可能这个方法不太适合新人使用，但是对于一些老导游，这点问题很容易克服。我们就是要给游客营造一个轻松的环境，让他们时刻保持兴致，才会真正玩得开心。

三、地方曲艺

导游是地方形象大使，如果想要担负起这个称号，就应该主动学习当地的地方曲艺。多才多艺自然是好事；进一步说，身为导游，在带团过程中传播、发扬地方文化，更是意义重大。北京的导游来一段单口相声，唱一段京剧，或者来两句京韵大鼓；天津导游唱段板子；我们东北的来几句二人转，有能力的学习学习京剧的唐派艺术、东北大鼓什么的。说回来这也和相声有关系，说学逗唱中的“学”，他们能学我们就不能啊？就学几句，还是给外行唱，没准一不留神就被当成艺术家了。多学会几样能耐，做导游也可以牛起来！最重要的是，艺多不压身，你会得多，自然而然就会变得自信起来。

四、数来宝

之所以把这种形式单列出来，是因为它特别灵活，几乎是演唱者现编现唱，都是即兴发挥，这一点很值得我们学习。刚开始我很不服气，连我这么聪明的人都做不到出口成章还合辙押韵，那些旧社会的乞丐怎么能做到呢？其实这并不难，基本上都有一些“套词”，在此基础上稍微改改就可以了。我们也可以效仿这个方法，准备一两套准词，根据客人不同、行程不同加以调整，出口成章也容易。

先来几句人家专业的：

竹板儿打，我（这）抬头看，
这个大掌柜的卖切面。
这个切面铺啊，耍大刀，这生日满月用得着。
要说面，咱们净说面，
和出来，一个蛋，
擀出来，一大片，
切出来，一条线，
下到这个锅里团团转，
……

这是马志明、黄族民相声中的一小部分，看了这个内容，我们就会发现根据数来宝的内容很容易自己写词。例如：

竹板儿打，我上车来，
各位宾朋坐成排，
你坐好，听我讲，
我打起板子不用想，
……

还有很多很多艺术形式，我所学有限，只是给大家提个醒，做导游也要讲"拿来主义"，从各种艺术形式中吸取营养，来丰富我们的技巧。还是那句话：心有多大，舞台就有多大！我之所以喜欢导游工作，就是因为它给了我足够的发挥空间。把导游技巧当做一种艺术，把导游工作当做一种事业，其乐无穷！

编者评

毫无疑问，导游首先是一份工作，通过带团赚取合理的收入来养家糊口。那么，在温饱甚至小康的需求都得以实现以后，工作还有什么目标吗？有！马斯洛告诉我们，人的最高需求是自我实现。作为导游，我们也要挑战自我，以达到更高的境界！放下思想包袱，尽情地发挥自己的灵感和才能，有了这样的心态，你的舞台将变得无限宽广！

▶▶▶ 典型人物经验访谈

人物

杭州小黑（艺术讲解型）

工作背景

2004 年取得中文普通话导游资格，在大华东线上一直工作至今。因其原来在部队文工团有相声表演经验，语言功底扎实，说话风趣幽默，导游讲解也别具一格，颇有大师风范。曾经多次荣获华东地区优秀导游等称号，并多次成为导游大会的资深讲师。

测试结果

D，D，D，A，B，A，D，A，D，D，D，C，D，D，C，A，D，C，D，D

人物访谈

（B：编者 H：杭州小黑）

B：很荣幸能采访到你，据说你是华东地区最出名的导游了。

H：千万别这么说，感觉像人人喊打似的。

B：你看过我的类型划分，并做了测试题，认可这个结果吗？

H：不用看我也了解，我肯定是以讲解为长的导游。不过看了你的描述还是很惊喜，这好像是我头一次见到把导游的分类上升到理论层面的解释吧。

B：你觉得还准确吗？

H：非常准确，我几乎能按照你的标准把我认识的所有同行都一一归类。

B：他们肯定都是老导游，有了自己鲜明的风格。

H：对，我明白你的意思，其实这个东西对新导游更有指导意义。

B：我把你细化归类到了艺术讲解型，你没意见吧？

H：我是不是应该谦虚一点？可以说是从风格讲解型向艺术讲解型提升的半路上吧。

B：你的语言基础都是在部队说相声的时候练就的吗？

H：可以这么说，但之前我也很能说。在说过一段时间相声之后，让我更明白如何运用语言了。

B：你指的幽默感？

H：不只这个，更重要的是我掌握了对语言的组织能力和逻辑思维能力，这让说话变得更有条理，也更加生动灵活。

B：你说相声是个什么风格呢？

H：早年是模仿冯巩和牛群的，后来有了奇志、大兵，感觉与我这个南方人更贴近一些，所以与他们的风格有些类似。

B：那都是很早的事了。

H：对，做导游后，越来越喜欢郭德纲了，感觉他有些话其实很有针对性，而且很多笑料都是与时俱进的。

B：还有别人吗？

H：当然小沈阳也不错，虽然跟我的风格相差很大，但也有能借鉴的地方。

B：那周立波呢？

H：周立波就谈不上模仿了，我感觉我们俩几乎就是一种风格的。

B：是因为他是上海人，跟你地域上更贴近吗？

H：这是一个原因。另外，他的海派清口就是一个人在表演，跟我们导游的讲解环境非常类似。说相声很多的笑料需要旁边捧哏的给量一下活才可乐，我们导游讲解可没这条件。

B：你平时带团，在车内讲解时客人肯定也是笑声不断吧？

H：那是一定的，不管是哪的人，只管笑就好，出来玩轻松是最重要的。

B：笑料以什么为主呢？

H：这个倒没有重点，其实什么都是可以添加笑料的。

B：有这么厉害？

H：你要明白人为什么会发笑。你提出了问题，而下面给出的答案出乎意料就会引人发笑。

B：是吗？能举个例子吗？

H：最简单的例子就是脑筋急转弯。那两年赵本山在春晚上说了几个脑筋急转弯就把全国十几亿人逗得哈哈大笑。

B：你能现场说一个吗？

H：想一想啊，猜个谜语吧。说有这么一种植物和一种动物，加起来的时候像鸡。是什么植物，什么动物？

B：像鸡？猜不出来……

H：告诉你吧，植物是树，动物是马。

B：树和马？还是不明白。

H：记得提问时候说是加起来吗？加起来念就是树马像鸡（数码相机）！

B：哈哈，这么个意思啊。

H：其实这就是一种笑料的制造方式，有时候在生活中无意识就能找到不少。

B：看来跟你的团旅游的确是一种幸运啊。

H：呵呵，那就赶紧在我们社报个团吧！

B：对于讲解型导游你还有什么补充吗？

H：我觉得也不是所有讲解型导游都不修边幅吧，我还是很热爱生活的。

B：那总得找点缺点不是？

H：不过也是，我对着装也不是很在意的，这个缺点也挺好，毕竟是在可控范围内的。

B：其他还有什么要说的吗？

H：没有了吧，多听听相声，对你的讲解水平肯定有促进！

STEP 4 步骤四：导游词，工作中的灵魂

毫无疑问，导游工作中最核心的问题是讲解。无论什么类型的导游，什么层次的导游，面对游客的讲解都是工作内容中的重中之重。

当然，有些地方的导游讲解可能相对简单，比如一些山区，客人前往旅游可能只是踏踏青，或者放松一下身心，并没有特别的文化要求，所以对导游讲解的要求也不高。

我们圈子里有句俗语："西安导游的嘴，黄山导游的腿，北京导游的嘴和腿。"很好理解，游客在西安通常停留时间比较短，不去华山的话也没有太多需要步行的距离，反之在车里听讲解的时间很多，而西安作为汉文化的发祥地有太多需要介绍的东西，在西安当导游绝对需要好的口才，否则就糟蹋了这个城市如此深厚的底蕴。相比于古都西安，黄山的导游在讲解上要逊色许多，但一定需要一副好身子骨，你每天的工作就是带着客人爬上爬下，并随时准备帮助那些因体力不支而掉队的人，没有好的腿脚恐怕顶不下来。北京呢，文化底蕴不逊于其他古都，又有最近几百年的首都史，各种正史野史、风土民俗、民间故事讲也讲不完，又由于北京的景点都是皇家气派，大而豪放，故宫、颐和园、天坛，还有长城，哪个走起来也不是个把小时能完成的。粗略算一下，北京导游平均每个地接团都要步行六到八公里。如此多的历史，如此长的距离，无论是对嘴还是对腿的要求都是很高的。

不过世事无绝对，我曾经带过一个旅游团去黄山，由于是重点团队，当地旅行社特别委派了一名经验丰富的优秀导游。他不光服务到位，在讲解上也水准颇高，不但详细介绍了黄山的历史沿革、风土人情、地形地貌，还对每一处景点的来历和审美价值都进行了深度解说，让包括我在内的所有人都出乎意料，对他的讲解交口称赞。可见，导游的素养最关键，只要你能用心，再偏僻

的景点也能收集足够丰富的资料。

只要把导游工作当成真正的职业，相信每个导游都希望自己能够讲出独具特色且颇有深度的导游词，而不是拿着导游教材照本宣科。这需要你在日常生活中养成阅读的好习惯，积极收集各种与自己讲解有关的信息，积累不同类型的知识，再把这些东西消化吸收，争取在每次讲解时都加入新的内容。如果坚持下来，假以时日，一定会形成自己的独特讲解风格，你的讲解内容也会充分地吸引游客的注意力，让其他工作的开展事半功倍。

下面我们把导游词分成四类，按照带团的顺序依次为欢迎词、景点实地讲解、车上讲解和欢送词。在每一项中都精选几篇文章为你提供示范，这些都是论坛资深导游自己总结出来的“新派导游词”。

一、欢迎词，成功的50%

人们常说，“好的开始就是成功的一半”，旅游也是一样。开始阶段通常会为整个旅游行程定下基调，让你树立良好的形象。一段好的欢迎词可以让游客立刻对你产生好感，甚至对你更加信任。他们可以从你的谈吐中了解你的修养、思路、谦恭的态度和学识。

一段好的欢迎词应该包括以下几个方面：

1. 自我介绍

最好先找个随意的话题作为切入点，不要直接把自己名字搬上来，会显得很生硬。最好能先讲个笑话一类的，让大家放轻松，然后再把自己介绍出来，类似于大明星出场前的一个小暖场。在介绍自己的时候，也不要只介绍自己的姓名，尽量地多说一些自己成长方面的内容，让游客更了解你，像是亲戚朋友拉家常一样，一下子距离感就拉近了很多。

2. 介绍行程

这点很重要，无论是国内团还是入境团，旅行社从设计旅游活动到最终完成销售，中间很可能经历很多改动，再加上不同的旅行社间传递信息、翻译转换等步骤，在行程中难免会有一些出入。导游需要在见到游客的第一时间迅速与游客核对有关项目，越早发现不同点，也就能越早避免损失的发生。另外，在介绍行程的时候，也是第一次针对本地活动进行旅游促销的预热时段，这里可以先给游客提供一些大致的概念。

3．介绍本地概况

这一项不需要很长时间，在精不在多，用最短的时间把你能做到的最好效果发挥出来，给游客以震撼，让他们了解你的实力，博得好感。介绍的时候最好能与游客的家乡联系起来，有了对比才更加形象。

4．旅游提醒

我个人认为这一项才是重中之重。旅游是一种经常发生意外情况的活动，有主观原因，也有客观原因。如果我们在旅游活动开始之初能够面面俱到地把后面可能发生的意外尽量都提醒到了，后面即使真出现什么问题，游客也更容易接受，这就是未雨绸缪和亡羊补牢的区别。另外，每个游客在去一个地方旅游前都对即将发生的旅游活动有一个预期，其实很多是不切合实际的，我们的提醒和介绍可以让游客意识到这一点，从而避免行程后期游客因心理落差而进行不必要的投诉。

5．介绍酒店

一般情况下，酒店是游客到达目的地首先要接触的服务项目。把酒店的各个方面都介绍清楚，有利于第一个环节的顺利进行，为整个旅游活动开个好头。

▶▶▶ 超详细境外团欢迎词

宙斯

Good morning，Beijing！

虽然现在已经是下午，但各位从美国来，可能刚刚睡醒。大家经过长时间的飞行，紧接着穿过了我们新建的宏伟的 T3 航站楼，见到了我。感谢大家对中国的好奇与关注，你们就是中美友好的使者，而今天，就是你们展开对伟大中国“Odyssey”（探索）的开始。

中国有句古话，“一天之计在于晨”。中国人认为，早晨的记忆力是最好的，最适合于学习，所以现在呢，在大家刚到北京，记忆力最好的时候，我要教大家几句中文，非常有用哦，一定要牢记。

不要紧张，虽然中国话很难学，但我教大家的都是最简单的单词，你在中国旅行必然要用到的，而且非常好记。

首先就是问候，“你好”，读成“nǐ hǎo”。“你好”意思很广泛，可以用于各个场合，相当于英语中的“Hello”、“How are you”、“How do you do”和“Good morning”、“Good afternoon”等，都可以用“你好”来替代。大家到酒店的时候可以与酒店的服务员先试一试，明天我会考一下大家的中文水平有没有进步。

OK，说了这么多，该介绍我自己了。我的中文名字叫“Lu Ran”，l－u－r－a－n。“Lu”是我的家族姓，意思为陆地或地面，而“Ran”是我的名字，意思为自然风光，连起来，意思就是带大家去看看中国陆地上的自然风光，非常适合做导游的名字。在中国，我们一般把家族姓放在名字的前面，所以你可以简单叫我Lu。大家也可以叫我的英文名字，“Rockie”，R－o－c－k－i－e。Rockie，不是Rookie，名字很像是电影里的拳击手，或是美国的著名山峰落基山，“Rockies Mountain”。对于北美客人来说，我的英文名字还是非常好记的。你叫我Rockie或Lu，都没问题。

在大家来到北京的这些天，我将是你们北京的地陪，很高兴能带大家游览北京的著名景点，向大家介绍中国悠久的历史和迷人的文化。您不仅仅会看到这个城市，更会感受到北京人的热情与真诚。在北京的这几天，除了提供讲解导游服务外，我还会协助各个接待部门为大家提供最优质的服务。如果在这几天当中，您有什么个人问题或需要帮助的话，请不要客气，让我知道，我会尽全力为您解决，让您满意，谢谢。

我是纯正的北京人，生在这个城市，在这里长大，在这里学习，在这个城市工作。我生在老北京城区的胡同里。“胡同”，这个单词起源于蒙古语，意思就是狭窄的街道，在20年前，北京的大多数当地人都是住在这样的生活区域里的，胡同就是老北京的“Settlement”（居住地）。

原来北京有超过3000条胡同，而现在由于城市建设发展等原因，只剩下不到800条，将来还有可能进一步减少。不过政府已经在北京后海一带规划了专门的保护区，禁止了那一带的拆迁，将胡同作为北京的一个特殊景点保留了下来。

生活在胡同里，老年人会觉得非常舒服。中国有句老话，“远亲不如近邻”。当你出现了什么紧急情况时，能及时为你提供帮助的往往是你的邻居。而且每天生活在一个院子里，逐渐成为很好的朋友，晚上在院子里可以一起打牌聊天。对于老人来讲，交流可能比金钱还要重要，所以相比于公寓，他们更喜欢住在胡同里。但对于年轻人来讲，他们可不太喜欢住在胡同里。一是生活设施不太方便，二呢，隐私性不够。

我从小在胡同长大，直到上大学后才离开。我的毕业学校是北京旅游学院，主业是导游，所学习的课程也都是地理、历史、文化、语言等这些和旅游有关的科目，在接下来的几天中，我会把我所学到的东西讲给大家分享。

接下来，我来介绍一下我们的司机，他姓仇（Qiu），可能这么称呼不好发音，大家可以直接叫他司机Q。我们的司机开车技术很好，所以大家在这些天可以管他叫Master Q。我们在北京的这几天只会使用这一辆车，一个司机，我会把我们旅行社的LOGO放在前面的玻璃上，这样大家可以很容易地找到我们的车子。

我们的旅行社是中国旅行社，简称CTS，是中国最大、历史最久的旅行社之一，它跟美国的多家著名旅行社有业务联系，接待我们参加的这个系列团已经有十多年了，具有丰富的经验。

在这里，我谨代表我的国家，中华人民共和国，代表北京，代表我们的旅行社CTS，代表司机Master Q，代表我自己，再一次地向大家表达我最深切的欢迎，Welcome to Beijing，Welcome to China！希望你们能在中国度过一段值得回忆的时光，祝大家都有个开心顺利的旅程。

大家虽然都来自美国，但可能都来自不同的城市，芝加哥、旧金山、纽约、休斯敦等，每个城市都有不同的旅游代理商，有时候他们手中的信息有些差异。为了保证大家在北京游览顺利，我先把我手中的行程向大家简单介绍一下，大家也可以拿出你们自己手中的行程核对一下，有什么出入的话马上可以提出来，我会请旅行社与美国那边重新联系确认。

北京是大家来中国后的第一站，在这个城市，我们将停留四个晚上，将参观以下著名景点：新中国的象征——天安门广场；世界上最大的皇家宫殿建筑群——故宫；世界上最大的天神坛庙祭祀建筑群——天坛；保存最完整、设计最壮观的皇家园林——颐和园；还有明朝最集中的一片皇家陵区——明十三陵；当然，还有来中国最值得、最期待和兴奋的一个景点——长城。总共六个景点，它们是北京最为精华的旅游地点，大多数都被联合国教科文组织列入了世界文化遗产名录。当然北京的精彩并不是这六个景点可以完全概括的，行程之外我们还有一些非常值得游览的地方，比如中原最大藏传佛教寺院——雍和宫、老北京居民区胡同游、拥有几对中国国宝大熊猫以及其他亚洲珍贵动物的北京动物园等，都值得一看。如果我们的时间允许的话，我会向大家详细介绍并推荐的。

我们还在游览的间歇时间为大家安排了几段购物时间，可以满足大家的购物欲望。来到中国，当然要买一些具有中国文化特色的纪念品。中国很大，不同的城市会有不同的特产。在北京，我们为大家安排的是玉器雕刻工厂、珍珠市场和景泰蓝工厂三个地方，其他著名的特色商品，比如丝绸、茶叶等，我们将在后面的城市中为大家安排。在去每一个购物点购物之前，我会做一个关于相关商品信息和选购要领的简单介绍，让大家先有个大概的印象。

另外，我们有四顿正餐，包括三顿中餐和一顿晚上的特色烤鸭餐，早餐全是在酒店餐厅用，费用已经包含在团费里了。我们在用正餐的时候，一般都是传统的中国菜，八个热菜，一个汤，每人会含一杯软饮料，可以选择可乐、雪碧、矿泉水和当地特色酒水，茶水是免费的。如果还有需要，可以自己付钱直接在餐厅购买。

说到用餐呢，我需要在这里提前问一下大家，因为生活习惯、宗教以及个人身体状况不同的原因，可能有些客人有些东西不能吃，所以这里请大家说一下，哪位客人在饮食上有什么特殊要求。一般我们提供的中餐主要包括猪肉、牛肉、鸡肉、鸭肉、蔬菜、豆腐和鱼等，考虑到大家的口味要求，一般会做得稍微甜一些，而且低糖、低油脂、低味精。在餐厅上菜的时候我还会特别叮嘱厨房给每桌拿一碟甜面酱和一碟辣酱，如果各位还有什么私人要求的话，可以告诉我，我会尽量满足的。

在每次餐厅上菜的时候，我会逐一介绍每道菜的用料，让大家心中有数，桌子中间都有一个转盘，大家可以轻松拿到想吃的菜。主食是米饭，有时候会上一些饺子。我会叮嘱餐厅每人都给一副刀叉，不过我也会在第一次用餐的时候简单教大家一些使用筷子的技巧。

当然，我知道一些年轻的小朋友可能无法适应和美国完全不同的食物，一次两次还可以，天天吃的话可能会厌烦。晚上休息前您可以带孩子在酒店附近轻松地找到一些“美国式”餐厅。北京是世界上单一城市拥有麦当劳和肯德基数量最多的，两者相加超过三百家，在任何一个地区走一公里路就可以轻松找到一两家。不光是这两个美式快餐店，北京还拥有超过70家必胜客（Pizza Hut），60家星巴克（Starbuck Coffee），数家时时乐（Sizzler）、棒！约翰（Papa Johns）、澳拜客（Outback）、星期五餐厅（Friday）和中国内地唯一的一家滚石餐厅（Hard Rock Cafe）。

除了吃烤鸭的那天晚上，其他的日子我们都可以在下午6点左右返回到酒店，如果您还有精力的话，我也可以告诉您最近的商场在哪，或者帮您预订个全身按摩什么的。当然，如果大家晚上都不累的话，我也可以向大家推荐一些晚间集体活动，比如“Night Show”，北京这里主要有三类——京剧、杂技和功夫。京剧呢，比较偏重于文化方面，精美的服装、脸谱和传统的古典故事演绎，在世界上都非常有名；杂技呢，侧重于动作和技巧；功夫秀则是将两者合二为一。明天我可以把每天晚上这三类节目的时间表告诉大家，有想看的可以从我这里订票。从我们这里订票与在剧场票房或酒店礼宾部买票价格上完全一样，但是我们会提供用车的接送服务，人多的话还可以给予一定程度的优惠。

我们的车现在开在首都机场的高速路上，再有40分钟左右，我们将会到达酒店。这条高速公路全长接近20公里，连接北京首都国际机场和闹市区。现在前往市区，这段路程还有另外两条高速公路和一条机场地铁可以选择。

大家乘坐的飞机刚才降落的地方是我们的北京首都国际机场，是世界第三大机场，仅次于美国的亚特兰大机场和芝加哥奥黑尔机场。这里连接了世界上一百多个国家和地区的航班，一共先后建有四座候机楼，T1、T2、T3 是接待普通旅客的，而 T0 是接待国际顶级贵宾的。我们出来的航站楼是 T3，是座刚刚投入使用几个月的新航站楼。它由外国著名设计师设计，从天空俯瞰，像一条飞舞的巨龙，所以它的绰号就叫红龙（Red Dragon）。它也是世界上目前最大的单体航站楼，被美国一家著名杂志社选入了 2008 年的新建筑奇迹前十名。

我也看过美国一些报纸和杂志对中国的报道，居然还有不少对中国的印象停留在 20 世纪 70 年代——低矮的平房、单调的颜色和大量的自行车等，显然写文章的记者也已经很久没有来过中国了。当您踏上中国的土地后，看到我们的新航站楼，看到高速公路以及两旁一片片的高楼大厦，您会感觉到中国这些年来经济发展的速度有多么快。

大家来到北京，首先我要给大家一些数字，介绍一下这座城市的一些基本信息。北京作为城市，有超过 3000 年的历史，比罗马城还要早几百年。有关北京历史背景的信息太多，今天由于时间原因我就不讲了，放到后面两天，有长时间行车的时候再给大家讲。先说说人口吧，它有 1700 万人，相当于半个加利福尼亚，或半个加拿大。

北京的行政区面积也是相当大的，我们称之为直辖市，相当于美国的华盛顿特区。它的行政区面积远远大于华盛顿，有 7000 多平方英里，是新加坡的 25 倍，比以色列略大，比美国新泽西州略小。

北京处于整个中国的中心偏北，离海岸线很近，只有 125 英里左右，离蒙古沙漠的边缘有 200 英里左右。如果看中国的地图，它的形状与一只公鸡非常相似，东北三省是鸡头，新疆和西藏是鸡的尾巴，台湾岛与中国南部的另外一个岛组成鸡的两只脚，而北京的位置正好是这只雄鸡的心脏。

北京位于北纬 39 度，与美国的纽约、芝加哥，西班牙的马德里纬度相近，但由于地理原因要比前两者暖，比马德里冷。北京年平均气温为华氏 53 度，春季大约为华氏 55 度，气候干燥多风，近似于美国亚利桑那州的菲尼克斯（Phoenix）；夏季大约为 80 度，白天气温甚至超过 90 度，而且气候湿热，潮气很重，类似美国德州的休斯敦（Houston）；秋天的北京是最舒适的，大约为华氏60度，接近于美国西海岸的城市波特兰（Portland）；冬季很寒冷，会有几次降雪，大约有两个月的结冰期，气温也很低，约为华氏25度，类似于美国的首都华盛顿（Washington D.C）。

以前，北京曾被称作自行车王国，拥有超过1000万辆自行车，几乎达到人手一辆，不过现在，城市里共有约300万辆机动车，每天都会有1000辆新车出现在城市里，目前在北京平均每两个家庭就会有一辆机动车。事实上，北京的公共交通网络是全国最好的，甚至超过纽约，算上目前正在建设的，北京的地铁总长度接近350英里，我们有2.5万辆公交巴士，超过800条公交线路，城市里还跑着约7万辆出租车。

好了，北京的信息我就先说到这里，我们还有更重要的事情要在第一天来说明，毕竟我们中的很多游客都是第一次来到中国，所以在这里，我有必要向大家做一些旅游提示，它将让您在中国的旅行变得更为顺利，避免一些不必要的麻烦。

首先，大家请先统一对一下表，现在是北京时间下午3点整，这样我在约定时间的时候大家就不会因为没调表而迟到。整个中国都使用北京时间，所以您不需要再次调表了，这点与美国的区别比较明显。

我们这个团队是由八个家庭组成的，下面我按照我手里名单的顺序给大家排一下号码，每一个家庭都有一个自己的号码。北京的景点人都很多，我们又会经常解散照相等，所以每次集合后我都按顺序念一遍家庭号码，被念到的家庭请数一下自己的家庭成员都到了没有，回复我一下，这样也可以节省大家的时间。另外，作为地陪，我会带大家参观北京行程中所有的景点。在景点里，每一处重要的地方，我都会先给大家作一段简单的介绍，名称、功能、历史等，然后给您一定的时间去拍照。所以当团队停下来时，先不要急着去拍照，听我说完后，把集合的时间和地点弄清楚后再解散。每天下午回酒店之前，我都会跟大家商定一个集合时间，这个时间是您用完早餐、已经准备好所有东西、拿好衣服在大堂见面的时间，请各位都要按时到达。

其次，我们的团队中有不少小孩子，我们参观的景点游客都很多，所以在您照相或买东西的时候，请特别留意一下您的孩子，避免走丢。颐和园游览路线离湖很近，长城有很多路段石梯陡峭，这两个地方更需要注意他们的安全。

在一些比较拥挤的场所，比如购物街等地方，请注意保管好自己的财物。入住酒店后，在北京的游览我们将不再需要您的护照，请把您的护照以及其他贵重物品都放在房间的保险箱内。我们全程就使用这一辆车，大家下车时，暂时用不到的东西可以放在车上，但也请把自己的贵重物品随身携带，比如相机、MP4、金条、钻石等。

来到中国，可能你首先遇到的就是货币问题，其实在中国换钱非常方便，国家对货币的兑换有统一的管理，同一天内，无论您在机场还是在酒店或者银行，换钱的汇率都是完全一样的。相比之下，在酒店换钱更方便一些。现在美元换人民币的汇率是1美元换不到7块人民币。在换钱时，可以要求酒店的服务员把换给您的钱尽量打散一点，小面额的钱花着会更方便一些。

事实上，您来中国并不需要换太多的现金，大概300美元就基本够用了，买些瓶装水和支付小额费用。因为涉外的地方一般会为游客计算出需要支付多少美金，然后直接用美金支付就可以了，我们这边也是一样，这样就省去了来回换钱所造成的汇率损失。还有，现在中国的很多地方比如酒店、高级餐厅、大商场、超市、旅游商店都可以直接刷卡。有四种信用卡在中国使用非常普遍，分别是维萨卡（Visa）、万事达卡（Master Card）、吉士美卡（JCB）和美国运通卡（American Express）。

在北京旅游期间，无论是在天安门广场还是颐和园，甚至在长城上都会有当地的小商贩拿着一些商品向您推销，这些商品可能存在质量问题，您一定要谨慎。另外，还要请您注意避免收到假钞。所以，建议您尽量选择酒店或大商场购物。

在任何地方都不可以直接饮用自来水，即使是在酒店里。自来水都需要煮开后才能喝，酒店每个房间都会提供烧水壶的。在外面，可以直接购买瓶装水，依云（Evian）在中国非常贵，一瓶超过两美金，毕竟都是从法国直接空运过来的。大家也可以买中国的瓶装水，质量没有问题，价格也很便宜。司机这里也提供矿泉水。

由于北京这个季节气候变化无常，今天晴天明天就可能下雨，大家在进酒店的时候可以看一下大堂的天气预报，以决定第二天穿什么衣服。如果下雨的话，也可以直接向酒店免费借用雨伞。

当然，来到北京大家都希望能有个晴天，这样玩起来舒服，拍照效果也好。这点上，我可以给大家播报一下，明天晴天的概率将是80%，理由很简单，接大家之前我已经去天坛为明天祈祷过了，希望它会应验。

飞越了北冰洋，跨越了半个地球来到中国，我想很多人都想给家人打个电话，这里也说一下打电话的细节。您用中国的电话打回美国，需要在前面加拨001，然后是地区号码和电话号码，001是美国和加拿大的国家编码。在中国往美国打电话是比较贵的，折算现在美金的汇率，您每打一分钟，足够您在美国买一杯星巴克咖啡的了。如果想省钱的话，可以购买IP电话，在酒店里打，先在前面拨一串数字，然后输入密码，再拨美国的号码就可以了，也很简单，一般面值是100元，可以通话一小时左右，在机场或酒店的商务中心都有卖的。也可以购买像我手中这样的卡，这种卡是全国通用的，在中国的其他城市也可以使用打电话回美国。另外，有需要的游客可以记一下我的电话号码，这样在您找不到我时可以打电话给我。如果用您自己的手机拨的话，需要在手机号码前面加拨0086，这是中国的国家编码。

另外，大家的工作不同，习惯可能也不一样。每个人都有自己的私人问题，我也很愿意帮助大家解决。每天送大家回酒店之后，我都会在大堂里稍微停留一会，有问题在那个时候可以来找我。身体不舒服，我可以帮您叫车去医院；需要按摩服务，可以帮您打电话预订；想去教堂做礼拜，可以告诉您教堂具体的地址；想找裁缝做衣服，也可以为您预约裁缝量尺寸。总之，来到中国，有困难就找导游，我们就像联邦快递（FedEx）一样，使命必达，24小时全天候服务。

好了，再有10分钟我们就到酒店了，给大家简单介绍一下我们的酒店。北京由于经济快速发展和举办奥运会的原因，这两年国际酒店的数量飞速增加。凯悦（Hyatt）、圣瑞吉（St. Regis）、希尔顿（Hilton）、喜来登（Sheraton）、丽晶（Regent）、香格里拉（Shangri-La）、莱福士（Raffles）、洲际（Intercontinental）、万豪（Marriot）和丽思卡尔顿（Ritz-Carlton）等大家耳熟能详的国际著名酒店都有一家甚至几家落户北京，这里的星级酒店数量超过700家，其中五星级酒店超过50家，各种旅馆、青年旅舍和汽车旅馆更是不计其数，外国游客到北京旅游的选择范围非常大。

我们要下榻的酒店就是半岛酒店集团在北京的著名酒店北京××××酒店，它是一家豪华五星级酒店，历史也比较悠久。它坐落在北京著名商业街王府井大街（Wangfujing Shopping Mall Street）附近，相当于纽约的第五大道，是中国最有名的一条商业步行街，道路两旁的大商场有十来家，每天的客流量都非常大。大家在晚上的时候可以去逛一逛，夜景还是不错的。另外，建议您购物的时候可以考虑一下民间手工艺品，既便宜又值得。

继续说我们要下榻的酒店，××集团的酒店历来是以服务闻名的，这里的服务也与国际水平看齐。员工的英语水平不错，可以为您提供各种帮助或解决问题。

酒店内部功能齐全，房间舒适，高层的话视野也不错。我们为大家预订的都是无烟标准间，其中夫妻都是大床房，有小孩子的提供加床。如果还有其他要求，可以在入住房间后和酒店的前台或客房服务员直接联系，他们会尽量满足您的要求。

按照国际惯例，我们旅行社支付的酒店费用只包括基本的住宿费和每天的早餐费，其他的费用如饮料费、电话费、点餐费都需要您自理，酒店会在您最后结账的那个早上，列出您所有的花费清单，一起付就可以了。酒店每天为每个房间提供两瓶免费的矿泉水，但是在冰箱里的各种酒水饮料都需要额外支付费用，请先看下冰箱上的价格表再作决定。

酒店的早餐餐厅在地下　层，是自助式的，品种非常丰富，中式、西式的菜点都很齐全。如果您想尝试一下中国的早餐，不妨找一找里面的粥，再搭配一点旁边放的咸胡萝卜。另外，酒店还有几个正餐餐厅，中餐、西餐都有，但如果您想尝试一下本地风味的话，不妨走出酒店，不需多远就可以轻松找到一家小饭馆，随便点几个菜，那才像中国人的正常生活。您不必担心语言问题，那些建在涉外酒店附近的餐厅大多雇用了一些会说英语的服务员，并且提供刀叉，而且菜单也不光是英文，一般还配有图片。在小饭馆会找到与大酒店不同的乐趣，当然价格也仅仅是后者的几分之一。

每天酒店都会有服务人员帮您清扫房间。如果您不需要清扫的话，就把房间里的“请勿打扰”牌子挂在门上。

另外，还有一点有必要在这里提醒一下，这个酒店的服务口碑一直不错，但是最近也有一些关于这个酒店的投诉，几乎全部集中在礼宾部，主要是投诉礼宾部的某些工作人员过分地推销各种服务，例如推荐酒店外的餐厅、咖啡厅等。其实酒店并没有给予他们任何授权，只不过是这些员工打着酒店的名义来为自己赚点额外收入，他们推荐的服务往往名不副实。但由于投诉者往往无法指出推荐者的具体名字，使得酒店在处理这种事时也很头疼，所以旅行社在最近一段时间特别要求我们导游提醒客人，注意不要与这些人员多接近。

好了，马上就要到达酒店了，请大家把自己的护照准备好，到大堂里我要统一收一下，前台登记完后会马上发还给大家。

一会儿行李员将会把大家的行李统一推入大堂，然后按照房间号统一派送到每一个房间，请您拿到房卡之后直接进入房间检查一下内部设施，有什么问题请迅速与楼层服务员沟通换房事宜。5 分钟左右，行李员会把您的行李送到您的房间，请注意检查。

明天我们将有一整天的行程，而且会走很多路，步行会超过 3 英里，请大家做好相关准备，穿上宽松的衣服以及舒适的鞋子。我知道大家很累，又需要倒时差，可能很多人半夜还会醒来，但是明天的行程并不轻松，所以还需要稍微早起一点儿，我们上午 9 点从酒店出发，好吗？没问题的话就这么定了，我预订一个早上七点半的叫早，大家起床后收拾一下下楼吃早餐，都准备完后我们 9 点在大堂见，准时出发！

好了，不多说了，希望大家今天减少活动，多多休息，把相机都充好电，明天开始我们神奇的东方之旅，做个好梦！

再见！

二、对景点的实战讲解

这个环节应该是新导游最为熟练的，毕竟在取证考试时有过充分的准备。真正的景点导游词与应试时的区别不大，甚至可能会更简单。

如果你也曾随团出去旅游过，应该会理解游客的心理。目前数码照相机、摄像机几乎已经普及到了每个人，人人都是摄影师，人人都是模特。刚进景点时，所有人都在兴奋点，很难在这个时候吸引游客的注意力，因此人多的景区由于游客走失造成的小事故不胜枚举。

解决这个问题有两种方法。一个是把景点上要讲的大部分讲解词都挪到车里去讲。那个时候，游客的注意力相对集中，你可以预先介绍一下要去的地方，介绍一些背景知识和民间故事，当到达景点时，只需要重申一下刚才车内说的重点就好了。在解散前，利用短暂的一两分钟强调一下时间和地点。第二种方法就是你要有非常精彩的导游词，精彩程度可以暂时吸引游客的注意力，有时甚至能把别的团队的游客也吸引过来听你的讲解。

谁都能看出来，后一种方法效果更好，但并不是每一个导游都能做到这点的，尤其是新手。纯粹通过熟记背诵、照本宣科去讲解肯定不会成功。现在的旅游参考书那么多，网上的资料也是随处可见，未加工的资料很难引起别人的关注。所以你需要对书本知识进行吸收和消化，经过思考和研究之后，重新创造出你自己独特的导游词。

构思新颖、视角独特、语言简练等都是必需的。想象一下，当你在站在某处的景点，同时进来的其他旅游团早就解散照相了，而你还在滔滔不绝地讲解，内容吸引着团里所有游客都站在原地认真倾听，可能一些新导游也会挤过来听，你会是多么的信心高涨，多么的挥洒自如！

下面我们选择了几篇导游词范本。这些从全新的角度去切入主题，以直白、幽默的语言和蕴涵丰富知识的内容构成的导游词，肯定会强烈地抓住游客的心。

▶▶▶ 从建筑角度讲天安门广场

宙斯

每当我们站在享誉世界的天安门广场上时，都会被周围壮观雄伟的建筑所震撼。如果说北京是中国的心脏的话，而这里，的确就是北京的心脏。

它曾经号称世界第一大城市中心广场，虽然现在也不得不把这个头衔让给了别人。

历史的车轮不断向前滚动，我们的广场也一起快速发展。明清时代，这里可没有这么宽阔，只不过是条走廊，当然这条走廊很重要，因为两边排列着各大“政府机关”的建筑。这么多的国家机关立在这里，当然不能太嘈杂了，普通的老百姓如果想横穿东西城的话，不能直接通过这条走廊。当时可没有地铁，所以要么绕道前门外大街，要么绕行地安门以北。能走这条路的大多是达官显贵。

漫步在千步廊中，第一道门就是大明门（大清门），而后便是承天门了(天安门)。极目四望，所见之处无不是正统的中式建筑，红墙绿瓦，雕梁画栋。甚至连走廊南部两边的东、西江米巷都驻扎着各大部门的分支机构。在东江米巷中，礼部以及下设的鸿胪寺都建在这里。当时的中国有四个藩属国，安南、缅甸、蒙古和朝鲜，他们的朝拜使节也住在巷子里一个叫“四夷馆”的地方。而这一建筑上的和谐的统一终于在晚清时期被打破了，鸦片战争之后，英国、德国、法国、俄国等列强纷纷在东江米巷建设使馆，也就是后来我们所称的东交民巷使馆区。紧跟着使馆到来的还有外国的银行、医院、教堂等，最后连火车也搬到了前门外。眼看着东边已经这么热闹了，西边当然也不甘寂寞，中国人不就讲究个对称美吗，他那边有银行这样的先进玩意，那咱们这边也建个吧。当然，西边也有建设中国自己的金融机构的便利条件，那就是掌管全国财务的户部就在这里，所以首先开办的就叫户部银行，也称作大清银行。随后建立的大陆银行和金城银行则占据街口，并把建筑也修成西洋式与东边遥相呼应，也就形成了东西两边的欧式建筑风格。

东方红，太阳升，中国出了个毛泽东。当毛主席站在天安门的城楼上时，天安门就改变了其皇城正门的历史形象，变成了新中国的象征，就像法国的埃菲尔铁塔和美国的自由女神像一样。1958 年，另一个标志性的中式建筑——人民英雄纪念碑也在广场的正中央竖立了起来。

在新中国成立十周年之际，北京分别在市区的不同位置兴建了十座大型建筑以庆祝这一国家盛典。如今，有些建筑在历史发展中逐渐失去了它原来的重要作用，有些已经被更新的建筑所取代，不过更多的至今依然在行使着使命。广场两侧的国家博物馆和人民大会堂就是典型的例子，博物馆展示了我国的深厚文化，人民大会堂是党、国家和各人民团体举行政治活动的重要场所。从这两处建筑巨大的石柱、宏伟的气势上看，有着苏联式建筑的痕迹。

1976 年，新的工程又在广场上开始了。中华门，也就是原来的大明门（大清门）成为了被拆除对象。毛主席纪念堂，仅仅用了十个月就诞生了，成为人们纪念和瞻仰伟大领袖的殿堂。

东边一溜儿，城市建筑规划馆、最高法院等大楼，都带有明显的美式建筑痕迹——方块外形的玻璃楼。美式建筑有很强烈的视觉冲击力，而且矩形的建筑在空间利用上很科学，里面的办公区域都会很宽敞。但形状上的局限，很容易使人产生审美疲劳，而且也无法让周边的植物更和谐地融入整体视野。

法国的大设计师保罗·安德鲁先生给我们在西侧设计了一个很有意思的建筑——国家大剧院。因为剧院四周环水，按他自己的设计名称讲，那叫“圆形岛”，不过北京人则更喜欢形象地称之为“水蒸蛋”。他的圆形设计又恰巧与东侧的方形建筑遥相呼应，符合了中国传统观念中的“天圆地方”的概念。不过这么一个巨型的摩登建筑与北面的中南海和故宫的确有些不搭配，网上也时常见到很多人强烈地抨击这个“水蒸蛋”，不过我还是相信它是可以挺过开始的非议期的。

回想当年罗浮宫建起了由东方人贝聿铭设计的玻璃金字塔时，几乎绝大多数法国人也表示反对，不过现在的玻璃金字塔已经成为了巴黎一景。本人读大学学英语的时候还记得有一课叫“The world is shrinking”，世界在缩小！我们的世界正在急速地缩小与融合当中，就像在英语里面也先后出现了“Dinson（点心）”、“Kungfu（功夫）”、“Kongpou Chicken（宫保鸡丁）”这样的中文“舶来词”一样，不适应就会落后。正因为这样，当我们面对一个与我们的文化相异的建筑时，应该抱以宽容心态来看待它，毕竟它已经成为了北京的一个新地理坐标，在数百年后它还将会成为这座城市的历史坐标。

不光是广场在前进，北京也在以同样的速度新陈代谢，吐故纳新。街边的建筑没有了单一的苏联或美式风格，逐渐走向多样化、特色化，成为了真正意义上的百花齐放，百家争鸣。北京人喜欢给这些建筑起外号，西直门的三炷香、建设银行的大香炉、交通银行的火车头、奥运公园的鸟巢和水立方、中海油的咖啡杯、世纪坛的雷达、首都机场的中国龙等。

在国际设计师的竞赛舞台中，北京在高速度地蓬勃发展。

与此同时，我们也呼唤新一代的中国设计师能够快速成长，让中式建筑更快地走上世界舞台！

▶▶▶ 乌镇导游词搞笑版（部分）

杭州小黑

各位游客：

我们今天走的这条路线呢，是东栅。一般来说，景点会发给游客一张门票，门票的后面都是有地图的，跟着地图走就可以了。如果自己搞不清楚的话，那也很简单，沿着这条路一直走，兜个圈，走直线，就走得出来了。

说到镇的名字，很奇怪，叫做乌镇。

为什么叫乌镇呢？有很多的传说和原因，这个书上都有。那我今天要告诉你们一个最真实的原因。最真实的原因就是因为这里的土地是黑色的，非常的肥沃，所以才称这里为乌镇。

我们刚才进来的时候，有一个土堆，这个土堆放在这里呢，就相当于障景。为什么啊？让你看不到门里面的景色，所以我们就得买门票了。《似水年华》、《暗算》、《天下粮仓》都是在这里取景拍摄的。很多客人都是看了这些电视剧才来这里的。

现在我们才算是真正地进入乌镇。镇上的水系非常复杂。十字交叉形，船一直要到前面那个地方才能掉头，所以呢，称为转船湾。这条河跟历史上最有名的京杭大运河是直接相连的。据说只要你愿意，从这游过去，到北京也可以。大概时间要半年左右。

对面的房子叫做水阁，水上的阁楼。大家看到水阁下面的石头是方的，不是圆的。为什么啊？因为蛇啊，蛇爬不上来啊。

每年的清明节前后，都会有人在这里模仿蚕宝宝，因为乌镇农家以养蚕为生，所以会在这里进行表演，在竹子上面翻跟斗。有人说竹子是“宁折不弯”，我们这里的竹子是“弯了也不会折”。人爬到竹子上面去翻跟斗，很惊险的……

大家再看那座桥，左一座，右一座，当地人叫逢源双桥。很多导游都在讲，左升官，右发财。但是我告诉大家，人生在世，有谁能够真正做到左右逢源呢？在这座桥上面有个廊桥，下面有一排水栅栏，过去这排水栅栏相当于一座水城门。

其实这座桥还有一个作用，江南一带，每逢过节都会有节目，特别是到了元宵节，男男女女，大家闺秀、小家碧玉们，都走出来看花灯。古时候讲究“男女授受不亲”，为了避嫌，就男左女右。现在我们过桥，男同学左边，女同学右边……

回过头可以看到的是一家叫“香山堂”的老药店。它的规模虽然小于杭州的胡庆馀堂，但也有120多年的历史了。它是由宁波药商陆庆馀创建的，并由他的孙子陆渠清将药店搬到这里，在柜台四周约有300多只药材柜。现在大家看看这块写有“橘泉春满”的匾额。据说，当年在乌镇曾发生过一场瘟疫，累及村民，死的死，伤的伤。但是很奇怪，有一口井泉旁边的居民居然都没有事。于是有人就去调查了，原来，在这口井旁边种满了很多的橘子树，橘子掉进井里，陈皮腐烂，产生了一种特殊的物质，恰好能够医治瘟疫。我们香山堂的医生们非常懂得利用广告效应，针对这件事，挥手写下了“橘泉春满”四个大字，当时生意也好了很多！

看完药店接着往前走，接下来看到的就是刚才所说的财神堂了。在乌镇，历来都有“接五路”的习俗。所谓接五路，就是接五路财神，东南西北中各一位，而这一位财神就是东路的文财神比干。比干是商朝的一位丞相，他为官正直，对君王忠心不二，直到后来自己的心都掏给了商纣王，当时百姓为此很敬重比干，特别是一些商人，他们认为做生意就应该诚心诚意，像比干一样，所以比干被奉为财神……（北路财神是范蠡，又称陶朱公，可以针对紫砂进行讲解；南路财神关公，可以针对三国城进行讲解；西路财神沈万三，有个聚宝盆，可以针对周庄和南浔进行讲解。大家可以根据不同团的特点，有侧重地讲解。）

现在我们走的这条街叫做东大街，全长1300米，街道都是旧石板路，两旁是古民居。这条街上至今还有人住着，350多户呢。好多人都以为住在这儿的人特别悠闲，小桥流水人家，古道西风瘦马。其实不然，住在这儿很不方便，而且不允许随便开店，更恐怖的是，你在家吃饭吃到一半，还可能有七八个游客莫名其妙地进来，问："你们吃什么呢？"所以请大家在游览的时候不要影响居民的正常生活。

下面我们进入第一个景点，江南百床馆。

中国的家具分为四种款式，分别是京（北京）、广（广东）、苏（苏州）、宁（宁波），各有各的特点。江南的床就很有特点。

这张床是明朝的。明朝家具款式的最大特点是简单而流畅，而清代的款式就比较雍容华贵。这张床是笔管式的，价值很高，不过它当然比不了里面的那张床了。里面的那张床是这里的镇馆之宝。

这户人家是当地的大户人家，姓赵，房屋总共有七进，院落非常深，占地面积非常大，让我们走进去看一下。

这张床已经被中华收藏网和上海的信义传家宝列为床中的第一，为拔步千工床。所谓千工，一个木匠干一天活就是一工，这张床就是一个木匠花了整整三年时间，一千天才做完的。

这张床上雕有106个人物的图案，栩栩如生。比如说三娘教子、天官赐福，以及梅兰竹菊。为什么雕106个人物？中国古代以108为吉祥数字，这106个再加上里面睡的夫妻俩，刚好是108个。这张床分为四层，第一层挂裹脚布，第二层化妆间，第三层卫生间，最里面才是卧室，就相当于现在三室一厅的小套间。中间还挂了一块牌子，这块牌子是做什么用的呢？有很多作用。有人说，是代表着"甜言蜜语，请勿打扰"，其实呢，也有那么一点道理。但最主要的作用不是这个。

据说中国古代木匠是不做床的，做床会折寿，所以不做。但是呢，如果接了这单生意，做完以后不卖给你，而是当做礼物送给你，就不会折寿。那么这张床呢，是一个丈夫送给心爱的妻子的，上面有一句话叫“爱你五十余年”。为什么只爱五十余年呢？人都活得比较现实，“人到七十古来稀”，二十岁结婚，爱你五十余年就足够了。不像现在很多人那么夸张，张口闭口就是爱你一万年。所以以后要记得，如果以后有人跟你说爱你五十年那叫情真意切，跟你说爱你一万年那是骗你的。

来，我们往里面走。

这里是三张床，是从当地很多居民家里收集过来的。不是一户人家家里有这么多床，除非这家人是开旅馆的。这张床是广东款式的，其实它的风格接近西洋风格，旁边是意大利的罗马柱。中间的图案是心心相印，但是传统的中国是没有这种图案的。以后大家出来旅游，要记住，在江南一带，床上的镜子尽量不要照。传说那不是用来照人的，是照鬼的。整张床全部用红木做成，木料很重，放在水里面会下沉。所以你要记得，万一发洪水，什么木料都可以抱，千万不要抱红木。好，我们过去继续往下看。

这几张床有一个区别，这张床的床档比一般的床要高出 20 厘米。这证明主人很有地位，现在有钱就可以开凯迪拉克，以前不是，要讲身份和讲地位的。你没有达到这个地位，就不能用这样的东西。这张床是由两张半张的床合在一块儿的。大家看，里面的床四条腿，它八条腿，看到没有？两张半张的床合在一块儿，那叫好合，有个好兆头。上面有个拱顶，这叫拱顶花罩。这个拱顶一个木匠要做一个多月才能做完。中间雕的是岳霖为母捶腿，他是岳飞的儿子，忠孝两全。这儿雕的是穆桂英，这儿雕的是杨宗保。为什么要雕穆桂英和杨宗保？他们是中国古代门不当、户不对但婚姻却美好和谐的代表。下面雕的是秋胡戏妻。这个男人叫秋胡，很喜欢学习，功成名就衣锦还乡。回来以后看到家门口有个女孩在采桑叶，他就过去调笑了几句，没想到回家一看，这个女子就是自己的妻子罗敷。罗敷羞愤欲自尽。后来婆婆斥责秋胡，秋胡向妻子赔礼，夫妻方和好。

这是一张小姐床。但是这张小姐床比较简单。佛教有“八戒”一说，其中一条戒律就是不睡高大华丽的床，这个小姐是信佛教的，所以这张床相对比较简单。上面全部都是镏金的图案，画的是整套有关济公的图。

这些床都采用透雕的方式，而且上面雕了很多的葡萄，喻示着多子多福。但是最有意思的是这一张床。很多人说，我们中国人太严谨，不够幽默。这句话错了，不见得如此，中国古代有很多人很幽默，比如说东方朔。这张床的主人也很幽默。你看这雕的是什么图案？一男一女，这叫夫唱妇随。上面雕的是一个男子在做梦，梦见他跟一个女子约会，这叫白日做梦。这边也雕了一个男子在外面偷情，回去给老婆抓到了。下面有个档子，这块横板是用来供奉床公床婆的。中国有很多的神明，门有门神，灶有灶神，床也有床公床婆，床公喜欢喝茶，床婆喜欢喝酒。据说初一、十五，晚上供上一杯清茶、一杯淡酒，你晚上就不会失眠。

那张床就是宁波款式的。宁波款式最大的特点就是镶嵌了很多的“骨头”（嵌骨）。

这两张床是这里最有意思的，叫做姐妹床。但并不是姐姐妹妹睡的床，主要是说这两张床的风格很接近，上面又有凤凰的图案，所以就叫姐妹床。其实这张呢，是新婚夫妻用的；这张是老年夫妻用的。你看，老年夫妻床上面写的是“鸡鸣”，早睡早起。边上有个榻，这个榻上是睡丫鬟的。为什么这个丫鬟是睡外面的啊？晚上端茶递水比较方便。新婚夫妻床上面有六只喜鹊，你要是朝它吹一口气，喜鹊的翅膀还会动。为什么年轻夫妻的鸟的翅膀会动，老年夫妻的鸟的翅膀是合拢的呢？这大概是寓意着年轻人展翅高飞，老年人要落叶归根的意思吧。

三、车上讲解，新导游的一道坎

对于新导游而言，在旅游书店里，有很多关于景点故事的资料，很方便查询和学习。另外，教材上对景点的参观游览都设有几条固定的线路，给了我们一个框架。所以，最低要求，写导游词时只需要把自己搜集的资料按照这个结构填充进去，就可以了。换句话说，属于按照套路出牌。纵使你没有太精彩的讲解，但“照本宣科”式地把书里的东西流利地背诵出来，也算勉强合格。

相比而言，旅游过程中的车内讲解总会成为新导游面对的最大“噩梦”。根据国内旅游组团的惯例，超过24人的团队一般都会给调配一辆38座以上的大巴车。车内都有用于讲解的麦克风，还有专门设计的站立靠背，在行车过程中，导游需要不定时地在车内作些介绍。

新导游在车内讲解面对的难题主要有四点。

第一，超长的时间。一般在景点内，为了让游客能有更多的时间去自由参观和摄影，导游的讲解以点题为主，不苛求时间长度，有个三五分钟就够了。国内的各个城市情况相似，景点之间的行车距离超过一小时很正常，游客这个时候也正无聊，这就要求导游的车内讲解时间不能少于30分钟。对于习惯了几分钟景点讲解的新导游来讲，这无疑是个巨大挑战。

第二，对气氛的调节。与景点讲解不同，坐在车里的客人注意力通常比较集中，加上扩音器的音量远远超过正常声音，所以导游在讲解时通常会有压倒性的先天优势。在精彩讲解的基础上，你可以对后面的景点进行预先介绍，对后面可能出现的问题进行铺垫，还可以进行无干扰的导游促销活动。老导游常说，我带团中遇到的问题几乎全是在车里解决的。有些新导游上车之后，可能由于不熟练或者过于紧张，讲解时思维散乱、语言不通，让游客难以接受，听不下去了自然而然就将注意力转向窗外，这时候你再做任何铺垫工作都只能是事倍功半。

第三，讲解思维的连续性和跳跃性。在车内讲解，不光要语言流畅，更要思维清晰、敏捷。旅游车在行进过程中，总会时不时地经过一些重要的地方，有标志性的建筑，有蕴涵文化气息的寺庙，还有发生过一些重大事件的地点。这就要求导游要暂时停下自己的讲解，对当时出现的地标作简要介绍。导游不仅要对当地的风物有足够的熟悉，还要具有很好的思维跳跃性。在介绍完这个地标后，导游还要拥有足够好的连续性思维能力和记忆力，将后面的讲解在之前的断点上重新续接起来。

第四，讲解内容的无套路性。这个可能是最大的障碍。景点讲解毕竟有章可循，把框架定下来按部就班地添枝加叶就行了。而车内讲解完全没有框架，甚至没有命题，需要你自己去总结归纳，然后再将准备好的资料娓娓道来。对于新人来讲，景点丰富的历史背景可以让他们有足够的内容去表现，但因为没有太多的生活阅历，思考问题深度也不够，如何选材，如何构想车内导游词，就成了他们最大的困难。

如果你能坚持努力的话，这些困难其实都是暂时的。解决上述难题的最佳途径就三点：多阅读、多观察、勤锻炼。多阅读，是要求你尽可能多地去看书，可以不限题材，不一定非要是与景点有关的，人文观察、纪实文学、小说传记等都可以。要知道，读任何一本书你都会有所收获，说不定在哪一次讲解中，就用上了之前无意中看到的东西。多观察，是指你在带团过程中，要多注意游客的爱好，留心他们提出的问题，总结出来他们对哪些题材的内容感兴趣，然后再按这些题材去查找资料。当你把手头上的资料整理成形后，就需要勤加练习，先自己对着镜子说，再尝试着讲给自己的家人朋友听，看看效果如何，然后对不满意的地方进行修改完善，锻炼到比较通顺、流畅后，再拿到车内去讲。

关于讲解内容的选择，针对新人提几条建议，希望能够有所帮助。首先，是把景点介绍的一大部分挪到车里讲。如前所述，为了让游客有更多时间去参观、照相，站在景点前除了说明集合时间、地点外，景点介绍方面可以简练到只说名字和功能，剩下的历史背景、建筑风格、人物故事等方面的介绍可以放到车上讲。其次，介绍一下这个城市以及著名的风味。旅游除了参观景点外，还有一个重要的内容是感受景点所在的城市，你可以站在本地人的角度上介绍，比如生活水平、平均收入、业余活动、房价对比、交通环境等问题，都会加深游客对这座城市的了解。谈到吃，谁都会喜欢，细致地讲讲这个城市著名的美食，如味道、特点、历史由来、著名餐厅等，也会很快引起游客的注意。另外，也可以讲一讲自己的成长，说别的事可能还要事先去组织语言，说自己应该要容易许多，也会生动许多。旅游就是一种生活的需求，可以从日常生活出发，介绍一下你的成长史，最好能结合你的导游工作以及你成长的这座城市与旅游团相关的素材来说，这样会有很好的效果。

下面选取了几篇车内导游词，题材比较广泛，有介绍城市和风味的，有介绍人文习俗的，也有讲历史故事的，希望对新导游们能有借鉴价值。

▶▶▶ 我爱重庆

LEGEND-K

我是地道的重庆人，我不惧怕说出我的家乡不好的地方，因为这会让我更加热爱这个地方。

重庆位于长江和嘉陵江两江交汇的地方。市中心区的形状很像是一个半岛，整个城市就建在那四周起伏不平的丘陵地带上，城市建筑随地势的走势而高低错落，非常有立体感和充满热情的动态跳跃感。如果走近点仔细看，你一定会佩服重庆的建筑水平，往往是巴掌大的一块斜坡上凭空耸立起几十层高的大厦。这很像是我们重庆随处可见的黄桷树，这种植物生长期很慢，但是无论在什么地方，哪怕是在悬崖绝壁上从石缝中透出的一点土壤，它也能顽强地生长，并且枝繁叶茂，装点着我们美丽的山城。

我们把黄桷树的这种顽强精神作为我们自己的榜样。重庆人自古以来就有坚强不屈、不畏强暴、追求自由和解放的勇敢精神。

抗战时期，在这个中国历史上最为危险和艰难的时候，我们重庆人民用我们所拥有的一切来拯救祖国。那时候，因为重庆是中国的陪都，日本鬼子对我们的城市狂轰滥炸，不仅不避开民用设施，反而故意要摧毁整个城市，对和平居民大肆屠杀，无数的重庆市民在转眼间就失去了自己的家，但是我们立刻在废墟上又重新建造起房屋，我们用自己的方式向凶恶的敌人宣布我们绝不屈服，我们绝对不会因为侵略者的暴行而改变我们的生活。至今，在重庆还能见到一些当时简易搭建的所谓“抗建房”，而躲避日本空袭的防空洞更是随处可见，不过它们现在多半已经用做汽车修理店、加油站或是火锅馆了。

重庆的实业家卢作孚先生为了把长江航运从洋人的手里夺回来，用我们重庆人所独有的坚韧不拔的创业精神，白手起家，创办了民生轮船公司，短短几年间整个川江航运就成为了我们中国人的天下。1938 年，日本进占武汉，国民政府准备撤退至重庆，当时大量的政府部门、军工设备和战时物资需要立即撤退至重庆，否则蒙受的损失可能会直接导致抗战的失败。卢作孚先生亲自奔赴湖北宜昌，监督调动整个民生公司的大小船舶，硬是在一个多月的时间里把武汉地区的所有兵工厂和政府部门全部船运到了重庆。后来西方人把这个称作“中国的敦刻尔克大撤退”，是“二战”时远东战区的一次伟大的壮举。

当年撤退来重庆的兵工厂全部保留了下来，至今还在生产。我们重庆的嘉陵摩托车、长安汽车、庆龄汽车就是这些军工企业的民用产品。

今天我们习惯把重庆的市中心区叫做解放碑，那是一座钟楼式的建筑，本来是为纪念抗战胜利而建的，当时叫做“抗战胜利记功碑”。当年日本投降的消息传到陪都重庆，数十万市民就在这里通宵狂欢，人们竖立起象征胜利的“V”字形彩灯。热情而耿直的重庆市民把率领美国空军来华助战的美国飞虎队领袖陈纳德将军连同他的座车一起，用手抬上了台阶上的观礼台。爱憎分明的重庆人历来都是用自己的方式来表达炽热的激情。

直到今天，重庆的男孩子仍然具有豪爽而倔犟的充满激情的特性，我们总是自豪地称自己为“重庆崽儿”。我们不喜欢婆婆妈妈的方式，你恐怕很难会看到一个重庆男孩子向对手跪地求饶。我们自豪于我们绝不屈服的顽强精神，用自己的话来讲，“牙巴打落了，个人吞下切，个人的血个人舔”。大概也是因为这个，我们重庆人酒量特好，在重庆和朋友吃饭，喝酒是绝对免不了的，喝啤酒那都是论箱算的，就连我们这里的漂亮女孩们也同样是豪酒重情，喝起来“绝不拉稀摆带”。但是我们对待感情的热度却是经久不息的。如果你和一个重庆人成为好朋友，那你不仅拥有一个朋友，更多了一个耿直豪迈的“兄弟伙”，所以我们山城啤酒的广告说：重庆当真是“山城海量”。

重庆的漂亮女孩更是全国闻名的。重庆特有的盆地湿热气候造就了我们独特的“桑拿天气”，再加上两江的滋润抚育，重庆女孩具有最为天然美丽的细嫩肌肤。重庆的女孩不仅具有美丽迷人的外表，家乡的美丽山水更赋予了她们美丽的心灵，让她们充满让人无法抗拒的动人魅力。她们直爽热情，要是你过分的扭捏，恐怕多半就没戏了。她们非常勤劳，具有善良、温柔的传统美德。所以，在重庆，你会看到可能是全国最多的女性职业司机，而在各种各样的商店里，同样有很多的女老板，如果是一家小店，你会看到从里到外全部是她一个人在忙碌。

重庆的街道错综复杂，狭窄而拥堵，而且全都是坡，弯道非常多，因此为了加强汽车的通过性，重庆的公交车的底盘都很高，也正因为如此，重庆的司机驾驶技术绝对是第一流的，这种技术不是刻意训练而是日常形成的。在塞车的时候，你会非常惊讶地发现两车之间的距离可能还不够一根手指头，但是重庆的司机就有本事像电脑一样精准地计算，分毫不差地在如此狭窄的空间下错车。而在一些上坡的地方一旦遇到红绿灯，习惯了平原驾驶的司机很可能就要倒霉，因为每挪车一次很可能就只有一两米的距离，但是你要完成踩离合和换挡、加油、踩刹车一系列动作，再加上地心引力跟你捣乱，稍有不合拍，就会熄火或是撞上前后的车辆。

我们重庆人不论男女老少，都特别吃苦耐劳。在中国北方，农历新年的时候，很多店铺都会关门休息，但是在重庆，这个时候却恰恰是做生意的黄金时间。这里的人心灵手巧，能用简单来创造令人难以置信的辉煌。

我们美丽的重庆还有很多动人之处，那不是简单的几句话就能说完的。我们有最诱人的美食，有绚丽的风光，有充满底蕴的文化艺术，以后再慢慢说吧！不过，最好的办法就是亲身领略一下我们这座美丽而迷人的热烈的城市。

我爱重庆。

▶▶▶ 重庆美食介绍——火锅

LEGEND-K

火锅是重庆最具有代表性的美食，几乎每一个外来者都会品尝一下。它最早是属于底层劳动人民的很世俗的饮食方式。重庆属于丘陵地带，位于四川盆地中央，又有两江的环绕，气候常年异常潮湿，夏季闷热无比，而冬季又非常阴冷，简直是透骨的凉。过去在江边拉纤的船工为了补充因为重体力劳动所消耗的热能，抵御这种让人无法忍受的湿冷气候，就找到这样一种办法，用充满麻辣味的汤汁来现场烹饪各种食物，并始终让汤保持滚烫，尽可能吸取最多的热量。

那时候的火锅汤料很简单，只是麻辣而已，菜品也多半是白菜和猪、牛或是鸡、鸭的下水，或者是泥鳅、鳝鱼一类在当时价格十分便宜、没什么人吃的所谓荤菜。白菜能最大限度地吸收辣味，动物下水可以给点油水，泥鳅、鳝鱼则是富含高蛋白的营养品。况且穷人又哪里吃得起许多大菜呢！

这东西真正变得可以进入餐馆，大概是在抗战开始时。那时候随着国民政府迁入重庆，当时基本上属于中国最发达地区的上海、南京一带的人口也大量涌入四川。他们除了带来先进的技术和文化思想，同时也入乡随俗，开始关注当地的饮食。于是火锅就开始变得正规起来，从口味到烹饪技巧以及菜品等许多方面都有很大改变。

四川菜本来就具有最为丰富的味觉体验，再加上重庆当地特殊的地理气候特征，火锅这种美食很适合当地的环境，并且迅速地流行开来，成为所谓渝派川菜的代表。渝就是重庆的简称。

真正传统的重庆火锅制作工艺比较麻烦。先要用猪腿骨熬的“膏汤”做底，那汤应该是清淡的乳白色，而且不可以太浓，熬制的时候也要有人值守，不时地把泡沫清除并观察掌握汤的火候，是个细活，通常是祖母们或是专业厨师才有这个技术和耐心。

麻辣的那部分，是用菜子油烧烫后，加入大量的红辣椒、花椒、香料、姜蒜、冰糖一类的作料，在热锅内翻炒，使菜油和各种调料的香味充分融合在一起，形成一种新的口味。这个味道不太好掌握，需要有丰富经验和高超的烹饪技巧。这也是最重要的一道工序。

底料弄好后，就可以放到膏汤里熬制了。这时候需要再加入牛油到汤里，通常见到的火锅汤里那种橙红的色泽就是牛油的效果，同时，它能起到调出很浓郁的香气的作用，这种香味在很远的地方就能闻到。在口感上，辣味显得厚重悠长，不会异常猛烈，但是也后劲十足。

现在制作火锅在家里也很方便，买一袋制作好的底料就行了。

而菜品呢，就太丰富了，基本上能吃的东西都可以用做火锅菜。现在在重庆比较被认可的火锅必吃菜品有毛肚（就是牛百叶）、猪腰、鸭肠、猪蹄筋、鳝鱼、猪脑、猪肉、牛肉等，素菜类的主要有各种蘑菇、豆腐皮、海带什么的。每位食客都会有一个油碗，里面是色拉油或是芝麻油，烫好的食物吃前在油里蘸一下会比较爽口，同时起到润滑作用，使汤里的牛油不会附着在舌头或是喉咙里让人难受。油碗里也通常会放入蒜泥。有些超级火锅发烧友连这个油都要直接用锅里的红色的辣油，真让人想起都够辣的。最“发烧”的甚至会要所谓“干油碟”，就是将干辣椒粉、花椒粉和盐放在碗里，把煮好的菜品就蘸这些干粉吃，以最大限度达到超级重麻辣口味。很多貌美如花的重庆女同学都喜欢这样吃，令人佩服。

所有的菜品中牛肚最重要，因为牛肚表面有很多毛囊组织，所以也叫毛肚，过去也俗称叫“抹桌布”，看起来真的很像。重庆火锅有时甚至直接叫做毛肚火锅。这里的肚念作“堵”音。

吃第一口很重要，一定要记得蘸一下油，同时不要先吃素菜，特别是白菜，第一口就吃白菜会辣得你跳起来，因为蔬菜最“裹味”，吸收辣味最彻底。牛肚要用筷子夹住在汤里烫，不能时间太长，基本上根据经验和自己的爱好来决定烫多久，一般认为大概 13 秒左右比较合适，那会让牛肚很脆。猪腰通常切做刺猬的样子，叫做腰花，也不能烫久了，保持脆的口感最好。但也有人喜欢吃所谓“老腰花”的。鳝鱼被划作长片的形状，最“发烧”的吃法是像烫牛肚一样用筷子夹住，烫那么几秒钟就吃掉，上面还能看见鲜血。

当然不是所有的菜都是烫一下就能吃，虽然没有定规，主要根据自己的口味和爱好，但是千万注意卫生。还要注意土豆不要煮太久，否则会让汤变成糨糊一样；苕粉一类的不要煮久了，会粘锅。

通常每个火锅馆都会有自己的特色，要么是口味，要么是某种菜品，一般多会用鸭肠或是牛肚作为招牌菜。重庆就有很著名的“南方鸭肠王火锅”和“齐齐鳝鱼火锅”。除了这两个，目前重庆比较好的几家正规火锅馆还有重庆小天鹅、秦妈老火锅、外行火锅、南山土灶火锅等。比较有名的还有“猪圈火锅”，因为最开始店面就是在一个猪圈旁边开张的。外地人比较熟悉的“刘一手”、“谭鱼头”在重庆并不算最一流的。

我个人最推荐小天鹅，口味很纯正，菜品比较卫生，而且自成名以来就一直屹立不倒。秦妈比较传统，但是价钱太贵。另外，有些不做大排场的也很不错，比如解放碑附近的胖子烂火锅，就一直很有自己的特色，很多年来始终有固定的食客。类似的还有下半城的铁匠火锅、临江门的老灶火锅等。

现在的重庆火锅馆通常是一个很大的店堂，摆放几十个火锅灶位，其间穿梭往来的服务生多半穿着火红的工作装，那意思是象征着“满堂红”的好彩头。店里通常是食客满座，吃声震天。重庆人秉承码头文化，有袍哥人家风范，说话做事比较直接、暴烈，说话动静也很大。再加上重庆人多豪饮，火锅和啤酒总是在一起的，一喝酒就得猜拳，声势非常壮观。特别是重庆的年轻女同学也乐于此道，丝毫不逊于男同学。重庆甚至举办过民间拳王赛，夺冠者竟然是一个很漂亮的女同学。

重庆火锅最大程度上代表了重庆人热情豪爽的民风，是外来者了解、接近我们这个美丽山城的一种最好方式。我们通常会选择在最炎热的盛夏吃火锅，除了有驱除潮湿的作用，也是一种解除暑热的办法。因为这时候人体大量出汗，新陈代谢加快，可把体内的积热和不良物质一起带出，同时，如果有冰镇啤酒，那更是凉入心脾，再加上冷气机，那感觉无法用语言确切形容出来。这种时候男同学通常会光着上身，女同学当然不会，但是重庆女生白嫩娇艳的容貌以及诱人的身材很大程度上得益于此。

中国民间的传统饮食几乎都有不卫生的毛病，川菜也一样。从这个意义上来说，火锅是最为安全卫生的一种。不过吃火锅的同学千万注意不要有把筷子放进嘴里吮一下的习惯，可以想象，当你刚用筷子把鲜血淋漓的鳝鱼赶进锅里，然后这一习惯性动作会让你难受很久的。

▶▶▶ 戏说山东嫁妆青檀木十宝箱

泰山岩岩

朋友们：

还记得在孔府看见的乾隆皇帝给姑娘陪送的嫁妆吗？对了，就是青檀木做的几件家具。在山东，一直保留着给姑娘陪嫁青檀木制作的家具的民俗。不过因为青檀木十分珍贵，不是每户人家都能得到的，过去一般都是官宦人家千方百计想办法才能搞到。泰山之北最幽之处的方山——灵岩寺景区附近，一直以来是青檀木最大的繁茂生长区。灵岩寺景区里有天然形成的龙头凤尾造型的青檀木，堪称神奇。唐太宗曾下圣旨说，天下唯五岳和灵岩不得随意采伐，估计就是为了保护珍贵的青檀树种。

过去，封建社会官宦人家的姑娘在出嫁时，娘家一定要陪送用青檀木精心制作的箱子，里面必须要放入以下十样陪嫁礼品。到现在，无论是城市还是乡村，很多家庭还很重视给姑娘陪嫁的这些礼品。下面，利用这段车上时间，我就给大家介绍介绍这十种“宝贝”。

鲁绣被面的蚕丝被

山东胶东及鲁西南一带也产蚕丝，用其蚕丝精心制作的蚕丝被，相比苏杭一带的蚕丝被，透气性更好，冬暖夏凉，四季适宜，深受海内外广大顾客好评，不仅在港澳台地区大受欢迎，更远销到日韩、欧美等国家和地区。现在烟台有大型仓储式生产基地，主要是针对海外市场。

被面是传统鲁绣工艺，上绣 99 个可爱的孩童，名曰“百子图”。聪明的朋友可能要问了，不是说上绣 99 个孩童吗，怎么又说 100 个呢？呵呵，那个最珍贵的孩童是新婚夫妇的爱情结晶，“百子图”是祝福新婚夫妇早生贵子的。这真是既实用又吉利的礼品啊。

三宝锦囊

内藏大枣、板栗、花生。在新人进洞房时由儿女双全的妇女把这些干果撒到床上，意思是祝愿新人早生贵子。

大麻凉席

山东泰山附近生产大麻，由大麻制作的凉席是盛夏时节床上用品中的极品，这是娘家人呵护疼爱姑娘，不忍心让姑娘在盛夏受委屈的最好的礼品。同时，提醒儿女遇事要冷静，不要乱发脾气，家庭和睦最重要。

玉貔貅

貔貅是招财神，希望新人大富大贵，日子过得一天更比一天好。

一套珍珠首饰

珍珠是女性的饰品，希望新娘永远美丽、高贵，一般是由项链、戒指、耳钉、手链四件组成。

泰山赤灵芝

灵芝有很多种，但可以食用、有药用价值的不过几种，其中最珍贵的当属泰山赤灵芝了。在李时珍《本草纲目》中就有过很详细的描述，因为这种灵芝所含的对人体有用的成分最多，所以被称为人间仙药。有的灵芝因为是赤红色的，所以叫赤灵芝。民间代表吉祥如意的如意就是灵芝的造型。

嫁妆里的泰山赤灵芝是娘家人对女儿、女婿的疼爱，一是祝吉祥如意，二是叮嘱新人要注意身体健康。身体是革命的本钱，到现在大家不是还这样说吗？即使守着万贯家产，拥有美貌娇妻或如意郎君，但如果身体不好，那也是没有福分消受的了。

东阿阿胶

一般都是陪嫁东阿树德堂生产的正宗食用阿胶，纯天然，不添加任何其他成分，补气活血，养颜美容，男女适宜。树德堂是东阿最早生产阿胶的老字号。据说，咸丰年间，时为兰贵人的慈禧太后服用邓氏阿胶后，保住了龙脉，咸丰皇帝就赐给邓家两件礼物：黄马褂一身，手折一个（进出宫廷的通行证），并赐给邓氏树德堂阿胶一个“福”字。新娘娘家陪嫁阿胶是表示担心姑娘分娩后没有娘家人在身边，让自己可以随时调养，保护好自己的身体。

木鱼石茶具

木鱼石是山东特有的珍贵资源，不能再生，有保健、保鲜的神奇功能，据说可以带来长寿和快乐（此处可以展开讲木鱼石）。一套木鱼石茶壶不仅给女儿、女婿送来了健康，同时也希望“它能给勇敢者以智慧，也能给善良者以欢乐”（此时可以唱歌——《木鱼石的传说》，活跃气氛）。真是可怜天下父母心啊！不知道做儿女的能否深深感知父母的慈爱，常回家看看，带着礼物孝敬父母呢？

泰山石敢当

泰山石敢当已经在申报世界非物质文化遗产了。

有这样一个传说：泰山脚下的张员外有个美丽可爱的女儿，但是被妖怪缠身，生命危在旦夕，石敢当道长被请来捉妖。妖怪虽然没有被捉住，但是被吓跑了，跑到哪儿去了？跑到××（游客所在地）。那里有个刘员外，也有个美丽可爱的女儿，也被妖怪缠身，石敢当又被邀请去捉妖，同样没有把妖怪捉住，又把妖怪吓跑了。这次跑到东北长白山下的杨员外家去了……中国太大了，这样跑来跑去不是办法啊，后来石敢当就想出了妙计，因为泰山的石头本来就是有灵气的，再刻上“泰山石敢当”几个大字，那就可以震慑妖怪。

这样的民俗一直保留到现在，很多农村地区盖房子依然保留着在房屋门口的墙体上镶嵌刻有“泰山石敢当”字样的泰山石的习俗。村口也还保留着放置大块的这种泰山石的习俗。城市生活水平提高了，人们住进楼房了，但是还是依然保留有在家里摆放刻有“泰山石敢当”字样的泰山石的习俗。其实这种习俗不仅在山东，周边的一些省市，甚至离山东很远的省份，乃至世界各个国家地区，只要有华人生活的地方，都有留存。

娘家陪嫁的这样礼品是祝福新婚夫妇吉祥如意的。

山东饴糖

孔府里高悬的乾隆御笔所书的“六代含饴”牌匾我们现在还记忆犹新吧？几盒饴糖虽然不是很贵重的礼品，但是礼轻情意重，祝愿子孙满堂，幸福甜蜜。

这就是极具山东特色的婚嫁习俗，“青檀木箱藏十宝，十全十美喜盈门”。如果大家感兴趣的话，可以购买几件喜欢的礼物，带回家去哦！

四、欢送词，锦上添花的点缀

有时候，我发现很多导游朋友对欢迎词和景点的讲解词非常上心，也很下工夫，毕竟这些是咱们的饭碗，靠这些吃饭、获取报酬，所以必须要熟练；可是却忽视了欢送词，总觉得它与报酬无关，不管好坏，送走了团就能赶紧回家休息了。其实不然，万里长城都走完99%了，也不差这最后一点力气，有时一段好的欢送词还能起到很重要的作用呢！大家千万不要小瞧了它。

欢送词都有什么作用呢?

首先，善始善终，为行程画上一个完整的句号，既不会显得你过于“职业”，又能避免尴尬的气氛。旅游过程中，你一刻不停地讲解，介绍各种旅游项目，做好导游促销服务，但要送机了，认为导游服务即将结束，无关痛痒，就没话说了，这会让客人觉得你很“职业”，甚至忘记了之前你的热情服务，得不偿失。同时，一大车人静悄悄地等待分别，气氛总显得有些尴尬，导游需要在此时尽量通过一段优秀的欢送词，调节氛围，加深与旅游者的感情。正所谓善始善终，虎头千万别蛇尾。

其次，弥补不足，扫清后顾之忧。现在旅游市场竞争激烈，某些旅行社为了降低成本、招揽游客，从行程、住宿、就餐等各个方面压低成本，实现利益最大化，多少钱办了多少事，每个游客心里都有自己的一笔账。在一些方面出现问题时，直接面对客人的就是咱们导游，一张嘴说好了，万事可解决，万一处理不好，更为后面的工作埋下隐患，不但导游难推其责，就连旅行社也会蒙受损失。千万不要觉得把客人安全顺利地送上飞机就完成任务了。所以，一段好的感人的欢送词，有时甚至能避免很多日后的麻烦，把我们各方面的不足坦坦白白地说出来，并且诚心地道歉，在车上取得游客的谅解，要比日后在电话里或者法庭上取得谅解容易得多。最重要的是，中国人重视感情，情到了，理才有可能顺利解决。

再次，预祝平安，为日后保持联络作准备。就像送别自己的朋友一样，真诚的告别和祝福平安是咱们中国人的传统文化。带领客人购物时，当客人是大爷大妈、爷爷奶奶，等要送别的时候就变成了陌生人了，无论从导游的职业道德，还是从感情上看，都是完全错误的。这个团的结束，也许会是下一个团的开始，一锤子买卖做不长久，我们热情的服务，也许会成为旅行社和你自己的活广告，为旅行社和自己赢得美誉度，从而争取到回头客，这才是值得我们重视的。

最后，也是最自私的一个想法了，也许一段好的欢送词会为你的意见单加分，本来想给你打 4 分的客人，没准因为这段欢送词，对你产生了更深入的认识和理解，5 分就轻松拿下了。

那么，一段完整的欢送词应该包含什么呢?

第一，对行程的简要回顾。把第一天、第二天、第三天都走了什么行程一一帮助大家回忆一下，把他们已经飞远的心再拉回到你身上来，让他们在感慨时光飞逝的同时也能回忆起旅游的快乐，并理解导游工作的艰辛。

第二，致谢。对游客的理解和配合一定要感谢，让他们感觉到你的真诚，比如有人帮你在广场举旗子，有人帮你在颐和园里找人，这些点点滴滴都可以拿出来说一说，让客人知道导游能体会到他们的好，没有大家的配合是不能这么顺利地完成行程的。还要感谢全陪、领队以及司机师傅，让气氛变得更加温馨一些。

第三，致歉。把这几天行程中做得不足的地方、安排得不周到的地方说一说，有些问题说出来没准很容易就解决了。如果不说，就容易产生误会。客人永远是对的，真诚地道个歉，取得大家的谅解和理解，不仅是自我工作的反省，也许还能避免日后的很多麻烦。

第四，祝福平安，欢迎客人下次再来此地游玩。马上要上飞机或者火车返回自己的家乡了，送上真诚的祝福，会让人感觉你是关心他们的。作为本地人民的代表，理应表现出这样的气度和姿态。

因为每个团的情况都不一样，每个人的语气、态度都是不一样的，所以，只要能做到真诚又不失幽默，有感而发，令客人回味无穷、产生共鸣，就是一篇好的欢送词。

▶▶▶ 为行程画上完美的句号

革命者

好了，各位来自××的朋友，我们的车子现在已经行驶上了机场高速路，不堵车的话再过半个小时左右我们就能到达北京首都国际机场了，在这里小邢很不舍但又不得不跟大家说一声再见，为咱们北京之行画上一个句号了。

中国有句古话叫做“见面容易别时难”，回忆一下五天前咱们在首都机场见面时，大家都还是陌生人，有些人好奇，有些人激动，有些人怀疑，有些人甚至还很抵触地跟我相见，想起来真是挺有意思的。没办法，来这里之前可能大家都对北京产生过很多幻想，对导游也有过想象，令很多男士很失望的是在北京接待大家的是我这么个黑糊糊的老爷们儿，而不是美女。（笑声）不过，几天共同相处之后，你们觉得小邢这个导游行不行啊？（一片叫好声）多谢多谢……

马上呢，我们就可以坐上飞机，返回大家温馨的家了，我想很多人做梦都想回家了，这几天小邢的确是让大家在北京受了不少的苦头。第一天大家一下飞机，就带着你们在天安门广场暴晒着排队，看毛主席纪念堂，又拖着你们在毫无遮挡的故宫里暴走两个小时，这还不算完，还要爬景山，之后好不容易坐上旅游巴士了，屁股还没坐热呢，又到王府井大街逛了一个多小时。等咱们回到宾馆，我还没给大家发完钥匙呢，就看见已经有人在酒店大厅的沙发上睡着了。第二天又是天不亮就起来看升国旗，爬长城，买玉，买烤鸭，参观十三陵，还去鸟巢、水立方照相。第三天呢，我们参观了世界上最大的祭天神坛天坛，然后开车一个多小时到了另一个大城市天津玩了一天。相信很多朋友都对天津那个漂亮导游印象深刻吧，那天回北京的时候，我一上车就看见有几位大哥很不耐烦地睡觉了，看来还是美女的魅力大啊。哈哈，开个玩笑。第四天都去哪里了啊？皇家园林颐和园、圆明园、景泰蓝加工厂、中央电视塔、海底世界、军事博物馆。第五天呢，就是今天了。不知道咱们有没有细心的朋友在你们的行程上画圈，如果有的话你就会发现，咱们虽然把行程上的参观顺序有所颠倒，但是每一个行程里包含的景点我们都去到了，这也是为了能让大家在最短时间里，尽量多地把北京最有名、最好玩的景点都玩到。

怎么样，大家都回忆起来了吗，我相信很多朋友都能记得小邢一辈子的，是不是啊？嘿嘿，因为小邢在这几天里让大家每天起早贪黑，每天走那么多路，还吃不好、睡不好的，一定恨死我啦。但是，我要告诉大家，北京每天都接待几十万来自全国各地，甚至世界各地的游客，接待能力有限，而且在北京的消费又很高，我们必须要早出晚归才能避免堵车，有的时候吃不好、住不好也只能委屈大家将就了，毕竟咱们出来主要还是为了玩的。就这样的接待条件，还有这么多人来北京玩呢！尤其是女士，非常喜欢来北京旅游，为什么啊？（客人思考中）因为来北京旅游能减肥。这样披星戴月，每天顶着太阳暴走，小邢保证每天都能让你们减肥至少一斤。

好了，说归说，笑归笑，小邢还是真心地希望大家能喜欢北京，喜欢我们给大家精心安排的这个行程，多年之后等大家拿出照片翻看的时候，能回忆起这段难忘的时光，还希望你们能记得小邢给你们讲的那些北京城的事儿。虽然是累了点，但是，咱们在最有限的时间里，几乎把北京好玩的、好吃的、好看的都试了个遍，应该可以说是满载而归了。

咱们这个团队在北京的这几天，可以说是天时、地利、人和全都占了。首先，咱们遇到的都是晴天，虽然有点热，但是，能保证咱们出行顺利，而且照相效果都是很好的。其次呢，基本没有遇到什么严重的堵车，因为我们每天安排的景点都是大致在一个方向上的，而且距离不是很远，即使堵也不会堵太久，再加上大家的运气都这么好，就没怎么堵。最后呢，大家都很配合工作。能这么顺利地完成行程，是大家共同努力的结果。没有各位爷爷奶奶、叔叔阿姨、大哥大姐的理解和配合，我们不可能这么顺利，小邢真心地感谢大家，也感谢咱们漂亮的全陪、尽职尽责的领队大哥，还有这几天为咱们默默无闻保驾护航的司机师傅。我建议大家用热烈的掌声为我们这样一个成功的团队鼓鼓掌好不好？（掌声）

大家知道在北京有多少导游吗？（客人思考）至少 3 万个。在这么多的导游之中小邢一定不是最优秀的，但是，我带的每一个团队我都尽自己最大的努力去为大家服务，但是，可能有的时候小邢也有态度不好，或者讲解得不到位的地方，可能或多或少地让其中的某个叔叔阿姨感觉不舒服，那肯定都是我无心犯的错，希望大家谅解。在座各位都比我年长，大家都是我的长辈，所以如果这几天中有安排不周到，或者哪里做得还不够好的地方，大家千万不要在意，我代表我们旅行社向大家道歉，还请大家多多原谅。如果您有什么不方便说的呢，一会儿我会给大家每人一份意见单，您可以把意见或者建议都写下来，我们旅行社的领导都能看到。不管是表扬还是批评，我们都欢迎，表扬是对我们的认可，批评是对我们的关心，只要是确有其事，我们都会认真对待的。

好了，我们车行的前方，马上就要到达首都机场了，这也是小邢在北京带大家游览的最后一个著名标志性建筑——北京首都国际机场的三号航站楼。但是别担心，这个是不收大家费用的。它是全世界最大的航站楼之一，建成于2008年奥运会之前，是专门为了迎接奥运而修建的飞机场，活像一个大大的寿龟，保佑着祖国长治久安。

好了，送君千里，终有一别，在这里，小邢就要最后跟大家说一声再见了，祝大家能够平平安安、顺顺利利地回到温暖的家，也祝大家回家之后能都健康幸福、万事如意。千万不要忘记在北京还有个朋友——小邢，大家都有我的电话，想我的时候可以给我打个电话，或者网络联系，下次再来北京玩的时候，小邢请你吃好吃的，肯定比团餐好吃多了，哈哈……

STEP 5 步骤五：导游实战促销

导游促销，可以说是新导游上岗时面对的最大挑战。不但促销技巧和服务意识需要迅速提升，更重要的是在观念上的“健康”转变。

我经常见到新导游在工作初期，经过锻炼，促销技巧有了小幅提升后，心理出现了两极分化的趋向。

过度保守的人对客人进行促销讲解时，感觉自己像是别有用心，心理负担越来越大；另一种激进型的人为了达到增加收入的目的，抛开对促销商品中肯的描述，自行换上了一些夸大的、带有欺骗性的语言，甚至擅自增加购物点。这两种心理都过于极端，怀着这样的心态带团，肯定会为工作埋下隐患。后一种不用说，我们都明白，这种行为违反了相关法律、法规，违背了导游工作的职业道德，绝不可取；而前一种人，则没有意识到导游促销工作的真正意义。

编写过《导游促销技巧》的黎泉老师在书中明确说过，“导游员是促销当地旅游商品、地方美食等的最佳人选，在‘食、住、行、游、购、娱’六大旅游要素中，购物是非常重要的一环，它不仅是游客旅游参观活动的必要补充，还是国家或地区旅游收入的重要来源。”

可见我们的促销工作是很有使命感的，对于旅游目的地，尤其是一些以旅游业为重要经济支柱的地区，导游的促销技巧的整体水平高低，对宣传、开发旅游目的地的名优产品，促进当地旅游产品的消费增长，以至于对当地经济的发展，都会产生一定的影响。

我在带团过程中，经常能看到游客把钱花得底儿掉，甚至互相借钱，回去时候高兴得不得了，又写感谢信又送锦旗。而也有的团队游客一分钱都没花，心情糟糕，最后甚至开始找旅行社的麻烦、投诉导游。可见，游客在旅游过程中，本身是有购物需要的，重点在于导游能否以恰当的方式、高超的技巧和深入的讲解，帮助游客购买到喜爱的旅游商品，满足他们的购物诉求。

所以，导游对当地旅游商品的促销，不仅能为地方、为国家创造收入，更肩负着满足游客购物乐趣的重要任务。

作为新导游，先要认识到促销工作的真正意义，再去锻炼自己的促销技巧，方能坦坦荡荡，成为促销高手。

▶▶▶ 一封客人的表扬信引发的感慨

革命者

Hey Allen, how are you doing? We really appreciated your tour of all the interesting sites around Beijing。Your organization and knowledge was very helpful in making us aware of all the history and grandeur of China。

Hope it is not too hot in Beijing! When we got home to L A it was cool and rainy, but now it is getting hot again – supposed to be over 30 degrees tomorrow。

We were a bit worried when we left Beijing because they told us that the plane from Tokyo might not go out and we would have to stay at the airport for the night (there was a bad typhoon). Fortunately, we did fly out that night, only one and a half hours late. So we arrived home safe and sound, although the flight was a bit bumpy because of the storm。

I am sending you pictures – see, you were in that one at the lama temple!

This is something I am doing with love and enthusiasm for a great Chinese friend。

Thanks again for showing us around,

Cheers,

Murray

信件中文意思大致如下：

你好艾伦，一切都好吧？我们对跟随你参观北京的这次旅行感到非常愉悦。有赖于你的组织能力和知识讲解，我们更多地认识到了中国的宏大历史。

希望现在北京不是很热！我们回到洛杉矶后，一直阴雨连绵，不过明天开始可能又会变得很热，大概超过30度的样子。

当我们离开北京的时候，得知了一条非常令人担心的信息，由于台风的原因，我们的飞机可能会在东京降落并滞留一晚。但幸运的是，我们仅仅滞留了一个半小时左右，还是在半夜离开了。尽管飞行途中有些颠簸，但还是安全地回到了家。

我现在发送你的照片，看，你就站在雍和宫那儿！

这些东西（旅游商品）算是我们为可爱和热情的中国朋友所作的贡献吧！

再次感谢你让我们看到它们。

祝好。

玛瑞

最近，看邮箱才在众多垃圾邮件中找到这封来自大洋彼岸的信。

这是我5月份带的一个美国团的客人写来的。这个团一共15人，好像是7大8小，其中有三四个是祖籍中国台湾的美籍华人带着自己的一些美国朋友来中国玩。其实很意外他们对我的评价这么高，意外不是因为讲解服务的原因（在讲解服务方面我对自己很有信心，还从来没有被投诉过），主要是由于行程安排的缘故，带他们进的店实在有点多，他们的停留时间长，而且只有一站，所以几乎把能进的旅游商店全进了，玉器、景泰蓝、茶叶、丝绸、珍珠、中医药，再加上安排的秀水、红桥、雅秀等小商品市场，最后别说是客人，连我自己都快烦了。

所以收到客人的这封信，心里突然特别的踏实，说明自己的服务还是到位的，没产生什么后续问题，整个团队导游也就算是彻底顺利结束了。

很多新陪同都有一个顾虑，就是不好意思或者不敢带客人进店，其实我觉得这大可不必太过担心。

我刚开始当导游的时候，也有同样的想法，是两年多以前为一个外国老人做陪同后才解除这个顾虑的。当时他买了很多东西，几乎每个商店都有大宗消费。后来看他在同仁堂一下买了五瓶“川贝枇杷露”（一种治嗓子的药），我就很好奇地问他为什么买这么多这种药。老人告诉我：“这里这种药一瓶只要3美金，而在我们国家很贵，要100美金一瓶。”我很惊讶，就开玩笑地说：“那你可以再多买点回去或者送人啊！”老人说：“飞机上不让带这么多药。”从此之后我释然了，再也没有不敢进店、不好意思进店的问题，因为我们是在为客人提供服务、帮助客人。

大学四年我学的就是旅游管理，记住的东西不多，但是这句话记住了——吃、住、行、游、购、娱是旅游的六大要素。出门旅游，感受当地不一样的风土民情，给亲朋好友带些当地的特色产品，是旅游活动的六大要素之一。多年之后，照片可能已经变黄，记忆可能已经模糊，而那时候购买的玉雕或景泰蓝还在熠熠生辉，花点小钱，换回一辈子的美好记忆，对绝大多数人来说，还是很值得的！

所以，导游们，不要再胆怯，不要再不好意思，请帮助你的客人购物去吧！

编者评

怎么样？是不是有点启发？把心态摆正，才能用正确的方式去学习促销服务。

导游做促销，不是为了一夜暴富，更不是坑蒙拐骗，而是为游客提供服务，让游客满意，自己也可以获得合理、合法的收入。

你还有什么可内疚的？

一、对本地购物的宣传

购物本身就是旅游六要素之一，属于旅游活动的重要组成部分。有些时候即使导游一句有关促销的话都没说，游客也同样具有很强烈的购买欲望。“满载而归”，也是游客的一种常见心理。所以导游促销词的内容主体，不应该是用夸大其词的泛泛之谈来向游客推销，或者编造一些不切实际的故事来蒙蔽游客，而在于如何针对游客的需求，对其消费进行理性、正确的引导。

要设身处地地为游客着想，思考不同年龄、不同职业、不同地区、不同收入、不同爱好的游客都有什么需要，再逐一满足他们的需要。比如老年人更关注健康，中年人更关注保值，青年人更关注时尚，少年人更关注新奇，这些都是需要，能够将这些需求结合到不同的旅游商品上，让客人满意，才是成功的促销。

购物促销一直是很多地区旅游业高度重视的问题，原因很简单——购物可以直接创造利润，带来可观的收入。不过，这种重视也容易造成旅游业对旅游购物的过度依赖，进而导致一些社会问题的出现。我们作为导游，作为一个工作个体，无法去改变大环境，但起码要做的是不要让自己的工作心态失调。

下面我们选取了几篇文章，都是全国各地资深一线导游在实战促销当中使用的原创促销词，希望对新导游在促销思路上有所启发。

▶▶▶ 我不懂茶，但我喝茶

北斗之星

朋友们：

大家在这“三面云山一面城”的西湖，看到最多的就是杭州的龙井茶园。到这里来喝茶的人中团队游客很少，因为团队游客没有时间停下来认真地品茶。到这里喝茶的大多是杭州本地人、上海人以及宁波人。其中商人和文化人占大部分，其他为非常注重生活品质的杭州人。杭州本来就有一张名片——生活品质之城。

商人现在都比较重视自身的修养和健康，平时压力太大，与自然接触的机会很少，在群山环抱之中品茶，可以躲避城市喧哗，心态平和。这也要归功于杭州城的地理环境，为人们提供了太好的自然资源，足不出市就可以回归自然。所以说，做杭州人幸福！

还有一种人，文人。文人如果身居闹市久了，容易入俗，经常到此地坐坐容易触发灵感。

除了这两种人外，老百姓也是很乐意开私家车来的。现在的中国人，不需要为每天的柴米油盐犯愁了，是我们享受生活的时候了。

本人是喜欢喝茶的，从某种程度上说，喝茶是为了对付香烟。我抽烟厉害，这得怪鲁迅先生。鲁迅先生是文人的榜样，他每天抽四五包烟，我很崇拜他，连他的缺点都学了。当然，抽烟不好，有损健康，但茶可以排毒、醒脑、提高记忆力，所以我喝茶。当然，这不是我喜欢喝茶的真正原因。鲁迅先生讲过，有好茶喝，会喝好茶，是一种清福。开始我不相信。在学生时代，边看书边喝茶，慢慢地养成一种习惯，发现当我手中有茶，哪怕是坐在最吵闹的地方都觉得心是如此的安静，于是我相信了：有茶喝和有书看是人生最幸福的事情。不知道大家有没有喝茶的习惯？据我了解，身边的朋友中，经常喝茶的人的精神状态比不经常喝茶的人要好，而且做事情也比较有条理。大家可以试试看。

在杭州，我们讲生活品质。杭州是生活品质之城，有品质的生活，没有茶是不完美的，特别是好茶。

真正的好茶叶我们可能喝不起。过去这样的茶叶每年要上贡，杭州城最好的茶树，据说是当年乾隆种下的，几百年的历史了，每年才出那么一点儿。据说现在全国各地最好的茶叶拍卖要几十万。我想那种茶我们是没有必要去喝的，太贵了，开个玩笑，喝了也不会长生不老。

了解茶文化是一个人的文化水平和生活品位的象征。

现代人喝茶，喜欢到全国连锁的名典、上岛咖啡等地方去，我的一些朋友也经常叫我去。一壶茶一个杯，西湖龙井茶，一壶就是一百多，加个杯还要另收20。我算了一下，一个月去十次，就得上千了。而且说实话，有些地方的茶叶的品质，本人不敢恭维。

真正懂茶的人请人喝茶或会友，不会去那种地方。对普通人来说，买好茶在家喝多好。

我有一个杭州的朋友，到他家做客，待客之道很有讲究，茶叶、喝茶的紫砂茶具，一应俱全。我讽刺他说："你小子在学校大老粗一个，别说喝茶，写封情书你都不会，跟我还来这套。"你们知道他说什么？"茶我是不懂，但是我知道做一个现代人，茶是生活中必不可少的，而且现在老婆管得紧，不准我抽烟啊！"

在南京师范大学读书的时候，我们班主任姓王，我们叫他老王，教我们中文，宜兴人（宜兴盛产紫砂），老顽童一个，酷爱足球，六十多岁还跟我们踢足球。我们在校的时候就经常去他家看球赛。老王每次都是很客气地给我们几个得意门生泡茶的。当时在学校不懂茶，只知道他们家的茶具很不错，橱窗里摆了很多茶具，最值钱的是几十年前老王用两个月的教授工资买的一把顾景舟的壶，现在价格估计要200多万了。说起顾景舟，还有蒋蓉啊，他老人家总是滔滔不绝，所以印象比较深刻。现在毕业很多年了，过节或者每年同学会都是请他老人家的，茶叶是我们必送的礼物。

中国十大名茶最好的是龙井茶，龙井茶很多地方都产，但是真正的龙井产自梅家坞。梅家坞的茶叶也有优劣之分，最好的茶园一般都不是私人所有，而是部队所有，今天我们品茶的地方就是周恩来五次来访的地方，也是杭州司令部茶场所在地——梅家坞。

杭州有一句俗语："喝茶的男人不会变坏，喝茶的女人越来越可爱。"我想是有道理的。

二、对本地其他景点的宣传

正如前文所说，购物可以为当地经济带来最直观的收益，所以在旅游业发展之初，各个旅游接待地区都不约而同地大力开发旅游购物资源。但旅游购物市场的发展还不够成熟，有时存在各种各样不规范、不科学的问题，如旅游商品单一化、质价不一现象，也出现了一批只想通过促销赚钱而忽视了服务意识和职业道德的旅游工作者，其中也包括部分导游员。直观的收入带来了急功近利的风气，有时候还引发了一些地区出现的零团费等不正常现象。当然，也可看到，目前旅游市场的发展已经更为完善，游客的购物心理也更趋成熟，我们期待着出现更多高素质的导游员，真正做好导游促销工作。

借鉴一些旅游业发达的西方国家的经验是有必要的，更利于我们所从事的这个行业的良好发展。在欧美地区，很多国家早已摒弃了靠旅游购物作为支柱收入的做法。多元化的旅游服务，才是旅游业发展的最佳选择。

我曾经和许多国外导游交流过，与购物促销相比，他们更看重的一般都是“OP”，也就是我们所说的自费旅游项目，包括行程之外的所有旅游活动，比如特色景点游览、游船、缆车滑道、风味餐、夜场秀等，如果距离和时间允许，有时甚至可以增加一个城市的游览。

在国内物流越来越畅通的今天，十几年前你必须要到当地才能买到的特色商品，现在可能只需要网上轻轻点击就可以完成，仅凭这点对旅游购物的冲击就很大。但是对旅游项目的促销却不可替代，无论是图文声像哪种形式的浏览都无法与亲身经历的感受相提并论。因此，对于游客来说，在有限的时间内前往一地旅游，如果能够在完成既定行程的情况下，在自己的能力范围内，轻松且愉快地享受更多旅游活动的乐趣，是符合他们的需求的。但一定要注意的是，促销自费旅游项目，必须合法、合理，确保服务质量，绝不可本末倒置，违反职业操守和国家相关规定。

自费旅游项目促销工作做得好，既可以让游客满意，又可以宣传、推广当地的新景点、新项目，旅行社和导游等也可因此获取更多合理的收入。当行程安排宽松，且空闲较多的时候，还可以通过增加自费旅游项目使行程更为完美，给游客留下好印象。

我们把这类导游促销词提高到了与购物促销同等的位置上。下面是我们精选的三篇文章。天津是北京导游最大的一个促销项目，难度要超过普通的小景点；上海夜景和杭州的夜场秀则是华东导游的重头戏。这三篇导游促销词很有代表性，即使不是这两条线上的导游读起来应该也会有所感悟。

▶▶▶ 增加天津旅游点的九大方法

霞客行

方法一：从高速公路讲起

接团的时候，尤其是机场接团的时候，从介绍机场高速进而介绍北京通往各地的高速：京石，京沈，京开，京承，京张，到京津塘……

好处：自然引出天津，暗示距离不远，交通方便，可以一天往返。

方法二：从离海最近的城市讲起

对于一些内陆来的客人，尤其是西北和云贵川一带的客人，大海无疑比任何事物都能吸引他们的兴趣。当导游介绍天津是离北京最近的城市，在那里可以看到大海，可以乘船出海时，客人往往会为之心动。

好处：针对性强。

不利：需要去塘沽，距离较远，同时导游应实事求是地声明，去天津看的是渤海湾，而不是一望无际的大面积海域，去真正的大海需要去北戴河。

方法三：从四大直辖市讲起

可介绍北京是我国的政治中心，上海是金融中心，天津为什么被列为第三大直辖市呢？如果去天津游览，只需实惠的价格，您就可以再多看一个直辖市了！

好处：提出问题，引起大家的兴趣，让大家自己来寻找答案。

方法四：从天安门广场讲起

毛主席纪念堂是很多行程的必游景点，导游可在讲解中引出："到北京看主席，到天津看总理。”去周邓纪念馆的经历应该给每一位导游都留下了深刻的印象，真的没想到年龄相对比较年轻的我们，在参观周邓纪念馆时，竟然有不少人流下了眼泪。周总理的人格魅力既然可以感动我们导游，更会感动游客，年龄稍长一点的客人可能跟总理更有感情。

方法五：从故宫的最后一位主人末代皇帝溥仪讲起

在太和门作故宫的简介，顺便可带出溥仪被赶出故宫以后，曾居住于天津的张园，后来从天津乘船前往日本，随后建立了伪满洲国。然后可简要介绍当时的天津是各国的租界地，很多的清朝遗老遗少，甚至是十月革命以后沙皇时期的贵族都到那里寻求庇护。

好处：这段历史大家都有所耳闻，但又不甚了解，导游多准备一些这样的资料，既增加了讲解的趣味性，又可以引起大家对天津的兴趣。

方法六：从地方曲艺讲起

来北京，听京剧，这是国粹。那么就可带出另一种国粹——相声，说说它的来历以及相声著名表演大师侯宝林、马三立，以及现在的高英培、李金斗等。其实还有很多的曲艺形式是游客了解不多的，比如京韵大鼓、天津快板儿……

好处：这时你要是能来上一段天津快板，那效果可就更好了。

方法七：从地方小吃说起

先尽可能多地介绍北京的地方小吃，同时再介绍一些天津的地方小吃。当然首先要介绍的就是“天津三绝”：狗不理包子、耳朵眼炸糕、十八街的麻花。

方法八：从金融街讲起

金融街作为沿途的重要建筑，导游肯定要进行重点的讲解和介绍。除了可以适当延伸介绍一下貔貅，为购物促销作准备，也可以说说中国人民银行。目的在于介绍一下原中国人民银行的行长戴相龙，曾任天津市长。

方法九：从消费讲起

天津的物价稳定，人民生活安居乐业，适于居住。去天津购物，去天津消费，很受北京人的欢迎。

方法十：你的服务!!

再多的方法，如果脱离全心全意为客人服务的意识和心态，都是没有用的。在以往的培训中，我听到一位朋友说到，其实对于加点，他们什么也没有说，就是客人主动提出来的，或者说是水到渠成。但是我们不能忽视一点，那是跟这些导游对客人的热情、优质的服务分不开的。试想，一个让客人不满的导游，甚至让客人反感的导游，客人就算有去的愿望，他们又怎么会向导游提出呢？

所以，我们要有这样的心态，更要有这样的准备，先把服务做到最好！就像我们常听到的一句话：机会总是给准备好了的人。做好你们的服务，是导游分内之事，也是在为自己的成功作准备。

▶▶▶ 实战加点：印象西湖导游词（幽默版）

杭州小黑

朋友们：

古人说的好：上有天堂，下有杭苏！（引起客人兴趣，一般会有客人说：导游你错了，是上有天堂，下有苏杭）啊！张先生，你们广东是说苏杭的吗？我们这都说杭苏的，苏州哪里比得上杭州！作为一个骄傲的杭州人，我可以负责任地告诉你：天下西湖三十六，就中最美是杭州。正因为有了西湖，所以杭州成了世界上最华美的天上之城，可以说西湖是杭州的灵魂。那么西湖的灵魂又是啥呢？

是水吗？有人说水是西湖的精灵，水是西湖的魂魄。我曾想过，如果有人可以通过一种可听可看的形式，比如演出，紧紧围绕一个缠绵的“雨”字，用变化无穷的水来体现西湖独特的意境，以高科技手段淋漓尽致地展现“雨中西湖”和“西湖之雨”的景象，那该多好啊！

当然还有人说，杭州的灵魂应该是杭州千年文化积淀才对。朋友们，杭州的文化底蕴深啊！所以人家说，在西湖的山水中游走，就如同在西湖的精神世界中游走一样。随便一指，那是许仙、白娘子拍拖的地方，随便一指，那是梁山伯、祝英台晨读的地方。苏小小的痴情等待，“妾乘油壁车，郎骑青葱马，何处结同心，西泠松柏下”，也让人神往。要是把西湖的这些古老的传说和美丽的神话，加上白居易、苏东坡的千古绝唱，江南丝竹，越剧唱段，以前所未有的方式娓娓道来，那才是杭州的灵魂。

如果现在有这么一个机会，有这么一场表演，你去不去？不一定，因为关键是谁导演的。（不要着急推销，客人很少会被你一段话就打动的）

朋友们，我不知道你们小时候的梦想是啥，我的梦想是当一个导演，然后讨一个漂亮的老婆，拍上一部好电影，然后赚大钱，但事与愿违，我长大后成了一名导游，虽没张艺谋导演那么有名，但好歹有人叫我——诸导。说到张艺谋，北京奥运会开幕式让世界震撼，看了没？看了？直播？其实直播哪有现场看那么有效果。（开始促销）朋友们，说到张艺谋，我想起一件重要的事情，杭州市政府为了让游客更好地了解杭州，读懂西湖，请张艺谋、王潮歌和樊跃"铁三角"共同执导了一部大型实景演出——《印象西湖》，这是张艺谋"印象三部曲"之绝版，更有世界级作曲家喜多郎加盟制作音乐。

舞台位于西湖西北角的岳湖水域，北面是岳王庙，南面是玉带晴虹，西是曲院风荷，东是苏堤春晓。周围景色就三个字——漂亮啊！正所谓，晴湖不如雨湖，雨湖不如夜湖，晚上以西湖水面为舞台，以西湖千年文化底蕴为元素，将西湖都市山水融为一体……你能想象白天秀美无比的西湖在夜色中变成了菱形的舞台吗？你见过从天而降的"立方雨"吗？你看过三颗灵魂般的蓝色水滴由平静的湖面腾跃而出吗？

朋友们，我们出来旅游，为的无非是看一些没看过的，玩一些没玩过的，买一些没买过的，尝一些没尝过的，了解各地不同的文化差异，体验当地最有特点的风土人情。正所谓：山外青山楼外楼，西湖歌舞几时休，暖风熏得游人醉，直把杭州作广州（客人是哪里人，就改编成哪个地方）。可真正的西湖歌舞，古今中外又有几人看过？如果大家愿意，今天我可以带大家去看一看，体验一下，真正由西子姑娘演绎的西湖歌舞，也是一场将杭州千年文化积淀融入其中的表演。

（收尾）大家来一趟杭州，光团费就花了好几千，作为一个导游，有必要让大家看到最好的东西，让大家此行不留遗憾。所以我强烈推荐大家去看。如果您还是决定不去，也没有关系，只是我可能会觉得有点遗憾和内疚。内疚什么？首先我觉得对不住在座的各位。大家这几天来对我的工作非常地支持和配合，我十分感激大家，而我唯一能回报各位的就是给大家讲解得更详细、生动些，服务更好些，把当地精华的项目多向大家推荐些。《印象西湖》就是我们当地旅游精品中的精品！在座的朋友当中，有的人以后也许不会再来江南了，如果错过了这一生一次的机会，错过了杭州最精彩的张艺谋导演的《印象西湖》，那是我导游的过错，是我的宣传工作没做好，所以我会觉得有点对不起大家。

好了，我欲将心照明月，奈何明月照沟渠（模仿《天下无贼》，调节气氛）。不论您去也好，不去也好，我都要感谢大家对我工作的支持和配合。如果要去，请报名，因为《印象西湖》的座位票很紧张，我必须提前给大家预订……

▶▶▶ 上海夜景

杭州小黑

各位，上海白天的景色如何？上海大不大？大家一定都知道上海在国际上的地位吧？作为中国最大的城市，上海的变化是一天一个样，三年前的上海和现在绝不一样，因为上海是块与时俱进的土地，发展可谓突飞猛进。

嘿，朋友们，你们说上海最有名的是什么？夜景？你看过了？没关系！我也看过了，每周一次，导游嘛！可每次来我还是很兴奋！为什么？世界上夜景最漂亮的城市是哪？美国《时代》杂志评选第一的是美国的拉斯韦加斯，赌城，去过没？没有？那就好办了。

请君听好，拉斯韦加斯啊！到了夜里，你不管从哪一条公路开车到赌城，远在一小时车程之外的地方，就可以发现前方的天空异常明亮。直到翻过最后一个山头，啊！眼前所见金碧辉煌的美景，将让所有的人毕生难忘。拉斯韦加斯，是一块在无垠沙漠中的耀眼明珠，无论日夜，不分阴晴，永远散发着无穷的魅力，用“疑是银河落九天”来形容那番景象再恰当不过了。所以堪称第一。

第二是哪？上海？NO，是法国巴黎的香榭丽舍大街，浪漫之都的埃菲尔铁塔是法国巴黎的象征。一到夜晚，在灯光的照射下，铁塔仿佛变成了“玻璃塔”，玲珑剔透，成为巴黎的奇景之一。协和广场那古色古香的路灯，燃着橘色的光泽，融入香榭丽舍大道的浪漫之中，柔和、浪漫是她的灵魂！有生之年去看看，花个万八千，值！

世界第三就是上海的夜景了，陆海空一体。三年前的上海夜景和现在不一样，三年后的上海夜景和现在也是不一样的两种概念。朋友们，上海值得再来！夜景值得再看！要知道，上海夜景的亮度不是单一的，而是立体的、多层次的。

我们不妨对比一下上海的东方明珠和巴黎的埃菲尔铁塔。埃菲尔铁塔建于1889年，东方明珠建于1994年10月1日；埃菲尔铁塔由建筑师埃菲尔设计，东方明珠由中国广东建筑师江欢成设计；埃菲尔铁塔全塔高307米，东方明珠高463米；在天晴的日子，可从埃菲尔铁塔眺望70公里以外的巴黎近郊地区，东方明珠可把整个上海尽收眼底，明年还有更上一层楼的环球中心大厦。

上海不仅高度不断增加，而且速度不断加快，磁悬浮列车，快吧？高度、速度，共同展开了上海夜景的震撼感！

那么第四名呢？当然是河南郑州27夜景（可改编成客源地）！

所以各位！如果没看过世界第一的拉斯韦加斯夜景没关系，去法国看第二的巴黎香榭丽舍大街，浪漫啊！如果没去过法国，没关系，看上海的夜景，“横看成岭侧成峰，远近高低各不同”！如果今天不去上海看夜景，没关系，大家早点休息，回去看世界第四的河南郑州27夜景，也是一样的！谁不说咱郑州好！上有天堂下有郑州嘛！啊？下有苏杭？我们这都说郑州的，天下西湖三十六，就中最美在郑州！

各位！上海夜景可是“可再生资源”啊！随着上海浦江两岸北外滩、东外滩等的不断兴建，上海夜景呈现出南浦大桥与杨浦大桥之间的“双龙戏珠”（话说上海黄浦江上下的桥和隧道，发达啊！哪个城市有这么多！）；老外滩西洋建筑群“十里洋场”浮华依旧绚烂（如果情况允许就让大家在外滩下车，回到20世纪初的老上海“走走印印”）；浦东陆家嘴现代建筑群流光溢彩（现在说起来，三标建筑：东珠、金贸、证券；以后说起来，浦东四冲天建筑：三标+环球中心大厦）。

那不久的将来，浦东的夜景又发生些什么变化呢？大家可能不去关注，小导希望大家了解这些的同时，更要去了解上海夜景的未来。在陆家嘴，金贸已经比环球矮了，现在东珠对面在施工的那个地方——双子楼更是漂亮！……

带团就是战斗 第三篇

硝烟散去

6 STEP

步骤六：及时总结工作的得失成败

7 STEP

步骤七：跟随老导游的足迹

STEP 6 步骤六：及时总结工作的得失成败

你经历了千辛万苦，克服重重困难，百折不挠，终于还算顺利地把游客送走，在送客区与客人挥手告别。过两天，去社里汇报工作情况，交回各种带团单据，把该团的账目核算清楚，拿到团款和相关费用。这时候，你走出旅行社的大门，可能会认为这个团的工作终于结束了。然而，真的结束了吗？恐怕还差点什么……

如果你仅仅是个利用业余时间挣点外快的兼职导游，那这个时候可能真的已经结束了。但如果你是个以导游为职业，甚至将其当做自己的事业的人，你还差了一项很重要的工作没有完成——导游的工作日记。

导游与很多行业不同，工作几乎是一直在变化的。工作内容在变化，每个团的行程都会有所区别，航班和酒店的变化需要你随时调整游览时间和顺序；工作对象在变化，不同地区、职业、年龄的游客，各自的需求也不一样；工作环境也在变化，没有固定的场所，随时在各个景点、城市和旅游车中转换。从事导游这个行业，你不能奢望每天的工作像麦当劳操作炸薯条一样模式化，也不可能像职业白领那样在空调房里在计算机上操作。我们每天都在面对各种各样的变化，随时出现的意外情况就可以轻易打断原来的计划，所以需要不断地进步，提升自己的业务能力和应变能力，以适应工作的需要。

如何能够更快地提高自己进步的速度呢？询问过很多老导游后，你会得到一个相对统一的答案，那就是记日记。导游的工作日记，也叫带团日记，通常是以带一个完整的旅游团时间作为一个段落，在带团结束回到家后，第一时间把自己在这一个团中工作的得失成败、发生的各种突发状况，以及有趣的故事都一一记录下来。长此以往，一直坚持下去，你的进步速度将会是其他同行的几倍。

写带团日记不光是总结，还是一种创新。当你在记录之前发生的事情时，往往会让整个事情在头脑中回放一遍。这个时候的你，已经不是局中之人，走出了庐山，看到了事件的本来面目，就会有更客观的视角和更从容的时间去思考如何处理，而灵感往往是在这个时候闪现出来的。

坚持记日记更是一种态度。在不断地总结和积累中，保持自己对这份工作的尊重。只有尊重自己职业的人，才会有更多的动力把工作做好，不断地督促自己，保持前进的脚步。

这一节分为两部分，前一部分摘取了一篇导游的工作日记范例，供大家参考；后一部分是一些导游收集的带团趣闻，有导游的也有游客的，很有意思，你可以感受一下这个工作所带来的乐趣！

一、工作日记是每个导游自己的带团宝典

既然日记是写给自己看的，也就没必要有什么固定的格式，但无论怎么记录，还是应该具有以下内容的。

接团过程。清楚记录团队的整个游览过程、景点参观顺序、所遇到的天气等情况。

客人描述。记录重点客人的各方面情况，比如年龄、职业、客源地区、宗教、消费习惯等。

问题处理。带团工作中出现的各种突发状况，当时的处理方式和效果。

合作伙伴。对一起工作的导游、司机以及酒店和餐厅的工作人员给予评价。

经验总结。重新针对这个团进行分析，收集以后可用到的经验，总结之前的处理方法是否得当。

下面我们选取一篇典型的带团日记，内容详尽，结构完整，文章先描述整个带团过程以及遇到的困难，然后对出现的状况进行客观分析，查找原因，给出结论。虽然我们可以看到，作者的工作过程并不完美，效果也不甚理想，但正是由于这样细心地记录和总结，才能避免以后再次发生类似的问题。

犹太团历险记

——带团日记加总结

宙斯

"在上团之前调整好自己的心态，把这个团的目标定得低一些，即使收入不高，也不能放弃讲解，坚持最周到的服务。"

"不要想以一些免费的小服务打动你的客人，否则他们会把你的好心认为是理所应当。"

"出现任何的小误会都别轻视，一定要尽你的一切能力解释它，直到客人理解你的意见并打消疑虑为止。"

一、接团之前

因为年初家中有很多事情，使得今年我的第一个团一直推到了3月中旬才上。拿到计划的时候稍微瞄了眼，一身冷汗，居然出现了参观犹太教堂的行程。那不用多说了，多半是犹太团，看来会有很多挑战等待着我啊！

在这个团之前，印象里也接过两个加拿大籍的犹太散客，好像我也记录过。那个团简直是"魔鬼行程"，几乎天天都是6点出发，22点以后才能返回酒店。仔细一打听，原来是客人自己设计的，说是来之前把中国的自助游参考书熟读了六遍，分别用不同颜色的笔画出重要性后，再分别加以归类，然后排出自己满意的行程。那个团里，几乎我和客人全部的精力就是在赶时间，彼此间相处得还算融洽，也没有出现什么矛盾。前两年我也曾带过来自美国和以色列的犹太客人，总体感觉一些客人性格还是比较温和的，希望这次也能够一切顺利。

个人认为，带团最重要的不是讲解，也不是服务，更不是收入，而是拥有良好的心态。也就是说，在上团之前调整好自己的心态，把这个团的目标定得低一些，即使收入不高，也不能放弃讲解，坚持最周到的服务。

带这几个犹太客人，我把自己的目标定在了"一分钱不挣，只求客人满意"的标准上。在接团之前，我特地给司机打了个电话，进行了一下沟通，把我的意思表达给他。而司机也特别配合，直说这团就当义务劳动，别让客人不满意，引发投诉就行。

这个团的行程比较怪，没有接机，早上起来直接去王府饭店带他们。接机一般来讲非常重要，是正式带团游览之前的铺垫。铺垫做得好，给游客树立起良好的第一印象，之后你要做什么游客都很容易接受。而这个团没接机，就无法和游客建立初步的感情，连第一天接头的时间都没法约定。于是我只能匆匆打电话去查询客人的房间，然后留言约定时间。

二、广场戒严

第一天，就这样唐突地在酒店大厅里见面，简单地互相介绍了一下，基本了解了这两对夫妻的情况。他们来自多伦多，两位男士，一个做律师，一个在政府机关做公务员。去广场的路很近，我只是简单地介绍了几句，客人对我的英语还算满意，在交谈当中也算很配合。

到了广场，不幸的突发事件出现了。由于属于两会期间，当天有一个重要的会议，广场在早上被宣布临时性戒严 4 小时。到了地下通道口那里，就有卫兵阻拦不许进入了。看到客人脸上微有不满，我赶紧打圆场，说这是中国的国情，广场戒严是为了安全，不会向任何人通报的，不过别着急，在接下来的两天里，如果有时间我再免费带他们游一次广场，算是补回来了。见客人没什么意见，便一路直奔故宫，上午还算相安无事。

午餐在蚌福春。去之后我先跟这些犹太客人说清楚，我们导游作为旅行社行程的执行者，有责任和义务带领客人去参观旅游商店，但是我们这是个小团队旅游，如果不太满意行程上的地点，我们可以商量着去，北京的土特产很多，你们可以自己挑。客人对这个似乎并不敏感，直接挑了个珍珠和玉器商店。

下午是颐和园，为了怕客人多走路，我们特地从蚌福春开到了东宫门，进门后，不幸地看到了整个景点在大修。我向他们作了介绍，并按照最规范的路线带他们走到了如意门，不敢投机取巧。

三、犹太老乡

第二天早上出来后，我问他们想不想去看那个犹太教堂，想去的话我赶紧预约，但客人的回答是下长城再说。照例走十三陵，午饭后去长城。我饶有兴致地陪他们爬了一段长城，看他们身手比较利落，不会出什么意外，才先行下来了。

回市区的路上，客人才决定去看看犹太教堂。由于是第一次去那里，我很慎重地预约了一下，发现预约电话无人接听，按照语音提示又打了另一个号码。接电话的人带有浓重的希伯来口音，于是我干脆把电话给了客人，让他们进一步交流，再告诉我结果就行了。最后客人决定还是过去一趟。

在前面去过的景点中，这些犹太客人几乎每遇上一个英语讲解牌，都要跟我说上老半天里面的错误，最后已经发展到不看景点，光看英语标志了，严重地本末倒置，他们还乐此不疲。现在他们又开始拿着地图指挥司机该怎么开了，我们只好唯唯诺诺地听着。

一路上闲来无事，我和他们聊了聊犹太人的历史。这个他们很有兴趣，尤其听到中国的导游能说出至少20位犹太名人来，确实很高兴。的确，犹太人是一个伟大的民族，尤其就头脑而言。近代出现的几位可以影响世界的伟人，犹太人占的比例很高，如自然科学的爱因斯坦、心理学的弗洛伊德、哲学的马克思和传媒业的鼻祖路透。在加拿大，犹太裔的平均收入远远高于其他民族，位于第一位。他们大多数从业于政府机关、大型企业，或为律师、医生、会计师等，或从事商业，学历和社会地位都很高，这也使得当地人十分尊重犹太人。

一路就这么说着，终于到了犹太教堂。其实犹太人的礼拜场所有一个专用名词，叫“Synagogue”。但中文里没有该词的专属翻译，所以就叫犹太教堂或犹太清真寺了。而犹太教里也分有不同的教派，“Orthodox”是正统派，严格遵守犹太教传统信仰、律法与礼仪，恪守饮食禁忌。“Reform”是改革派，崇尚国际化，没有过多的宗教禁忌；而“Conservative”是保守派，教义界乎于前两者之间。而这个犹太教堂叫“Chabad House”，属于正统派。

本来我是想在外面待着的，但觉得应该长长见识，也就戴了个小帽跟进去了。

一个大胡子老人非常热情地接待了我们，并简要介绍了一下他的经历，接着，他开始热情地询问游客在北京的旅游情况，一边听还一边插上两句，痛批中国旅游市场的混乱，说中国的物产虽好，但他们未必能买到什么真正的好东西。我坐在旁边，他们的英语交谈我几乎全能听懂，听到这里换了几个坐姿，委婉地表示了不满，但大胡子好像根本没注意似的，说得眉飞色舞。接下来询问他们在北京买了什么纪念品，游客一一介绍，他又问客人还想买什么别的吗，游客回答很喜欢珍珠。这时候他从抽屉里找出一张名片来，指了指，说他父亲就是做珠宝生意的，珍珠主要是从北京的某某商店进货，而名片里的这个人就是他们的进货商，他们的关系非常好。说着，他拿起笔来在名片上签了个字，说出示这张名片，将会拿到和他们进货一样水平的折扣。我心中一阵感慨，犹太人的经商头脑确实让人钦佩。

临走的时候，我们又被主人热情地招呼着参观他的收藏品，一个老款式的约柜，里面放着各种版本的旧约读本，甚至还有不少中文的。然后，他从一个旧箱子里神秘地拿出几支手杖，那是犹太人在宗教仪式上用的，顶部有只手的造型，尾部一般是一些典型的犹太装饰，而比较特别的是这几个手杖的尾部没有西方的典型装饰，而是换成了一个活灵活现的龙头。大胡子老人说他是走遍中国收集来的，不过他看到客人只是赞美，并没有购买的打算，便收回了柜子里。

出门的时候，我看到每个客人都拿出20美元塞进了一个黑色小盒，后来才得知这是犹太教的规矩，每次出入礼拜场所都要留一些钱给教堂作为捐献。

已经不早了，便跟司机商量着直接去吃晚餐。晚餐是烤鸭，餐厅是便宜坊。我简单地向客人做了个介绍，关于烤鸭的历史、地位以及吃法。客人两次打断我，询问我们去的饭店是否是最有名的，我很有底气地对他们说，“便宜坊”是北京吃烤鸭最有名的两个餐厅之一。不过客人显然是受了刚才那个老乡的影响，要求我把餐厅名称写下来，他们回酒店，一来休息一下，二来可以询问酒店里的人这个餐厅是否有名。我们按照他们说的做了，乖乖回到了酒店。

再从酒店出来的时候，看到客人满面春风的脸，说经过确认，的确是很有名的餐厅。20分钟左右，就到达了位于幸福大街的便宜坊餐厅，当天餐厅可能同时有几拨餐会，显得气氛很热闹。不过刚一落座，客人的意见就出现了，他们投诉餐厅的桌布是潮湿的，并且带有刺激性的气味。我过去检查了一下，果然没错。这不是小事，我赶紧把经理叫过来协商，经理又叫服务员拿来几块新桌布，都是湿的，还带有一股84消毒水的味道。我赶紧要求服务员带我到库房去亲自挑选，力图找到一块干的桌布。也怪这餐厅不争气，几乎所有的桌布都有不同程度的潮湿。我尽量拣了两块干一点的，拿到客人面前，但他们依然不满意。当时我只能表态，如果还不满意的话，我们立刻就换餐厅。不过客人好像确实饿了，互相商量了一下打消了这个念头。吃完饭之后，我向他们询问了一下烤鸭的味道，得到的回答是还不错，这才稍微放心了一些。

四、送邮轮

第三天的行程是市场购物，下午送船。当天两会已经胜利闭幕，广场肯定将恢复正常状态，我赶紧和游客商量，免费再带他们去一趟。由于知道他们的职业，所以我特地让司机兜了个圈，免费带他们看了下加拿大大使馆和最高人民法院，还照了相。到了广场，还是像第一次去一样，把他们拉到中间地带，顺时针把所有建筑都讲一遍，然后拉回停车场。

接着便直奔市场。本想跟他们到四楼看看那个犹太老乡介绍的商店，可是在前面走的游客频繁回头，用一种不信任的眼神扫视我，我便干脆不跟了，约好了时间知趣地下去了。当时时间已近 11 点，相约见面的时间是 12 点半，可到了 1 点依然不见有人出来。我进去找了两圈，在二楼找到他们，他们说时间不够，需要再多加一个小时。我说，没关系，我跟司机去吃饭，一小时后见。简单地吃了点肯德基，一小时后终于再见到了他们。这时候时间已经有点紧张了，赶紧回酒店取了行李，驱车直奔塘沽客运港。一路上闲来无事，跟客人学了几句希伯来语，这种语言很绕口，不是很好学。

关于塘沽客运港，我已经有三次接送经验了，从分钟寺高速入口进入，一直开到终点，然后穿过塘沽市区就到了。不知道为什么，经常停靠国际邮轮的客运港没有修一条漂亮点的公路直达港口，而是必须要穿过几条很窄又很脏的小路才能到达。刚开进一条小路，客人就开始不安了，问了我几次是否走错路了，但我很坚决地回答没有。他们经过一段时间的商议，确定我走错了路，拿着他们的船票，让我必须打上面的电话询问正确的方向。无奈之下我只得拨通了这个邮轮公司位于北京办公室的电话。接电话的人显然很茫然，根本就不知道港口的位置所在，甚至连塘沽的路都不熟悉，问了也没用。更何况我和司机都来过这里好几次了，根本就没有走错路。于是我又费尽唇舌解释了半天这个城市的建设有不足之处，路况不好，但绝对确定没有走错路。但任我万般解释，他们也不为所动，坚持要我继续拨打这个号码寻求帮助。直到路边出现了一个有中英文标示的"塘沽客运港前方 1.5 公里"的牌子，他们才算作罢。

到了港口的海关处，我赶紧把他们的行李搬到了托运的地方，道别，这才算结束了。一般送完客人，我都有一种离别的惆怅，甚至有些依依不舍，这次出来，却有一种解脱了的感觉。看来客人对我的服务和讲解还算满意，我这样对司机说。由于有事，当天晚上我就坐火车去了河南。

五、投诉信

刚从河南回来，准备休整一下接下面的团队，突然接到社里的一个电话，犹如晴天霹雳。说收到了一封措辞极为严厉的投诉信！

我不敢耽误，直接去了社里，拿到这封信，心里就像翻倒了五味瓶，委屈、愤怒、担忧一下子全涌了上来。最后可以归结为一句话，"我本将心比明月，奈何明月照沟渠"。

信的大致内容是这样的：

（1）我们在北京遇到的导游非常业余和顽固，"Maybe the worst of all"（也许是最差的）！他没有经过事先调查，带我们去广场的时候，广场封闭了；而带我们进颐和园的时候，明知前面大部分建筑在维修，依然带我们走完全程。导致当天我们的游览时间被大量浪费。

（2）导游对犹太教堂的位置和情况不熟悉，甚至他根本不知道什么是犹太人！

（3）我们去的烤鸭餐厅，桌布是湿的，带着刺激性气味。在北京所有餐厅的食物都是难以下咽的。

（4）导游和司机根本不认识去港口的路，他们绕路了还不承认，甚至不听取我们的任何意见，导致当天我们大量的时间被浪费。

真是比窦娥还冤啊！不过社里面还是比较开明，没有光听客人的一面之词，也认为这种投诉根本就没涉及导游服务的硬伤，所以让我写了封解释信发给社里，又写了封道歉信发给客人。

不过经过带这个团，我也吸取了教训，对怎样带犹太团有了进一步的认识。有如下经验需要总结：

（1）仅仅持有十二分的小心是远远不够的，一定要到十六分！第二天任何的小项目都要在头一天重新确认一下。否则当天有任何的尴尬场面出现，都有可能导致被投诉。

（2）不要想以一些免费的小服务打动你的客人，否则他们会把你的好心认为是理所应当。

（3）在带犹太客人之前，一定要加强对犹太文化的学习，不能只是简单地了解几个名人就算了事，一定要做到有一定深度的了解。

（4）不要被客人表面的满意所迷惑，他们中的很多人并不喜欢当面对你投诉。

（5）出现任何的小误会都别轻视，一定要尽你的一切能力解释它，直到客人理解你的意见并打消疑虑为止。

（6）在你与司机聊天的时候，也要控制好自己的表情，因为客人很会察言观色，如果你在议论他们，他们会很敏感地感觉到。

（7）新手一定要慎重！

编者评

从结果来看，带这个团结束后，导游收到了一封措辞严厉的投诉信，可以说是一次很不成功的带团经历。看了过程，你可能觉得导游很冤枉，但究其原因，很可能是导游或者司机在无意识的情况下让游客不满意，由此产生了投诉，说到底是导游没有得到游客的认可。选取这篇文章的主要原因，是因为它结构完整，表达清晰，详细描述了很多工作细节和处理方法，最后给出了结论和经验之谈，都是很难得的。可见作者在写日记的时候，同时在进行一次很具体的工作自查，深刻探究一下哪个环节出了漏洞，写完文章相当于把这个团又重新带了一遍。这就是带团日记的价值。

其实，每一个旅游团都有自己的特点，充分了解客人的个性、需求和心理，注意服务的细节，随时总结教训，才能以不变应万变。

二、上团趣事

众所周知，导游工作是个苦差事。虽然有着光鲜的外表，但和很多行业一样，对真正从事这个职业的人来说，每天面对的压力和挑战是外行人很难看到的。

不过任何事情都是相对的，有辛苦，自然也会有快乐和欢笑，做导游也不例外。一些同行认为，做导游最开心的一刻可能就是数钱的时候，哈哈。我倒是认为每一个职业都有这个时刻，没什么值得回味的。我们的工作是与人接触，游客的差异体现在国籍、民族、语言、宗教、职业、年龄、性格、教育、家庭等很多方面。不同的人碰到一起，导游与导游之间，导游与游客之间，游客与游客之间，都会擦出火花。只要你注意观察，总会发现让你开怀一笑的细节。

艺术本来就是源于生活而高于生活的，我们的工作乐趣从精彩程度上讲肯定要高于很多朝九晚五的上班族。当你停下匆忙的脚步，细细品味自己的生活，再培养一点自己的幽默细胞，你会感觉做导游，其实快乐无处不在，无时不在。

有关这个话题，我们特别收录了一些段子，希望能给大家在紧张的工作、生活中带来一些快乐，也让新导游们燃起对这个职业的热情！

▶▶▶ 带团中吃的故事

带团的精彩

“我同事问他：‘你们国家就没有葵花籽？’客人说：‘这东西在我们那里是给鸟吃的，人还从来没吃过！’”

“我告诉他这是牛的胃，他差点没吐出来。至于吗？”

中国有句话，“民以食为天”。老外到了中国，也纷纷被中国饮食的博大精深所震倒。但是由于文化背景悬殊，中国人和外国人对饮食的理解有着很大的差异。给大家讲几个故事，仅供娱乐，也欢迎拍砖。就讲讲带团时吃的故事。

首先声明，我带的客人以欧洲客源为主，民风淳朴，客人都挺质朴憨厚的，个性比较直率，在吃的方面，故事可不少。那年冬天，我和同事接团，两个人坐在大堂的沙发上嗑瓜子。（顺便说明一下，我们都是环境保护主义者，不会乱扔垃圾。欧美客人在这方面做得也非常好。）我们正嗑着呢，过来个客人问我们吃的是什么东西，我们就说是烤的葵花籽（顺便教给各位陪同这个词怎么说，“sun flower seeds”）。客人就问，这东西怎么吃啊？我们就一边解释一边演示，如何从小头一端嗑起，嗑到大头，然后用舌头卷出，别说这步骤以前还真不知道解释起来这么麻烦。客人好奇地点头。我同事问他：“你们国家就没有葵花籽？”客人说：“这东西在我们那里是给鸟吃的，人还从来没吃过！”我晕，不会吧？于是抓起一把瓜子，让客人试一下。客人说不用试了，听起来步骤太复杂，他怕做不来。于是我们一脸惋惜地看着他……

还有一件事，就发生在前几天。那天胡同游，我们在居民家用餐，因为是高标团，吃得比较好，陪同餐里面居然有红焖大虾，一盘子红得冒油的大虾，多么有诱惑力啊！领队、我、胡同导游一起吃饭，领队问我这是什么，我说：“这是大虾‘shrimp’，你不会没见过吧？你们国家靠着海啊！”领队说没有，他们从来都是吃虾仁的，也就是只吃里面的虾肉，并且好奇地问我，这虾头是怎么弄下来的？皮是怎么剥下来的？天哪！这个用说吗？我和他说，头是我用嘴咬下来的，皮是我用手剥下来的。他就开始用一脸恐怖的表情看着我。我给他一只虾，说：“你试一下，很简单的。”他就用餐巾纸隔着，开始揪虾皮，脸上带着不情愿的表情。我说：“你别费劲了，我给你剥吧。”三下五除二就把一只完整的虾剥干净了。领队吃了，说味道很好，但是第一次看见人这样吃虾，而且是用嘴把头咬下来的（bite the head off）！天呀，老外的想法真不可思议。中国人还吃虾酱、虾油呢！虾脑子的红油多好吃啊！我没和他说，怕把他吓趴下。胡同游的陪同对海鲜过敏，领队嫌这样吃的方法太麻烦，两个人都不吃大虾！于是我就着一瓶冰镇啤酒，美美地吃起来，这样炎热的暑日，再没有比这更舒服的事情了！

很多欧美人很吃惊，中国人居然吃动物的内脏器官，什么肠子、肚子、肺头什么的，因为他们没有吃这种东西的习惯。上次领队和我在金殿司陪那边吃饭，他挑了些百叶，吃得特别来劲，回头还问我这么好吃的东西是什么。我告诉他这是牛的胃，他差点没吐出来。至于吗？我跟他说，晚上我请他吃卤煮火烧吧，特香。他听了解释之后，差点吓趴下。

中国的东西便宜，真是便宜！尤其是吃的东西。据说英国连黄瓜都切成段卖，因为很多人买不起整条的黄瓜。几年前接的客人，夏天每人都要吃几个冰淇淋，我问他们为什么这样喜欢吃，他们告诉我的理由就是便宜，像我们吃的一个梦龙，国内不过5块钱左右，在欧洲就要三四十一个，比中国贵上好几倍。

说实话，国外吃的东西和我们有很多的不同，但是种类相对可能没有这么丰富，物价也偏高些。我们公司国外办事处的员工，每年出差的时候都带上一堆吃的，什么松花蛋、咸鸭蛋、咸菜、酱豆腐的，说在国外就是有钱也买不到。

有时候觉得在中国真幸福，什么好吃的都有，所以好像越来越胖了！哈哈！

编者评

基于历史、地域、民族等很多原因，东西方文化差异是很明显的。所以当我们以一个东方人的视角去审视西方人的生活时，会产生不少疑问，他们看我们也是一样。各种差异碰到一起，就会产生幽默的效果，尤其是像饮食这种生活中最直观的问题。作者很准确地挑出了嗑瓜子、剥虾皮和吃百叶三个小细节，来反映这种饮食差异，确实很有代表性。

▶▶▶ 说说带团的笑话

带团的精彩

"更有客人用茶杯装米饭的，这类事情我也看多了。"

"在外国人眼里，亚洲人长得都差不多，就像我们看他们一样。"

有时候看着带过的团的合影照片，想起带团的时候，有趣和搞笑的故事真是不少。旺季眼看就到了，给各位受尽暑期团折磨的兄弟姐妹讲讲以前带团发生的各种各样的笑话，欢迎一起交流，大家共享。毕竟后面的路还长着呢，乐观面对生活才是硬道理！

说起幽默，我觉得台湾同胞的幽默比较含蓄。好几年前的冬天，我带一个台湾团，晚饭后，一不小心，呢子大衣的扣子扣错了。一位先生走到我身边，非常和蔼地对我说：“导游小姐，这件衣服是不是今年最新款?”这时我才恍然大悟。客人的含蓄关键时刻化解了我的尴尬。

相比起亚洲团队，欧美团队则比较开朗，但是文化差异比较大。带团的时候吃团队餐，客人不太懂中国的餐桌礼节，一大堆汤啊菜啊米饭盘子什么的上来，更是不知如何下手。有的人会问我：“您看，我们先吃哪一个比较合适呢？然后呢?”更有客人用茶杯装米饭的，这类事情我也看多了。

语言不通是沟通的最大问题。我的客人以小语种居多，英语只懂一点点，他们自己到药房买药的时候，经常是肢体和表情并用。上次我在药房看到他们的时候，他们正声嘶力竭地和药房工作人员解释需要治拉肚子的药，那表情和声音，你看了，绝对笑趴下。

5 月我那个团里有个小美女，15 岁的年纪就发育得非常好，而且特别招人喜欢，总是过来和我聊天练习英文。那天她问我：“司机早上看到我，总和我说一句话，是什么意思?”我们那司机岁数也不大，成天逗人家小丫头，他说他说的是“小朋友”的意思。我如实翻译给小姑娘。小姑娘问我：“那‘小伙子’怎么说?”好，从此以后，这两个人就开始逗上了。这小丫头也不知道从哪里学会了一句“我爱你”，那天晚上吃完烤鸭，在回饭店的路上和司机说出了这句话，这小子居然还乐呢！我说你小心点，这孩子她爸爸就在后面坐着呢！送飞机的路上，这小丫头居然用两种语言又对司机说了一遍“我爱你”。全车人大笑，司机脸红，我则乐翻了。

大家可能想不到，有时候长相也会产生问题！上次我团里有个小姑娘，和我年纪相仿，是个韩国人。第一天大家相处平安无事，结果第二天早上在大堂，所有的客人都以为她是我，因为我们都有一张“Asian looking”（亚洲面孔）。可问题是我和她长得一点都不像，而且和客人已经相处了一天了，居然还会发生这样的事情。这让我坚信，在外国人眼里，亚洲人长得都差不多，就像我们看他们一样。

编者评

还是中外差异的问题。除了饮食以外，日常交流、语言、相貌等都可能成为小冲突的焦点。带团中，常常会发现这样的幽默事件。不过，作为一个好的导游，应该在笑过之后，得到一些启示，与客人的沟通才会更顺畅。

游客的幽默

LEGEND-K

“是这样，我忘了自己的名字该怎么写，而这位先生正在教我。”

“不，我是指这位售货员。”

“没关系，上次他们要我签字，我签的是比尔·盖茨，嘿嘿，他们照样把钥匙给我了。”

一位先生对峨岭黄果树下画艺术签名的现场表演很感兴趣，终于，他也忍不住在纸上写下了自己的名字，连同20元人民币一起交给了那位画师。于是，他的名字开始变成一些花花绿绿的图案。这时，他的太太走过来，笑嘻嘻地看着他。这位先生立即解释道：“是这样，我忘了自己的名字该怎么写，而这位先生正在教我。”

自由活动结束后，有的客人看到有人喝酒划拳，十分不解，问我那是什么意思。我说，他们在猜想对方手指的数目，再加上自己的，算出总和，然后大声喊出来，算对了就算赢。全车人立刻兴致盎然，马上捉对过招。好玩的是，我听见有人喊出了“Eleven”（十一）。

看完十大明王石刻，我让领队站在身边，对客人说：“我们已经参观完了石刻，这边是近路，但是有许多台阶，也可以原路返回。现在请年老的团友随领队先生原路返回，年轻的跟我走近路。”结果所有的人立刻跟我走了。

我正在解释为什么佛像的耳朵都很长：“按照我们中国的传统，一位先生如果足够有福气的话，他的耳朵和手臂都应该相当的长，长到足以到达双肩和膝盖。所以，如果你在街上遇到一位双耳垂肩、双臂过膝的先生的话，那么……”这时，从人群中传出一个女性的声音：“立刻嫁给他。”

在宝顶山大悲阁里出售画册的柜台前，一位先生正在翻看画册。他发觉我站在旁边，对我说道：“这非常美，不是吗？”我表示同意：“是的，我刚才说了，这是我国晚期石窟艺术的杰出代表，在风格上……”他看着我，脸上露出调皮的笑容：“不，我是指这位售货员。”

在机场到达厅的门口，我面对汹涌的人群举起接站牌。那上面写的是：“乔治·恩纳斯特·汉弗雷斯先生，中国××旅行机构。”这时，人群中走出一位老先生，径直走到我面前，指着我手里的接站牌问道：“你是来接汉弗雷斯先生？”我答道：“是的。请问您就是……”他继续说道：“是来自中国××旅行机构？”“是的，先生。”“是乔治·恩纳斯特·汉弗雷斯先生？”我笑了出来，伸出了右手：“是的，很高兴见到您，汉弗雷斯先生，我是您的地陪。您的行李都拿到了吗？其他的旅客呢？您需要去洗手间吗？”这家伙笑着说：“嘿嘿，是的，我的行李都在这儿，我也要去洗手间，但是我不是乔治·恩纳斯特·汉弗雷斯先生。”

全陪是一位西安来的小师妹，她正教客人说中文。她说，中文里面说“晚到了”，读音就好像英语里的“one dollar”（一美元），而“都到了”则像是“two dollar”（两美元）。于是，在晚餐后清点人数时，坐在前排的客人笑嘻嘻地告诉我：“我们这有三个一美元，而你的朋友（指全陪）是一个人民币。”因为全陪小姐也晚到了，而中国人晚到，那肯定就应该是用中国的货币来表达。

团队中有一个7岁的小男孩哈利，淘气得简直无以复加，他的老爹不得不时刻盯着他，并不断地为自己儿子的调皮捣蛋道歉，也常常把自己弄得晕头转向。在宝顶山的地摊前，哈利不断地从地摊上拿起各种宝剑和刀具，他的老爸则不停地把这些东西还给摊主，并向摊主表示歉意。那小家伙实在太淘气了，终于出了乱子。他趁人不注意，随手把他爹的照相机一把夺了下来，于是，这位可怜的老爹看也不看，立刻把照相机夺了回来，然后顺手把自己的照相机也递给了摊主。

在动物园看老虎。两个隔离区内共有三只老虎。在一起的两只无精打采，单独的那一只却跑来跑去很精神。一位女士问我：“这两只老虎是不是生病了?”我正要说话，她的丈夫在一边嬉皮笑脸地说道：“这就是结婚与否的区别。”

在酒店前台，接待员请一位客人在登记表上签名。因为他们是两夫妇，所以这位先生问道：“是签我的名字吗?”他旁边的一个家伙低声说：“没关系，上次他们要我签字，我签的是比尔·盖茨，嘿嘿，他们照样把钥匙给我了。”

一位先生想和路边的一头耕牛合影。他走到牛的旁边，试图让牛抬起头来，可是那头牛一直低头吃草。于是，他先站好位置，然后小声对拍照的同伴说：“嗨，你等它一抬头就按快门。”拿照相机的那位说道：“你可以大声说话，我打赌那牛听不懂英语。”

在民俗村，我正介绍那架古旧的有很多雕花装饰的婚床。一位先生问道：“请问，为什么要把床的四周都围起来?”一位女士抢先答道：“那是为了确保你不会被太太踢下床去。”

在经过立交桥的时候，一位女士发现了一辆顶上装了很多鸭子的长途汽车，她很惊讶地问我：“为什么他们把那些动物放在车顶上?”旁边一位先生说道：“夫人，您见过坐在椅子上的鸭子吗?”

看完了杂技表演，我听到有客人在小声地交谈。“你看到了吗?那人光着脚站在一把刀子上面?!”“是的，我看到了，我永远不想要那样。他们总让我们看这些，我一看到中国的杂技就觉得难受……”我感觉不妙，于是问其中的一位：“先生，您觉得这表演怎么样?”他立刻微笑着答道：“哦，是的，太棒了，真是奇妙，真难以置信，我们都喜欢看，谢谢。”

介绍完宝顶山地狱变相之后，我说：“这一龛造像是可以拍照的。”因为人多，领队又大声地重复了一遍：“现在，你们可以给地狱拍照了。”话音刚落，人群发出一阵哄笑：“不，我们不要。”

我们去看北山，客人陆续慢慢走到了山门口，坐在石栏上休息。我在门口验票后，返身招呼客人进去参观。当他们得知进去后还有一大段阶梯，纷纷笑着表示不想再进去了。出于职责，我还是劝说他们上去。这时候，一位老太太对我说：“我们在这里很好，你进去好了，我们就在这里等你。”话音刚落，人群爆发出一阵哄笑。

上车后清点人数是每个导游的职责。不过有时候那又有另外的含意，在团队多的时候，我们的车上偶尔会多出一两个不速之客，而我必须要把他们还给他们的导游。

从船上接到客人，下船之前，我照例提醒客人看一下有没有忘记什么东西。这时，一位老太太站出来："对不起，我把我的包忘在房间里了。"于是，老太太回身去取。过了一会儿，老太太高高兴兴地回来了，并不断地道谢。出于职责，我问了一句："夫人，您拿到了吗?"老太太一愣："天哪！我检查了一遍，看到所有的东西都在，然后我把它又放在房间里了。"

导游也有心不在焉的时候。在码头接到团后，我把客人带上了车，行李员忙乱了好一阵才把行李放进了行李舱，然后我招呼司机可以开车了。司机和我对望了一眼，于是，我拿起麦克风说道："女士们先生们，恐怕我们还得再来一遍，我们上错车了。"当时，码头上起码有五辆同样颜色款式的满天星旅游车。

编者评

如果前两篇文章可以让你会心一笑的话，那么看过这后一篇，我保证你会开怀大笑。LEGEND-K 在平时的生活中就是一个极具幽默感的人，所以他收集的笑料也格外劲爆！像他一样带团，时时开怀，不是很有趣吗？新导游，是否更加期待开始你的职业生涯了呢？

长城上的幽默

宙斯

"看，中国的兔子显然比我们那的强壮多了。"

"水长城一定是用水建的了?"

"为了帮助人们过到另一边!"

最近一直在长城一带活动，除了经常跟客人聊天外，也发现了不少很有意思的事儿，跟大家分享一下。

两个澳大利亚人刚刚爬上长城，看到我便问，“哪边是敌人方向？”

“就在那边！”

“看，中国的兔子显然比我们那的强壮多了。”

（兔子在被引入澳大利亚后，由于没有天敌，加上繁殖能力超强，不久在澳大利亚就泛滥成灾，大量的兔子抢夺牛羊的牧草，成为当地祸害。后来澳大利亚政府在兔子活动频繁的地方筑起篱笆墙，来限制兔子的活动范围，篱笆墙越筑越长，当地人把它戏称为“The Great Wall”。）

我举着麦当劳的牌子在停车场随时等着下来的团员回到车上。

突然出现几个人，大声高喊：“我们是冠军啊，我们回来了！”

“请这边走，停车场的左手边第一辆就是我们的车……”

“对不起，我只是想喊一喊。”

我正在车里侃侃而谈：“古代中国建造长城的时候往往就地取材，东北森林茂密，所以长城中也有一段木头长城；而北京北边大部分为花岗岩山脉，大多是石头长城；而在西部戈壁沙漠地区，大部分都是用黄土建筑成的。”

忽然前方路标指向怀柔的水长城。

有个客人问：“水长城一定是用水建的了？”

从长城回市区时通常要带客人去奥运村看看，结束后都会穿过中华民族园的南门。这一次，那座连接中华民族园南北园的具有少数民族特色的过街桥吸引了客人的目光。

“What's the bridge build for?”（为什么建这座桥？）一个客人过来问。

我刚准备回答，后面一位客人插嘴了：“To help people cross to the other side!”（为了帮助人们过到另一边。）

编者评

耐心地倾听一下游客互相之间的调侃，也够你笑一阵儿的！与国内游客不同，很多外国游客都是表现型的，人越多越有灵感，能够逗得满车人哄堂大笑才是他们的本领。我建议，我们导游也向他们虚心学习学习！

7 STEP 步骤七：跟随老导游的足迹

我刚刚成为导游时，每天忙碌于各大景点之间，带团无数。回首那段日子，感觉最宝贵的收获就是经验。

想积累经验，最直接的方式是把自己带团的经过、出现的问题都详细记录下来，通过分析和思考，得出自己的经验和教训。循序渐进，逐渐成长为一个成熟导游。

但个人的视角总是具有一定的局限性。所以，我们那时候常常走另一条捷径，以快速提高自己，那就是跟老导游多沟通。同行前辈跟你非亲非故，他们其实没有什么义务去帮助新人。换句话说，帮是情分，是高风亮节，是古道热肠；不帮是本分，是自我保护，毕竟“同行是冤家”。所以，别吝惜投放的感情和那一点点银子，把姿态放低些，请老导游吃个饭，多向人家请教请教。感情到位了，气氛融洽了，再把工作中遇到的问题提出来，请老导游答疑解惑，说到高兴处，前辈们还难免主动地传授一些经验。

要说这经验，只有一小部分出自于总结，相当一部分实际上是来源于挫折，正所谓“吃一堑，长一智”。这种经验，十分宝贵！

那时候，要是听哪个朋友说哪个饭局有同行前辈参与，我肯定尽量前往，往往获益良多。

随着能力的提高和经验的积累，当你再请教前辈时，就不会再把听到的东西一股脑全盘接收了，你会慢慢学会分类消化，哪些是你可以用到的技巧，哪些是不适合你用的，哪些是正确的解决方式，哪些存在隐患，甚至还可以分析你面前的前辈道行到底有多高，是学院派还是野马派。那么，你已经离别人叫你前辈不远了。

再精彩的导游词，通过大量的阅读和网络搜索都可以完成，但经验之谈则是独一无二的。以下的文章都是同行们积累下来的宝贵财富，他们的工作经验和心得，一定会让你少走弯路，迅速成长。

一、带团经历和总结

在导游工作中，我们所面对的问题不胜枚举，想要一一罗列，恐怕整本书的篇幅都不够。在这里，我们只选取了几篇着眼于导游工作几个重要环节的文章，供大家参考。第一篇是对导游工作中具体问题的处理经验，第二篇是对目标游客行为习惯的收集归纳经验，后面三篇是对导游讲解这个重要环节的总结和思考。管中窥豹，希望对新导游有所帮助。

▶▶▶ 说说带团中的“丢人”

带团的精彩

“幸运找回来的时候，我总是紧紧地和他拥抱一下。”

“带团真的无小事，有一点儿事就够让人着急了！”

带团的时间一长，就会遇到各种各样的问题，有的很严重，有的可以轻描淡写地掠过。不过，相信每位导游都有“丢人”的时候，这里讲的“丢人”，并不是丢人现眼的意思，而是把客人丢掉了，自己焦头烂额。这种情况，我就经常遇到。

我认为造成这种事故的原因很多。有时候，你反反复复地提醒，但客人根本不放在心上，该照相照相，去厕所也不和你说，结果真的走失，就慌了手脚，他急你更急。北京这么大的地方，人又多，客人走失太难找了。幸运找回来的时候，我总是紧紧地和他拥抱一下。

从自身的原因来反思，我自己也有问题。首先，我不记人，记不住客人的相貌，往往司机问我：“这是我们的客人吗？”我说：“不是！”然后客人从容地和我打招呼然后上车，让我很尴尬。其次，我的个子不高，团大的时候，很难数清人数，甚至根本弄不清楚客人是在哪里走失的。

下面给大家讲几个案例，带团的时候可作为前车之鉴，吸取经验教训。

一、最冤枉的丢人

我们定在八达岭外宾休息室集合，结果有的客人往熊乐园的方向走，正好走反了。寒冬，我们全车30多人在车上等，我和领队去广播室，分别用两种语言播报，终于在30分钟后，客人被一辆“好心”的黑车，以高价送回休息室。

看来无论重复多少遍，都要让客人明确路线和方向。

二、最幸运的丢人

大年初一的上午，故宫里面人山人海，我带大团，不知道客人丢了，直到最后走到御花园，一位好心的领队把我的客人“收容”了，并且挤眉弄眼地告诉我：你丢人了！

幸运不代表没有问题，人多的时候，一定要看紧团队！

三、最侥幸的丢人

客人在金殿里面迷路了，本来游览时间很宽裕，结果为了找他，全车人出动，终于在超了规定时间20分钟后将其找回，此人手里面大包小包的。

十分侥幸，游览时间本来就宽裕。时间紧张时，更要考虑意外情况！

四、最轻松的丢人

是几年前的事了。在故宫照完团体照片，两个小姑娘走失，我回去找没看到，结果下午她们两个人吃着苹果回来了，说没看到我们就打车回来了。

客人轻松，不代表导游也可以轻松。

五、最尴尬的丢人

我丢了！在故宫珍宝馆，为了照顾后面的几位客人，我落在后面，结果我们的职业领队把客人往西边带，我们和队伍失散了好长时间，这次可确实是丢人了！还有一次在天安门广场，我只是扭头打一个电话，三分钟以后，所有的客人都消失了！

和领队的配合要默契，眼睛要盯紧客人。

行了，行了，太多了，数不过来了，希望各位导游兄弟姐妹上团千万小心，带团真的无小事，有一点儿事就够让人着急了！

编者评

游客走失，一直是导游工作中频繁出现的难题。即使是经验丰富的老导游，即使反复提醒过客人，“丢人”的情况还是时常会发生。大家都会从书本上或从实践中总结出不少方法，或多或少都会有些效果，但这类意外依然无法杜绝。这篇文章看似调侃，实则饱含了导游工作的辛酸苦辣。

既然无法避免游客走失，那么就保持一颗平常心去面对吧！一旦发现“丢人”之后，首先应该冷静下来，少安毋躁，慌是没有用的，仔细想想，怎么才能尽快联系到游客。况且大部分游客都有很强的自理能力，也许只是走丢一小会儿，说不定就在前面等着你呢！

我所知道的美国人

LEGEND-K

“美国人对饮食非常讲究，他们通常会要求不要味精，不要太多的油或是糖，尽量少的肉类，绝对不要动物内脏。”

“美国人对住宿同样非常讲究。除了安全和舒适，对酒店的环境也很看重。如果酒店有自己的庭院，四周又有很多绿树，那将是他们的上选。”

“在交通上，美国人非常注意安全，那是超越一切的绝对前提。”

一、饮食

美国人对饮食非常讲究，他们通常会要求不要味精，不要太多的油或是糖，尽量少的肉类，绝对不要动物内脏。

除了少数年轻人，青少年或是黑人，或是确实不适应中国饮食的人，很少有在中国要求吃麦当劳或是肯德基的。他们虽然对食品的卫生和健康极其讲究，但是也非常乐于尝试截然不同的饮食。我接待过的美国客人通常会告诉我们麦当劳一类的快餐多吃无益，他们在自己国家都是不得已而为之，将其作为工作餐的。而且和我们一样，那通常是孩子们喜欢去的。对必胜客他们比较认可。星巴克咖啡几乎被所有的西方人接受，滚石咖啡，年轻人更喜欢一些，其中女性更占多数。

他们比较喜欢我们的绿茶以及延伸产品，但是通常不会购买很多，因为我们国产的有些茶叶制品可能会含有超标准的物质。茶具更是。我见过西方的茶具，不管是工艺还是艺术方面都非常棒。事实上，日本和中国台湾地区的瓷器在美国最畅销。

美国人用团队餐的时候几乎都要求公筷和公勺，即使他们没向导游提出要求，也最好让餐厅给准备上。餐巾纸很重要，千万不能上便宜的劣质产品，或是香精很重的那种。如果必要，全陪可以自己掏钱准备餐巾纸。筷子一定要干净，要装在纸套里再上桌。有的美国人不接受一次性的竹筷，他们认为那是破坏生态。

美国人很爱护环境，不浪费食物，他们认为我们同在一个地球上，外国也不是可以被肆意污染的地方。他们有时会抱怨说食物太多很浪费，但是作为导游最保险的办法还是保持原样，总比他们抱怨食物不够要好。

他们有时候不太信任我国生产的可口可乐、百事可乐一类的饮料，特别是玻璃瓶装的。很多美国人都要求要健益可乐。好像国内很多旅游餐厅都没有。做全陪的可以适当买一点，这对工作很有帮助。

如果你准备请客人喝酒，除了啤酒，可以是普通的红酒，不要忘记每一桌都敬一下酒，说些祝酒词。

作为导游，你应该很好地掌握各种菜名的翻译，不要照搬一些书上的翻译，那通常都词不达意，有的甚至是错误的。可以根据日常的积累，直接从客人那里了解到正确的翻译，如果能够找到一本美国餐厅里的菜单，那就再好不过了。

他们多半不接受油炸食品，如果菜单里有锅巴肉片或是春卷一类的，你要谨慎一些，可以先征求一下意见。

美国人通常有自己的医生，他们出门时总会牢记医生的嘱咐，特别是老年人。他们如果提出一些特殊甚至古怪的要求，你可千万要记牢了，比如有的人可能对鱼类过敏，有的则不能吃家禽类，那种过敏程度是超乎我们想象的，有的甚至会有生命危险。比较常见的是对海鲜过敏，最好是先问一下。

吃素的团友你也要关照一下，旺季的时候餐厅通常都会忘了准备，或是故意忘了准备。

如果有重口味的菜要事先提醒。如果是老年人居多的团，最好避免上鱼类的菜，被刺扎着就麻烦了。夏季最好是取消正餐前的冷盘，可以跟客人解释一下，他们通常都会支持你。

他们很不喜欢我们的一些“高级菜”，特别是蛇、狗或乌龟一类的。他们对食物的定义比我们要窄，狗是宠物，他们无法想象把狗吃掉。在美国，虐待或杀死动物是违法行为，美国人离婚时会为了争取宠物而不惜一切代价。

不要让他们随便购买和食用街上的水果，如果要买，至少在餐厅或者酒店这一类你可以找到承担责任者的地方才可以。如果他们是自己去买的，来问你该怎么吃或是能不能吃，你可以建议他们拿回酒店请服务员洗干净去皮之后再吃。这样比较麻烦，但是很保险。

一般来讲，美国人比较偏爱的中国饮食有西安的饺子宴、重庆的川菜、广东的新鲜蔬菜、上海一带的点心。北京烤鸭太肥，云南一带的油太重，桂林一带的菜缺乏烹饪技巧，不太受老美欢迎。

二、住宿

美国人对住宿同样非常讲究。除了安全和舒适，对酒店的环境也很看重。如果酒店有自己的庭院，四周又有很多绿树，那将是他们的上选。

通常来讲，他们偏爱专业的旅游饭店，来自美国的几个大型的酒店品牌，如假日、喜来登、万豪、康年等，通常是他们选择的。

他们很注重饭店的服务效率和入住的实在感受，比如行李是否很迅速而准确地送到房间，货币兑换是否很方便，服务生的语言是否容易沟通。他们对一些细节很留心。如果行李生能够很有规矩地站在客人身后两米左右，把行李拿好等待客人办理手续，并且有到位的拿放行李的技巧，那么通常客人们会给优厚的小费。经常旅行的美国人尤其是这样。

他们一般都需要洗衣服务，那通常是他们每到一地的第一件事。饭店如果这方面比较差，你一定要先告知客人。

美国人已经习惯于非常方便的通信联络，饭店里的国际直拨电话和网络服务也很受他们重视。

如果饭店里有游泳池和健身房，那你一定要先打听好开放时间和收费标准等，美国人几乎都有健身的习惯。孩子们则很喜欢玩水。

如果是住在国内的高级商业饭店，那么你务必要提醒饭店，把你的客人和国内游客分开安排，国外客人很受不了大声吵闹和串门的习惯。

你还必须提前告诉客人，中国内地非吸烟区不多，饭店里也是一样，很可能上一位住客就是吸烟者，饭店里的酒吧、夜总会一类的也都可以吸烟。这样可以避免万一酒店没有给你的团安排非吸烟楼层造成的麻烦。如果饭店里有非吸烟阅览室或是酒吧一类的场所，你可以告诉客人，他们通常很喜欢。美国人很少有吸烟者，即使有也多半不会当着大家的面吸烟。

如果饭店里有美国有线电视新闻网（CNN）、HBO（总部位于纽约的一个有线电视网）或是 Cinemax（美国一个专门播放电影的有线电视网络）一类的频道，你可以先通知客人。同时告诉带小孩的家长，饭店里的收费电视播放的影片没有作出限制观看的分级处理。

饭店的早餐很重要，如果饭店没有烤面包机、热牛奶和黄油一类的食物，你会比较麻烦。如果饭店里国内客人比较多，你要告诉客人稍微晚点去。

很多饭店里都有保险箱，早上出发的时候千万提醒他们别忘了拿里面的东西。

如果是住国内开设的饭店，一定要提醒客人房间里的迷你吧收费，卫生间里的一次性毛巾、液体避孕套一类的也要收费。免费的矿泉水一般都放在卫生间里。如果要住两天以上，记得告诉客人要把浴巾等丢在浴缸里，否则服务生会认为你还要继续使用而不作更换。

大多数美国人都宁愿给小费而不愿意自己拿行李，所以早上出行李的工作很重要。

一般来说，他们对饭店的要求总体是安全、舒适、清静，而并不太在乎外观是否现代，大堂是否很气派。

三、交通

在交通上，美国人非常注意安全，那是超越一切的绝对前提。

他们很不喜欢司机超速、野蛮超车、随意违反交通规则，有时候会因此投诉。

有些司机常有的一些坏毛病，如往窗户外吐口水、把鞋脱了脚放方向盘上、开车时接打电话、和导游使劲聊天，或是对路上的其他车辆和行人破口大骂，他们都很反感，一定要提醒司机注意。更不要让司机在等客人的时候在车上抽烟。

不要在车上随便播放电影，特别不要播放战争片、动作片和有色情成分的电影。欧美国家对电影有很严格的分级制度，很多在我们看来习以为常的东西他们却很在意。比如《拯救大兵瑞恩》这部电影在美国是辅导级的，就是说未成年人必须在家长指导下观看，因为有很血腥的场面。他们尽量避免让孩子们接受暴力和仇恨的思想。同时很多成年人也很反感场面火暴的动作片。

播放音乐，除了取得同意外，也要尽量把声音关小，有背景声音就行了，最好是轻音乐或是中国传统的民族音乐。

他们对汽车里的异味也很在意，特别是烟味。同时车窗不要贴太阳膜，他们认为那阻挡了视线。

美国人在通过机场安全检查的时候很守规矩，只要你事先说明了注意事项，他们肯定会遵守，也通常不会因为行李超重要付钱一类的对你发火。

在飞机上，他们通常会规规矩矩地坐在自己的座位上，即使附近空着很多更舒服的座位。如果有高个的客人，你可以想办法给他弄一个机组座或是头排座，不要让外国人坐紧急出口。在替客人放行李的时候，要注意不要随意地把别人的行李乱推乱压，他们有时候宁愿另想办法。

四、游览参观

一般来讲，美国人不是很计较看了几个景点，是否所有的地方都去到了。他们很尊重我们的安排，不过往往更喜欢自己到处随意逛，当然都是在允许的情况下。他们往往宁愿留出大把的自由时间自己安排，很不喜欢太赶的行程，这个和我们相反，我们总喜欢在尽量短的时间里看尽可能多的景点。

他们一般很留意我们的解释，因此，不要信口开河。他们更喜欢将东西方对比起来理解，如果只是简单地说多少年前或是中国的什么朝代，他们基本上没概念，你可以试着在讲解时同时说出西方相对应的年代。

对于宗教的解释我认为不应该有太过主观或带情绪化的描述，一般来说他们很尊重异族的宗教信仰，如果你总是简单地把古代的宗教说成是糟粕，那他们可能很鄙视你。

不建议让他们去参拜佛教偶像或是在中国的宗教场所做祷告。我们的宗教观念和他们有所不同，他们大多数都有信仰，视宗教信仰为人性的起码部分，参拜异教的偶像那是不可接受的。

在解释佛教的时候，可以适当和基督教作对比，对于一些名词的翻译可以借鉴基督教。在他们眼里道教不是宗教，更像是古代中国朴素的自然科学，认为中国没有自己的本土宗教。

他们在参观的时候一般都很守规矩，如果你说不要摄影他们绝对不会，即便当时有其他人在违反规定又没有被抓住。他们会觉得有些规定很荒唐，但是只要是规定就绝对不会有意破坏。某种程度的特权他们反而不喜欢，他们习惯于和所有人有平等的权利。

他们有一个最令人赞赏的好习惯，那就是排队，任何时候任何场合都是。比如你介绍了刻在石头上的福寿一类的，然后让他们自己去摸一下，说那会有好运气。他们立刻会自动地排好队，并且会把好位置留给妇女和孩子们。

在加点的时候一定要诚实，千万别受其他人的影响。对距离、时间、参观内容什么的不要隐瞒或夸大。他们通常很信任导游的推荐，因为在他们那里广告都是可信的，做虚假的宣传那是要倒大霉的，往往是赔得倾家荡产。所以一旦你失去了他们的信任，你接下来的工作就很难做了。

美国人一般很守时间，导游千万别随便迟到。那很不礼貌。

在需要自费乘坐景点里的电瓶车一类的交通工具时他们通常会很爽快地付钱。导游不要太啰嗦，可以直接用祈使句请求客人选择掏银子，因为那会省很多时间和麻烦。

在参观自然风光的时候导游不要话太多，也不要老是说美丽的传说什么的，多给他们自由活动的时间，同时告诉他们拍摄的最佳角度。当然在需要你解释的景点里你必须老老实实做足钟点。

不要按照我们习惯的方式介绍说某地几年前还是荒山，现在已经高楼林立什么的。他们会认为那是对自然的随便破坏，进而影响对城市的良好印象，再进而影响你的工作效果甚至收入。

在景点里他们有时会施舍一些钱给乞丐，不要阻止他们，甚至要感谢他们的帮助。因为他们是在帮助我们的同胞。没必要刻意遮掩，他们知道中国有乞丐，在他们国家甚至更多，我们祖国的形象更多要靠导游的工作和人格魅力来赢得。遇到那种纠缠游客的小孩子要提醒客人，让他们自己来决定怎么做。他们有时候会专门带一大包的给孩子们的礼物来中国，就是预备用在这种时候的。

他们通常最喜欢的是去农村做家访。不要让他们感觉有不许他们看的地方，对宾主双方的对话要准确诚实翻译，我们本来也没什么要隐瞒的。他们也通常会准备一些小礼物等给孩子们，导游可以适时提些合理的建议做参考。不要事后说他们给多了或是少了。但是千万记得告诉他们不要接受主人的食物和饮水，离喂养牲畜的地方尽量远点，以防出现安全隐患。

总之，带美国人旅行相对来讲较轻松，他们通常都很尊重你的意见，当然这种和谐的气氛也是要靠导游的大量辛苦工作才能有。

五、购物消费

美国人相对比较喜欢花钱，因为他们的确有钱。美国的国民年平均所得已经超过 3 万美元，相当于年收入 20 万人民币左右。这个统计还包括美国国内大量的失业者和贫困人口。

但是他们绝对不乱花钱，刺激虚荣心通常对他们不起作用。导游在介绍购物点的时候应该实事求是，告诉他们商品的特点，大致的价钱以及是否可以打折。不要赖在店里不走，那通常是急功近利的人才喜欢干的。

结束后不管促销效果如何一定要感谢游客的消费。有时候他们购物也是对导游工作的一种肯定。

坚决禁止地陪私自改换购物点，不要为一点小利昏了头。现在的大型系列团对各地的店都有明确的规定，这种规定通常也符合各地的特色。随意更改也会影响团队的效果，并且破坏各地接单位之间的合作，而且导游也绝对没这个权力。

在店里面应该充分信任店员，不要自作聪明，不要当面打断别人的介绍或是纠正别人的错误，这很影响效果。

如果是你自己来介绍，一定要诚实，不要以为你可以骗他们。解释价钱的时候不要附加昂贵或是便宜一类的形容词，把决定权完全留给顾客，面子留足。

关于小费，美国人通常有自己的标准，除了按照合同应该支付的以外，他们通常都会给额外的小费，如果是全陪，你一路上的工作到底如何这时候就能看出来了。他们很注意细节，在支付的时候会很清楚地告诉你这是为了你所做的哪一件工作，甚至连你自己都已经忘记了。你所做的一切工作他们通常都放在心里，不要以为那些只是无用功，美国人通常都会用具体的方式来对你表达他们的感谢。根据我个人的体会，这种额外的小费总是要比想象的多，有时候甚至多出几倍。我记得去年一次在浦东机场送团后，我打开那个装额外的小费的信封，吃惊得坐在地上很久没起来。数过几次之后，把其中的美元新票留下来作为年底给我那小侄女的压岁钱，其余的当场就在机场兑现成人民币，然后无比愉快地登上回家的飞机。

六、娱乐、思想和文化

美国人来中国旅游主要目的之一就是娱乐，晚间的节目也多半是中国传统艺术。除此之外，根据我个人体会，美国人在华旅行期间主要娱乐消遣有以下几个方面。

1. 看书

几乎每个西方人在旅行的时候，都会随身携带几本书，包括关于旅行本身的，介绍中国文化的，关于中国古代宗教的，还可能是他们平常就喜欢看的书或是没时间看的书，包括小说、诗歌，古典的现代的都有。在飞机场等飞机时你通常能见到夫妻两人各自拿着书在安静地看，有的一大家子，包括小家伙们也都在读书。如果有自由活动时间，天气又好，他们可能会很惬意地躺在草地上一边看书一边晒太阳。在三峡的游船观景台上，他们甚至还会拿出红酒，慢慢品尝。

2. 健身

美国人身体素质很好，不论男女老少，他们有全民健身的好习惯。

3. 上网

这主要是年轻人和有工作需要的人。我不常见到随身拿着笔记本的老美，估计他们不喜欢把工作带到度假中去。美籍华侨倒是很多。

4. 泡吧

他们每到一地安顿下来之后，总有些人喜欢去酒吧坐坐。有些人喜欢独自去，有的还把书也带上，一边泡一边读书。这种具有浓郁西方生活方式氛围的休闲方式也已经开始在中国大陆流行。

5. 到街上乱逛

这是了解和接触到达地文化的最直接和简单的方式。这种时候他们更喜欢没有翻译的帮助，依靠人类的共同本性去和当地人建立沟通和友谊，也是他们喜欢冒险的一种表现。

6. 和导游聊天

导游一般到过的地方比较多，对各地文化都比较了解，美国人喜欢通过和导游聊天来了解当地文化。通常也和泡吧同时进行。

这些活动折射出他们的思想和文化观念。这方面的内容太广泛了，本同学过去也有过专门的“伟大著作”加以论述，就不再废话了。简单来说，除了语言和社会制度，我认为我们之间的最大区别在于，大多数美国人是有宗教信仰的，而我们不是这样。很多差异的根源就在于此。另外有一点很明显，他们的民族感情我认为可能是世界上最坚强、最不容易受到伤害的。

七、美国的女性

作为中国的男同学，我就专门聊这一点，美国的男同学留给中国的女同学去研究。

现代美国女性普遍有比较高的受教育水平，她们有属于自己的非常独立的思想和生活，在家庭中对男性的依靠要比我们少得多，有时候甚至完全反过来。她们普遍具有良好的个人修养，在和陌生的外国人接触时显得既有礼貌又能掌握分寸，让人能明显感觉到美国是一个文明的礼仪之邦。

她们比我们传统思想中对女性的看法要显得坚强勇敢很多，会像男人一样遇事并不慌张，冷静判断形势，果断采取措施。给人感觉除了身体差异，她们和男性没什么区别。

当然她们非常具有女性的动人魅力，在面对异性的时候她们很大方，不那么做作。即使是哭的时候也不会像我们的女同学那样要选择一个好看的姿势，往往咧着嘴就哭。她们有时候会很主动邀请异性，在被邀请的时候也不会显得惊慌失措。

如果是青少年，她们会很乐意接受异性邀请去泡吧或是蹦迪，但是她们的很多亲热的举动可能并不是像我们所理解的那样含义丰富。比较成熟的会更喜欢语言的交流，她们通常充满热情，对感情的表白直接而热烈，但那并不意味着对性很随便。她们把那看做是爱的延伸，并不认为是丑陋或是见不得人的事情。

根据个人体会，西方女性中，美国女性最漂亮，有些美得让你无法直视，有人把她们形容为“地球上最诱人的猫科动物”。

八、美国人让人不喜欢的方面

这个也是从旅游的角度来讲的。

我最不喜欢的一点就是有些美国人总喜欢到处拍照，特别是给路上的普通行人拍。那有时候会有麻烦，不是每个被拍的人都喜欢那样。同时，我很反感他们把我们也作为摄影题材。

他们有些人其实真的有些歧视我们。我所讲的歧视是指种族歧视，是针对非美国人的外族的歧视，也有的叫大美国主义，或是白人至上主义，有时候在工作中我能很明显地感到这一点。不过这种情况不多见。

最后补充一点，以上的八大条都是针对地道的美国白人来讲的，美国籍的外族移民不适用。

编者评

每个国家的游客都有不同的生活习惯，有些习惯与国内游客相差甚大，而有些则细微到很难察觉。作为一个以接待外国团队为主的专业导游，你需要了解的不光是简单的带团流程和讲解资料，更要在游客的衣、食、住、行等各个方面细心观察，得出自己的服务之道，这样才能“料敌于先，百战百胜”。

本文是一篇相当难得的经验之谈，作者通过在工作中不断地积累和总结，最终汇成了如此多的人性化服务细节，这对很多初次接待美国游客的新导游而言，一定是非常宝贵的。

刀刀导游秘籍

文立刀

“我视导游讲解如一次演讲，游客就是你的听众，你演讲的目的是让大家认可你的家乡、你的能力。”

“快感是原动力！如果不能体会到这种快感的话，你不会千方百计地主动提高你的讲解水平。”

“每次开口都要有分量。开口第一句话（每个小段落的开头）一定要吸引客人的注意力，以便能够进入后面的状态。”

一直以来都想给刚刚接触这个行业的新人写点什么，但是总觉得那些从实践中学到的点点滴滴，很难用文字有条理地表述出来。索性就有什么说什么，随意写写自己的心得体会，希望对新导游有所帮助。还是那句话，请大家向我学习！在行业里需要我们有点好为人师、好管闲事的毛病。

讲解是导游的看家本领，江山之美，全凭导游一张嘴。其重要性就不用我多说了。不过，并不是每一名导游都能够讲得出来，或者讲得有声有色，其原因是多方面的。有不少被大家忽视的小技巧，算是老刀的所感所悟，与大家一起分享。

（1）足够的重视。要当回事，但是不要让自己有负担，而导致过于紧张，影响发挥，过犹不及。我视导游讲解如一次演讲，游客就是你的听众，你演讲的目的是让大家认可你的家乡、你的能力。有很多的老导游往往忽视了这一点，因为带的团一个接一个，上车就是那些套话。也许你的成型的导游词很精彩，但是一定不完美！

（2）精心的准备。如果是一次重要的演讲，我想你无论如何都会精心准备的，包括你的讲演稿、你穿的衣服、你演讲时的表情和动作等。我们导游的讲解也一样，但是要准备的内容就更多了。不单是导游词，还要考虑讲解的场合、车型的大小、客人的喜好和文化程度等，我个人不喜欢小车，不站起来，讲着没感觉。

（3）内容要充实。不必我多说了，一定要收集一些相关的知识、资料、传闻、趣事等内容来充实你的导游词。

（4）表情、动作、声调。平淡的叙述不能算是讲解，那只能让人越听越困，丰富的表情、抑扬顿挫的语调加上适当的动作才会引人入胜。

（5）自己制造讲演的氛围。一个良好的氛围会让你越讲越有状态，而后滔滔不绝，吐沫横飞。这需要游客的配合，他们爱听，你才会讲得起劲。所以，事先应该用一些手段来吸引游客的注意力。

简单地说了五点，不过，上面说的全是最浅显的！如果说这个帖子是少林七十二绝技的话，那以上的五点只不过是刚入门的罗汉拳。这些都是大家知道的，真正的技巧在下面！

（1）不要忽视讲解的快感。快感是原动力！如果不能体会到这种快感的话，你不会千方百计地主动提高你的讲解水平。这种快感类似于我们在卡拉OK唱歌，是一种宣泄，一种自我展示，是一种自我价值的体现。也是这种快感，让我们不断地进步。

（2）把导游词分成小块。景点很大，要讲的内容很多，而且有主有次，这就需要你好好地准备了：什么地方讲什么，讲多久，有没有高潮，两个景点之间如何过渡，等等。不要把导游词看成一个整体，而是n个部分。

（3）口语化。也许你文章写得很好，但是讲解未必在行。导游讲解是一门语言的艺术，说出来的东西和书面上不一样。口语化的东西让人听着舒服，比如说刘宝瑞的单口相声，如果写到纸上看，就没什么感觉了，很多叹词、很多无意义的重复，但是在听的时候，那些无意义的重复和时间上的停顿却让包袱更加可乐。这一点说起来容易，但是很少有导游能够做到。

（4）广泛学习。导游讲解比较特殊，有很大的发挥空间，所以我们应该博采众长。我曾不止一次尝试过从相声、东北二人转等艺术形式中吸取养分，而且在实践中也产生了不错的效果。在车上，你可以是演员，也可以是主持人，身份的微妙变化可以给你很大的发挥空间，如何利用就看你自己了。

（5）互动。说起来容易做起来难。讲的时候要随时留意下面游客的反应。我的经验就是谁不注意听我冲谁讲，讲得他不好意思！而且发现有人注意力不集中的时候就问他问题，“××大家知道吧？”“您听说过××××吗？”等等。

讲的时候还要顾大家，不要把目光锁定一个人，显得厚此薄彼。说到互动，一些口语化的技巧就能用上了。比如我讲沈阳怪坡的时候，废话特别多，“夜深人静的，一个人开车挺没意思，干吗啊？喝水吧。您说喝水能解决问题吗？不能吧，真是越喝水越郁闷，越郁闷越喝水，喝到后来，坏了！怎么了？内急！想方便方便。您说这荒郊野外的上哪找洗手间啊？不过也没关系，周围附近也没个人，干脆，来吧，唱山歌吧！……”就这么点事，让我说了这么多“废话”，但是这些废话是必要的。“干吗啊？怎么了？您说这……”等等，我都是冲着客人说的，老这样提问，他们肯定会专心致志地听讲解！

（6）幽默。讲解中抖几个包袱效果肯定不错！不会？自己加，不用让客人大笑，莞尔一笑就够了！举几个例子，在讲故宫索伦竿的时候我都会先让客人猜猜是干什么用的，如果客人猜对了，我就说：“对了，但是我不能夸奖您，为什么呢？我们导游为什么让您猜啊，就是想让您猜个错误答案好显出来我们正确啊！您真不够配合我的工作。”如果猜错了我也有话说：“什么？升旗？点灯的？不对！您还真有想象力，不过上次我带的客人比您还有想象力呢，人家说这是上吊用的！”总而言之，让客人笑一笑很容易，就看你下不下工夫！

（7）每次开口都要有分量。开口第一句话（每个小段落的开头）一定要吸引客人的注意力，以便能够进入后面的状态。比如在故宫，我进关雎宫的时候一定要大声念：“关关雎鸠，在河之洲，窈窕淑女，君子好逑。”然后解释为什么叫关雎宫，接着再讲皇太极和海兰珠的爱情故事。有《诗经》做引导，肯定会把客人的注意力吸引过来，而且奠定了良好的讲解氛围。再比如在永福宫的时候，我进门一定大声说：“兴亡二后，孝庄慈禧！”然后说庄妃的事迹。所以，建议大家找这样一些可以引起大家注意的话，第一句话比其他所有的内容加起来还要重要。

（8）“剽窃”别人的成果。各种导游词、讲解资料十分丰富，你可以多收集、多查证、多总结，丰富自己的知识储备，给人一种博学的感觉。这种小技巧我就经常用。比如在讲昭陵的地宫的时候，我就先告诉他们：“有些导游词上说地宫的入口在这面莲花照壁后面，传说按一定顺序按下九朵莲花的花心，地宫的大门就会开启，等等，但是我却不这样认为，我怀疑真正地宫的入口在我们身后的石祭台下。为什么呢？我查了官方的文档，里面有这样几句话，说这个石祭台一经放好，永世不得挪动！现在昭陵并没有进行挖掘，真正入口在哪我们不得而知，但是如果有一天昭陵地宫的秘密大白于天下的时候，地宫入口真的像小刘说的那样在石祭台下，到那个时候就请大家为我做个见证，早在2004年的某月某日，沈阳的导游小刘就曾和大家说过！”就因为这一段话，我每次去昭陵之后客人的意见单上都会有“知识渊博”四个字。

（9）不忘给自己的脸上贴金。换言之，一定要自信。要让游客意识到你是一个好导游！我经常从东北人的性格出发，来表现东北导游的热情。在讲解的过程中也要抓住机会。比如在帅府人很多的时候，经常需要不按顺序走展厅，虽然客人听着别扭，但是也是不得已的事情。我常常这样和客人解释：“好的导游都会随机应变来应付各种情况，你看他们就比较死心眼，都挤在一个屋子里，我们反其道而行之！大家跟我走！”高兴的时候我还会吹吹牛：“讲帅府，沈阳的导游还没有几个能讲得过我呢！他们都按顺序讲，我能倒着讲！什么叫倒背如流，今天小刘给你露一手！”

（10）多种技巧，形成自己的风格。我说的这些小技巧是我平时总结出来的，都用上，讲解风格就出来了。如果优秀的导游是100分的话，我可以给自己打到85分。希望新导游们多多努力，早日找到属于自己的讲解风格！

编者评

不墨守成规，是一个导游快速进步的重要特征。在导游讲解方面，除了对书本的东西加以消化吸收外，经常向老导游请教，在景点倾听同行的介绍，总结精华的内容收为己用，也是不错的方法。另外，广泛涉猎各种以“说话”为主的行业的有关知识，比如主持、相声、二人转、演讲等，找到适合导游讲解的方法和技巧。

当你的讲解成为团里游客在那几天最大的谈资时，你的成就感也许就找到了。

二、心得与感悟

当一个导游从业超过十年，可以说，他的青春岁月都倾注在这份工作上，那么导游工作就不仅仅是“工作”，而是更有深度的“职业”。艰辛的付出，让人欣慰的回报，会让你对这份职业充满感情和眷恋。

当一个老导游回首自己的职业生涯时，总会涌起很多感慨，既有百炼成钢的成功心得，也有千帆过尽的透彻感悟。这一节的内容，我想可以给新人在职业发展上一些新的启迪，也可以帮助他们在职业规划上找到一些新的思路。

▶▶▶ 成为“快刀”的六步（仿明月体）

坏猫

“那些理论中学习的优秀者如果不能过这一关，他们就将被授予一个光荣的称号——纸上谈兵。”

“冷酷不是残忍，不是下三滥坑老百姓，而是坚忍，真正看清社会，看清人性。”

“就如同赛车一样，赛车是一项激情四射的运动，然而赛车手却必须保持绝对的冷静。”

特此声明1：本文所指“快刀”，是指德智体全面发展、出类拔萃的导游精英。

特此声明2：本文仿“当年明月”文体改编。

特此声明3：本猫不是快刀。二年级毕业。

特此声明4：说着玩。

在成为快刀的道路上，我们要经历六个阶段，让我们以六个年级来标示它们。只有战胜眼前的困境，才能升入下一年级。当然，有些天才同学不需要经过这六个年级，生下来就会带团，也是有的，不过极少，我们可以忽略。

好了，快刀学校开学了。

A. **一年级要学习的是业务理论。**

所有想成为快刀的人，必须要学习一些经典的理论知识，包括导游基础知识、导游业务知识等。只有在积累了大量的理论知识后，你才有资本跨入下一个年级。

但这个年级有一个很特殊的情况。因为有些同学家里穷，买不起书本，所以他们只能在实战中学习这些理论。如从“黑导”转行带标团的同学。虽然有点野路子，但穷人家的孩子早当家，实在没有说错。这些在实战中学习理论的同学很有可能跳过二年级，直接进入三年级。

我们还是和大多数同学一起，来看看二年级要学习些什么。

B. **二年级学习的内容是实战。**

这是极为重要的。那些理论中学习的优秀者如果不能过这一关，他们就将被授予一个光荣的称号——纸上谈兵。

我们来解释一下为什么实战如此重要。虽然理论都是高年级的学长们根据经验总结出来的，但他们面对的情况和现在你所面对的，是不完全一样的。在实战中，如果照搬理论是要吃大亏的。

作为一个学员，想成为快刀，一般都是从跟团干起。当然，除了特殊情况外，比如旅行社老总是你大舅，但这其实没啥好处。

因为只有实战才能让一个人成为真正的快刀，他必须亲手打旗去接团，见识现实的冷酷，明白刀不快团是要死的，了解旺季错过、淡季挨饿这条永不过时的真理，才会摆脱浪漫，知道什么是实战。

大多数学员会在这一关被淘汰，他们会改行，一生当一个旅游文化爱好者，这对他们来说并不见得是一件坏事。而留存下来的那些学员，在残酷的实战中逐渐了解了带团的规律，开始真正走上快刀之路。

好了，我们带领剩下的学员来到三年级。

C. **三年级要学习的是改变。**

成为快刀，就必须和浪漫、怯懦之类的名词说再见，所谓仁不带兵，义不行贾。冷酷不是残忍，不是下三滥坑老百姓，而是坚忍，真正看清社会，看清人性。不光懂得人有善性，还要学会利用人的恶性。

这才是真正的自胜！

这些学员们将在带团时认识人性，他们可能都是单纯的年轻人，平时从不与人争吵，但当他们走上工作岗位，会亲眼看到种种阴暗现实，或者在忍受了某些客人的挑剔、部分旅行社的剥削、司机的不合作后，五天下来却分文未得。就在这和书本的描写截然不同的环境中，他们变了。

从口试讲解都脸红，到“舌战群儒”，从单纯怯懦到冷静果决，他们在残酷的环境中毕业了。走歪了路变成狼的将被淘汰；而那些真正知道自胜的人将进入四年级的学习，他们离成为快刀越来越近。

D. 四年级要学习的是理智。

这也是极为重要的一个环节。作为普通人，生活中会被许多事情左右自己的情绪，比如买彩票中个二等奖几百块，你会高兴半天，要是炒股票赚了大钱，就更不用说了。

当在极度紧张疲劳的环境中接了团，坚持了好几天却得不到应有的认可，你能遏制住心中的沮丧和失望，再去把团带好吗？当客人不理解、忍耐力即将崩溃时，你能马上冷静下来，解决问题吗？

是的，这太难了，我们都是凡人，都有感情，容易激动。我们的学员们，必须保持冷静和理智，在任何时候都不要被情绪左右。就如同赛车一样，赛车是一项激情四射的运动，然而赛车手却必须保持绝对的冷静。

这就是四年级学员要做到的，能过这一关的人，已经很少了。剩下的精英们，我们继续前进！

E. 五年级是最重要的一个年级，在这个年级里，学员们要学习的是判断。

这是快刀的重要特征，不需要理由，不需要依据，你能依靠的就是自己的判断。你要明白的是，没人能帮你，而所有的人都等着你拿主意。

兵法之所以奇妙，关键在于一个“变”字。所谓善出奇者，无穷如天地，不竭如江海！战场是一个瞬息万变的世界，决断只在一线之间，进攻还是防守，前进还是退却，都要你拿主意。司令身边也许有一大群参谋，你身边有谁？作出决断的还是你。司机可以乱出主意，因为他可以不负责任，你呢？

如果你能从那变幻莫测的世界中，发现其中的奥妙，并就此作出正确的判断，那么恭喜你，你已经具备了快刀最重要的素质。但是还有一关是你必须通过的，只有过了这一关，你才是真正的快刀。

F. 现在我们来到最后一个年级，这个年级我们要学习的是坚强。

从某种意义上说，这是非常重要的学习内容，即使你经验丰富、业务纯熟，你可能还是要面对太多的困境。“谁愿意忍受人世的鞭挞和讥讽、压迫者的凌辱、傲慢者的冷眼、被轻蔑的爱情的惨痛、法律的迁延、官吏的横暴和费尽辛勤所换来的小人的鄙视……”（《哈姆莱特》）王子尚有如此感叹，何况小民？

然而你的选择只能是坚强，即使你有着杰出的才能，如果不能战胜自己的软弱，还是不能成为快刀的。

而那些最优秀的人能够从失败中爬起来，去战胜自己，这才是坚强！

这才是真正的快刀之路，一条痛苦、孤独、冷酷的道路，在这条路上，能信任和依靠的人只有你自己。但只要你走到终点，光荣和胜利就会在那里等待着你。

编者评

《明朝那些事儿》是一部时下非常受欢迎的书籍，可以说是一部通俗幽默体的史书，作者当年明月以客观的视角和幽默的语言，形成了独特的行文风格。这篇心得是作者借鉴了当年明月的笔法，将自己对导游这一职业的感悟改编而成的小品文。

语言和结构虽然是现成的，但内容是真正从事这个行业很长时间后才能积累出来的。文章把成为“快刀”归纳为六步，想把这简简单单的六步走完，可能需要几年甚至十几年的时间。请新导游们继续努力吧！

▶▶▶ 我的导游生涯

开心就好

“看着那一幕幕骨肉团圆抱头痛哭的场景，听着那跪倒在已逝亲人遗像前撕心裂肺的恸哭，我的眼在流泪，我的心在流血。”

“我的导游生涯还没有结束，经验和知识还要不断地积累，‘民间外交家’的职责还要延续，未来的导游之路还很漫长……”

“干一行，爱一行”，这是我从小所受的教育。尽管做导游并不是我的选择，也不是我的理想，但是，服从分配、一切听从组织安排是我们这一代人所受的教育。当时还没有自由择业的可能。1981 年我从“文革”后第一届全国统一高考扩招大专班毕业，被分配到统战部，报到后安排在中国旅行社工作。以当时的叫法是当翻译，那时“导游”这个名称还没有广泛使用。

上班后的第一个任务就是参加接待瑞典“探险家”号豪华游轮，有来自欧美十几个国家的 100 多位旅游者。我们 12 位同时分配来的同学出色的工作表现获得了从旅行社到统战部的各级领导的赞许。

接下来的两个月是到餐厅、客房等部门实习、锻炼、熟悉各项业务，更重要的是接受考察。最终我顺利通过了考察，工作能力也得到了肯定。我们 3 位同学进入了旅行社最重要的部门：接待部。就这样，我开始了我的导游生涯。

那时的导游社会地位很高，我们被冠以“民间外交家”的头衔，无论走到哪，人们都会用羡慕的目光看着我们这些年轻的翻译官。为了做一名名副其实的翻译官、民间外交家，我还经常到处找资料，拜访不同阶层和门类的前辈，不断充实自己、提高自己，让自己工作起来更加得心应手。在工作中，我也学到很多东西。我个性外向，再加上对工作的热情和认真负责的态度，以及各级学校当学生干部的锻炼，工作中如鱼得水，游刃有余。

20 世纪 80 年代初期，我们的工作重点是接待华侨团体和取道香港入境的台湾同胞。华侨的爱国热情使我感动不已，台胞与亲人相会的一幕幕动人场面震撼着我的心灵。如果说学校里的爱国主义教育还有点抽象，那么，导游工作中所看到的侨胞们是在以实际行动注释着爱国爱家乡的内涵，他们为家乡捐资、办学、铺路、造桥等事迹让我深深感动。改革开放初期，百业待兴，国人不良的卫生习惯和简陋的卫生设施让侨胞们备感痛心。他们向各级政府一遍遍地呼吁要求改善，一再携款回国捐资、办学、铺路、造桥。用他们朴实的话说：父母不嫌儿女丑，儿女不嫌父母穷。祖国的点滴进步都能令他们欢欣雀跃。“神舟5号”发射的那几天，我刚好在接待一个菲律宾侨胞团。为了观看“神舟5号”升天，他们竟放弃了上午的游览活动，并在当晚通宵观看电视转播，等待“神舟5号”的回归。8点多我与他们见面时，他们有的还两眼通红，泪水还挂在眼角。他们激动地说：太伟大了！太自豪了！那种爱国之情发自肺腑、溢于言表……

从1983年开始就陆续有台胞取道香港回大陆探亲。30多年人为的阻隔，30多年无奈的骨肉分离，每星期两次的接待任务，每星期两次的心灵震撼。看着那一幕幕骨肉团圆抱头痛哭的场景，听着那跪倒在已逝亲人遗像前撕心裂肺的恸哭，我的眼在流泪，我的心在流血。我读懂了他们泪眼中对两岸互通的渴望、对亲人能在两岸间自由来往的期盼。

现在，导游的社会地位并不高，我们的劳动未能得到部分游客和国人的尊重和认可，甚至还会受到歧视，不再有人认为我们是“民间外交家”，多数人忽略了我们能够担当“民间大使”的重要作用。但是我仍然不遗余力地延续着这份责任。无论我接待的是外国友人、侨胞、港澳台同胞，还是内地游客，我都会在导游讲解中以不同的方式、不同的切入点，宣扬我国历史的辉煌、民族的尊严、改革开放的伟大成就和一国两制的成功事例。

导游工作是一项艰苦而细致的工作，是脑力劳动加体力劳动的工作，一个成功的导游必须靠经验和知识的积累。23年的导游生涯培养了我的良好心态，丰富了我的人生阅历，教会了我如何更好地去关爱、帮助、体贴他人。如今的我已经会灵活运用有声的语言和无声的语言来激发游客的游兴和互动；绘声绘色进行导游讲解，措辞委婉、语调柔和、语气亲切。由于我国各旅游地区的软件、硬件设施有时尚不完善，难以实现游客较高的旅游期望值，客人往往会将失望的情绪转为对旅游从业人员的抵触情绪，我会用微笑，以柔克刚，有效地化解这些抵触情绪。

我的导游生涯还没有结束，经验和知识还要不断地积累，“民间外交家”的职责还要延续，未来的导游之路还很漫长……

编者评

在整个中国导游圈，开心就好大姐恐怕是所有还活跃在一线的导游中资格最老的一个。在20世纪八九十年代，她以导游的身份见证了祖国的成长，见证了一批批华侨归国时的感慨和喜悦。作为对台前沿的厦门导游，她也经历了无数两岸同胞冲破阻隔团圆相聚的温馨时刻。她对导游这份职业的热爱和深情、对导游工作的深刻认识，以及她在漫长的导游生涯中一直保持着的乐观向上的积极心态，是年轻导游们无法想象的，更是让人钦佩和动容的。

新导游们，好好读读这篇淳朴、真诚的文字吧！对导游这个职业，你一定会有新的理解！抛开浮躁的心态，真正地认识到导游工作的价值和意义，才能无愧于前辈的期望！

带团就是战斗 第四篇

论持久战

STEP 8

步骤八：导游工作中的自我保护

STEP 9

步骤九：自我修养的提高

STEP 8 步骤八：导游工作中的自我保护

职业病，几乎是每个行业都普遍存在的。粗略统计下，导游的职业病主要存在于以下几个方面。胃病，因为长期吃饭无规律，进食速度过快；咽炎，说话太多，日吐千言，不损自伤；皮肤病，长期暴露在日光下，容易引起日光性皮炎以及其他皮肤疾病。当然，我们还不能忽视由于生活没有规律、工作强度大和经常压制个人情感所造成的心理疾病。这些身心问题，最好是在工作之初就有所预防。

除了职业病，导游还要面对天灾、人祸、意外等很多状况。我们的工作场所就是全国各地，当某地发生地震、洪水、泥石流时，你可能不幸就在那里。逃生是人的本能，但作为导游，你有责任也有义务去引导游客，帮助游客疏散逃生，这源于我们的职业操守。此外，旅游团到异地，遭遇偷盗、抢劫、车祸等种种意外事件，也随着这几年旅游业的蓬勃发展而大幅度增加。

导游在工作中的合作者众多，除了司机和同行外，还包括旅行社、酒店、餐厅、商店、景点等诸多方面。虽说是合作者，但实际上很难说每一个与你合作的单位都能给予你百分之百合作的态度，有意或者无意的抗拒和刁难是常有的事。面对已经出现的矛盾或即将发生的问题，导游如何处理和预防，是本章讨论的内容。另外，现在一些地区的旅行社拖欠导游团款的事例屡见不鲜，导游应该学会保护自己的合法权益。

希望新导游们对即将面对的困难有一个清楚的预估，更好地保护自己。

一、如何应对负面的消极影响

曾经看过“带团的精彩”写的一篇《带团十年了……》的文章，主要描述了从她刚入行到目前，我们导游工作环境上的变化，大体有旅游车司机、旅行社、餐厅和导游自身几个方面，十年看来的确变化很大。各个单位为了方便导游工作而建立的一些机制和设施由于没有利益的保障而纷纷停止；行业门槛较低，大量新导游从业，连续几年的恶性竞争下来，难免有良莠不齐的现象，由此也造成了社会上对导游这一职业负面看法的出现。

工作的小环境在变，大环境也是时好时坏。旅游是与国计民生息息相关的行业，国内外任何的风吹草动都有可能影响我们的工作。

比如越来越多的国家与我国签订了旅游谅解备忘录，很多国家的旅游设施增加了中文的标示，银联信用卡的适用范围越来越广，北京奥运会、上海世博会、广州亚运会等的火热开办，都算是利好消息，对当地乃至对全国旅游业都产生了积极的影响。但同时也会出现一些负面的情况影响我们，从2000年到现在，非典、伊拉克战争、汶川地震、H1N1流感、金融危机等都给旅游业带来严重影响。

我们无法改变这些大的或小的消极影响，但可以从容面对和应付它们。核心的一条就是心态。

正像国足前主教练米卢所说的：“态度决定一切”。

▶▶▶ 导游如何面对金融危机

宙斯

“所以带高端团队的导游们，明年有时间也接两个低端团试试，也许真能碰到几个落魄的华尔街大亨呢！”

“危机，包含着两层意思：危险与机会。导游就需要在这种危险的环境中寻找工作的机会，寻找学习的机会。”

大家都知道，此次金融危机其实是由美国的次贷危机引起的，对于我国很多不涉外的工种影响相对较小。但我们导游，尤其是带美国团的英语导游，应该用何种心态去面对金融危机，就成了同行一直讨论的话题。

旅游市场是金融危机影响最为直接的领域之一，人们没钱的时候，有病了还要去医院看病，出门还是得开车，但有旅游欲望也许就可以忍一忍。即使真出来了，长途旅行可以变成短途旅行，报高价团可能变成报低价团，大手大脚的购物可能也会尽量避免。这些可能性对导游来说，无疑都是非常不利的消息。

最近，经常跟来自美国的客人探讨这件事，发现其实真正的百姓生活并没有某些政客们说的那么困难，他们去沃尔玛的时候依然是大宗购物，依然每年定期带孩子去迪斯尼乐园游玩，依然计划着自己的海外旅行，只是在理财时信心有些不足，会更加谨慎一些而已。温家宝总理说得其实最正确，目前的危机是信心的危机，只有大家都对战胜困难充满信心，才能顺利度过这次金融危机。

美国人的旅游习惯是多年慢慢积累起来的，我想即便是面对金融危机，核心的高中端客户也并不会有实质性的减少，低端客户则有减少的可能。但我与一个做美国低端团的老总聊天时，他说明年他们的团居然有逆势上升的迹象。所以带高端团队的导游们，明年有时间也接两个低端团试试，也许真能碰到几个落魄的华尔街大亨呢！到时候可以帮他们请个貔貅。

从国内看，明年也许会有一批带不上团的导游转行，而真正热爱这个行业的，为这个行业明天而咬牙奋斗的人将会留下，相信整个导游队伍的素质也将得到一定程度的提升。

我一直认为凭借自己的智慧和敏锐的嗅觉，在困难的境况下，依然可以让自己获得成功。东边日出西边雨，优秀的导游需要有超强的兼容性，美国人不接了改挪威人，挪威人不接了改东南亚人，东南亚人不接了改加拿大人，地陪不做了做全陪，全陪不做了做领队，领队不做了再做内团地陪，总有一款适合你的。

对于新导游来讲，也许明年的形势对你们很不公平，刚刚入行就赶上这样的危机，由于市场萎缩，有些老导游可能又把本该属于你的机会占去了。但是，抱怨是没有任何意义的，如果你真觉得这一年的工作太过艰难的话，不妨把自己的工作起点向后推迟一年，利用这段宝贵的时间学习、补充自己的知识，等机会到来的时候就可以更加从容地面对。

我们有些老导游也一样，平常总是抱怨想学点东西而没有充分的时间，毕竟老有不错的团队在那边勾着你，现在如果闲下来的话，不妨就去找点东西学，英语基础差的恶补一下英语，英语不错的可考虑去学个其他语种，例如，俄语、西班牙语、法语等，不想学语言的也可以深化系统地学习一下客源国的详细知识，总之不要让时光虚度。

危机，包含着两层意思：危险与机会。导游就需要在这种危险的环境中寻找工作的机会，寻找学习的机会。而金融危机的英文为“Financial Crisis”，这个代表危机的“Crisis”更有紧要关头的意思。

在旅游市场最危险的紧要时刻，我们怎么办？当然是大家万众一心，前进，前进，前进进！

编者评

2008 年年底爆发的金融危机，现在想起来似乎已经有点遥远了，但是读读这篇文字，应该也会对新导游们有所帮助。

面对职业生涯中的萧条时刻，面对没有团带的窘迫情况，是怨天尤人、灰心放弃，还是从危机中寻找机会、充实自己，决定了你能否在行业残酷的优胜劣汰中站稳脚跟。

二、如何对待形形色色的游客

在旅游业的发展过程中，变化最大的还是游客。

首先，是旅游团游客的组成。十年前，旅游市场刚刚起步，同一个单位或组织独立成团的情况占了绝大多数，成分单一，又有组织纪律性，团队的核心人物是导游接待工作的关键人物。现在旅行市场日益成熟，旅游团多以散客拼团为主体，客人身份多样，各有所求，让导游在工作之初很难找到突破点。

其次，是游客的经历。原来导游接待的游客多为初次前往旅游目的地，而现在接到的游客，很可能国内外已经去过很多次了，旅游经历甚至远远多于导游，见得多了，眼界也就高了，对很多服务的期待值都往自己经历中最好的部分看齐，由此，在此次旅游没有达到期望时，很可能无法控制自己的情绪。

最后，是游客的消费心态。游客的维权意识已经大大提高。旅游活动是由诸多环节组成的，虽然每个环节都有旅行社和导游的细心安排，但难免出现意外情况。发生意外情况时，有些游客的容忍度较低，拒绝给予导游解决问题的充分空间，选择迅速投诉，很可能造成更为严重的后果。

游客是导游人员的服务对象，因此，面对这样的变化，导游人员必须有清醒的认识，提高自己的工作能力，学习如何处理各种意外状况，以达到既让游客满意，又能保护自己的目的。

▶▶▶ 两句话力挽狂澜

——用实例讲讲如何控制游客的负面情绪

文立刀

“客人一肚子火，看谁谁不顺眼，在这种情况下上团，要完成行程，要避免被投诉，要让客人的态度来个大逆转。”

“旅游合同，您跟团旅游之前都和旅行社签订了旅游合同，这个就是大家利益的保障！”

背景

5月1日，我接到园林的电话，让我救火，说是团砸了，投诉车况不好，而且要求换导游，让我第二天冲上去堵枪眼——这种郁闷的事情总让我遇到。我抗争了半个多小时，无效，勉为其难，接了。其实这种团是最锻炼人、最考验导游水平的。我当时的想法是，要带好了就回到论坛上吹牛，现在我开始吹牛了……

哈尔滨团，走千山本溪，由于组团社出票的问题，客人分两批到，早上4:30一批，另一批应该7:30到，不过火车晚点，9:00才到。于是第一批客人火大了。随后发现车况不好，没空调，晚上20:30才回到沈阳，路上客人闹了一路……

我到了餐厅，准备和那个导游交接，不过考虑到同行的自尊心，虽然看到了客人，但是还是等到入住之后才和她做了交接。从2号早上开始上团。

这就是事件的背景——客人一肚子火，看谁谁不顺眼，在这种情况下上团，要完成行程，要避免被投诉，要让客人的态度来个大逆转。

解决过程

本以为很困难的问题，我上车用了两句话就搞定了，以至于后来社里计调战战兢兢给我打电话，问我需不需要加餐什么的补偿一下的时候，我说我已经搞定了，而且就用了两句话，大惊！

我上车是这样讲的：

昨天的×导下岗了，今天我来了，我来干什么呢？先是给大家赔个礼，道个歉，昨天种种原因吧，没能让大家玩得满意，虽然不是我的责任，但是我也代表我们地接社，代表昨天的导游，向大家道歉，希望能够得到大家的原谅。（第一句，没什么反应）哦？没反应啊，那就是不原谅了？（半句话之后，由于我表情、语气掌握得很好，大家已经不是“阶级斗争”的脸了，而且有几个游客笑了出来）总之，您原谅，我来了，不原谅我也来了，原谅不原谅，我都带着诚意，扑面而来地！（由于我的语气和赵本山十分相似，所以第二句话讲完，全场爆笑，搞定了！）

笑过之后客人就很难再发脾气了，于是我乘胜追击：“您要是不解气的话您打我两下——您也下不去手，您骂我两句——您张不开嘴（笑）。对嘛，咱们是出来玩的，不是出来生气的，新的一天，新的一页……”这时候有个客人插话说："小伙，就冲你这两句话，你就比昨天的那个导游强，不过这车也太差劲了吧，连个空调都没有!"（我感觉他就是我的捧哏，简直是帮助我发挥）"大哥，耽误我们俩感情的罪魁祸首就是这车，今天为了表示我的诚意，我必须当着你的面把它砸碎！谁都别拦着我!"（车上谁都忍不住了，第一阵掌声）然后我象征性地拍了车座两下，说："虽然没砸动，但是至少也表达出我的诚意，这车座套就作为我们重归于好的见证，有收藏的没有？我出1毛（底下异口同声——'成交!'）"于是我拿出1毛钱，"我拿1毛钱，这车座套就是我的了，作为我们重归于好的见证，大家能不能大事化小，小事化了呢?"下面一片掌声。所有问题都解决了。

接下来我开始自我介绍——招牌的导游词，然后吹牛，说自己当了4年导游，至今没有一例投诉（2年而已，不过100%满意倒是真的)。然后话锋一转，说："我没有投诉，并不是因为我求大家别投诉，相反的，我还要指导游客，如何投诉，如何用法律的武器来维护自身的合法权益。为什么呢？毕竟大家出来一趟不容易，难得有假期，如果花了钱得不到应有的服务，确实是对大家不公平。接下来我就教大家如何去投诉！我们投诉的依据是什么呢？旅游合同，您跟团旅游之前都和旅行社签订了旅游合同，这个就是大家利益的保障！投诉的前提必须是旅行社违约，比如说您要投诉这车没空调，首先您得拿出您的旅游合同，看看合同中约定的车是不是空调车，如果是，那就是旅行社违约，旅行社要负违约责任。投诉谁呢？您和谁签的合同就投诉谁，因为是他违约。那您要问了，这车是你们地接社安排的，我投诉组团社干什么啊？这您不用担心，这个该是谁的责任就是谁的责任，旅行社接待之前也有协议，如果是组团社安排是空调车，而我们出的是无空调的国产大巴，我们地接社对组团社违约；如果是组团社向游客承诺是金龙而擅自改成了黄海，那就是组团社的责任。当然，如果您合同上就写的是国产大巴，那您怎么投诉也没有用，官司打不赢。所以，建议大家以后旅游之前一定要注意合同的条款，维护自己的合法权益，别让旅行社钻了大家的空子。再有，出现这种违约的情况之后，处理上也有学问，咱们还拿这车举例子。比如说旅行社的确违约，您有两种选择：第一，立即终止合同；第二，继续履行合同其他条款，事后追究违约责任，要求赔偿。一般我们往往选择第二种，为什么呢？如果是立即终止合同的话会出现一系列的问题，比如说因为车上没空调，旅行社违约了，您拒绝登车，然后立即自己打车到车站，坐火车回哈尔滨，这样属于单方面终止合同。您虽然可以得到旅行社的违约赔偿，但是您自己回哈尔滨的路费还是要自理的。为什么呢？《合同法》上有一个减少损失规则，当事人一方违约后，对方应当采取适当措施防止损失扩大，否则无权就扩大的损失要求赔偿。所以，如果真的出现了这种情况，您最好的选择就是先上车，该玩玩，该乐乐，回头拿着合同去旅行社秋后算账，找他赔偿。否则就投诉，您怎么投诉怎么有理！……所以说咱们投诉没关系，但是要打官司就要打赢。不能劳民伤财，还惹一肚子气，对吧？小刘这水平还行吧？知道为什么吗？一个导游，不研究导游词，开始看上《合同法》了！"

讲完之后，游客们拿出合同来对照，原来合同上写的就是国产大巴。发现自己不在理上，而且我这番说辞保全了大家的面子，大家对我的态度一下子从敌视变成了亲密。

总结

（1）我没在第一天上团，非常明智，一来照顾到前一个导游的自尊心，二来让游客的怒气有一个缓冲的空间，睡过一觉之后就是有火，也不像前一天那么大了。

（2）我上车直奔主题，首先赔礼道歉——大家都知道不是我的过错，而且我认错态度比较诚恳，让大家说不出二话来，有句话叫做"伸手不打笑脸人"。

（3）利用小品台词，结合实际情况，调节气氛，大家一笑之后就很难再严肃起来，要板起面孔训人就很难了。

（4）笑过之后，我依然利用幽默，通过小玩笑，婉转地将投诉车况的问题压制下去，也与游客初步建立起感情。这样一来，就算真的是旅行社违约，事情也相对容易解决。

（5）欲擒故纵。先教大家如何投诉，然后讲到《合同法》，从法律的角度让游客了解到其实旅行社并未违反合同规定，这样既不伤游客的面子，还能圆满地解决问题。

一个濒临爆炸的灾难团，我用了这几句话，就力挽狂澜，圆满结束了行程，并且得到了游客极高的评价。

编者评

作者之所以可以轻松解决这个团队的投诉危机，源于他的真诚、幽默和法律知识的丰富。团队出现意外问题难以避免，游客有不满情绪也是正常的，关键在于如何处理矛盾，解决危机。导游的歉意，是代表旅游接待方的，要真诚，不能因为自己没有参与前期行程就认为与自己无关。不过，光道歉是不够的，是无法解决实际问题的。作者选择了幽默作为突破点，先调节气氛，安抚客人的情绪，再利用自己积累的法律知识，从侧面帮助客人分析问题的根源，进而让客人理性地看待问题的产生，从而找出解决方法，皆大欢喜。总之，出现危机的时候，看心态，也看解决问题的方式方法。

与客人的趣味对话

宙斯

“尼克松、老布什和小布什都去的八达岭长城，而克林顿则去的慕田峪长城……”

“是吗？最终是阿甘（Gump）代替了你？”

话题1：关于长城

游客：请问一下，如果去慕田峪是不是可能的？

导游：请问您支持共和党还是民主党？

游客：共和党，不过这和我的问题有关系吗？

导游：在中国的外交历史上，有不少美国总统爬过长城。其中，尼克松、老布什和小布什都去的八达岭长城，而克林顿则去的慕田峪长城……

游客：那我还是去八达岭吧。

话题2：关于堵车

游客：如果我的孩子能回来得早一点，是不是可以避免这次堵车？

导游：工作日时通常都是这样的，不过我想如果能再晚回来一会儿的话，应该可以避免。

游客：这个回答还不错。

话题3：关于中医

导游：我们中国有很多传统文化遗产，比如风水、五行、中医……

游客：等一下，其实我并不相信中医！

导游：其实中医是很神奇的，它和西方的医学完全不一样，我们不用借助任何仪器，只需要将手指搭在你的手腕上检查一下脉搏，就能知道你的身体情况。

游客：我现在就把手表取下，你帮我检查一下。

导游：……其实我只是懂一些粗浅的理论而已，没有实践能力。

游客：没关系，我伸过来你试下。

导游：嗯……我觉得你的膝盖应该不太好，可能还动过很大的手术。

游客：太神奇了，你居然也能检查得这么准确。

导游：因为您今天穿的是短裤。

游客：那我看我可以把表戴上了……

话题4：关于乒乓外交

导游：在20世纪70年代初期，中美两国开始尝试互相接触。

游客：我知道，尼克松最先来到的中国。

导游：对，但在尼克松来之前，先是基辛格过来几次探讨各种访问细节，然后派遣了一支乒乓球队来中国进行友谊比赛。

游客：你知道吗？要不是我的腿伤了，我几乎要随队前往的！

导游：是吗？最终是阿甘（Gump）代替了你？

游客：我也这样认为的。

编者评

以幽默来化解游客提出的问题，调节讲解气氛，还是需要一定的功力的。如果你面对的是国人，可以在相声、小品、二人转等艺术形式上充分学习；如果你带的是老外，那么事先查找相关资料，多了解西方人的心理，看看国外的喜剧影视剧，找到客人的笑点，是不错的方法。

严肃的民间对话

宙斯

游客：不好意思，我想问一个与故宫无关的问题，你介意吗？

导游：没关系，既然来到了中国，您尽管可以对您感兴趣的问题提问。

游客：我最近经常在亚洲地区采访，当欧洲媒体批评中国的人权状况时，为什么中国平民的愤怒比政府还要激烈？

导游：那很好理解，因为中国平民同样不接受这种批评。

游客：事实上，我们是想通过这种手段帮助中国的老百姓的。

导游：很多概念在东方和西方是完全不同的。比如美食这个词，放在法国，可能你们马上会想到的是烤蜗牛或鹅肝酱；放在日本，可能最多被提到的是寿司；而在中国那可能就变成了北京烤鸭。自由，在中国，更多人崇尚个人自由与集体观念的和谐统一，就像奥运会开幕式中我们展现的那个“和”字，不光指的是和平，还包括和谐。

游客：那人权呢？

导游：中国还处在发展中国家阶段，让人民安居乐业，能够过好日子，得到良好的教育和医疗服务，这是我们的重点。

游客：那么以后会不会按照欧美国家的期望逐渐改变呢？

导游：首先，我觉得现在的欧洲和美国把自己当成老师，但当他发现学生的能力已经超过他这个老师的时候，心理上产生了不小的变化，便从指教到劝导再到指责，这是否应该检讨一下呢？其次，我觉得欧美国家现在根本没有资格指责中国的人权。

游客：为什么？

导游：请您先回头看一下这口大铜缸，在故宫一共有 308 口这样的水缸，用来盛水镇火，其中一些缸外面镏有黄金。但当 1900 年八国联军入侵北京时，他们闯入了故宫，将军们抢走了大批的珠宝，而士兵们则用刺刀把这些水缸上面的黄金都刮掉了，您看到的这些痕迹都是当时入侵者留下来的。

游客：有这种事？哪八个国家？

导游：有英国、法国、德国、奥匈帝国、俄国、美国、日本，当然，还有意大利。

游客：居然还有我们意大利？我真不知道。

导游：很遗憾，的确有，您可以去互联网查一下相关资料。而现在欧洲很多大博物馆，比如大不列颠和枫丹白露宫里面陈列的中国珍宝中的一大部分都是用这样的手段从中国掠夺走的。所以说，当100年前，欧洲人来到中国后，并没有教中国如何善待人权，而是来了个赤裸裸的抢劫。当他们把中国的珍宝一船一船地运回自己国家的时候，他们可曾想到过当时整个中国4亿人的人权同时遭到了践踏？

游客：哦，我对听到这样的历史而感到遗憾。还有一个小问题，对因西藏问题奥运会圣火在伦敦、巴黎等地被阻挠你有什么看法？

导游：我不想介绍太多的历史因素，想了解西藏问题，你只需要真正去一次西藏，与当地人交流一下。我去过那里，我的感受和西方的评论有非常大的差异。对于因政治问题而阻挠圣火传递，在我看来是非常无理和无知的行为。咱们换个角度，如果下一届伦敦奥运会的圣火在北京传递时，突然跳出来个什么组织，试图阻挠圣火传递，而他们的理由是严重抗议英国政府对北爱尔兰独立运动的镇压和严重关切北爱尔兰地区的人权时，不知道英国政府是不是也会支持这样的抗议呢？

游客：谢谢，我想我明白了你的意思。

编者评

在与境外游客交谈时，要尽量避免谈及政治、宗教等敏感问题。境外游客对中国的了解很难不受到西方社会舆论环境的影响，来到中国也很难马上摘掉有色眼镜，他们对我国的方针政策和国情不理解或产生误解，是正常现象。当他们提出一些比较尖刻的问题时，如果导游只是一味地回避不谈，只能给他们一种默认的暗示，对改变他们对中国的错误认识没有任何帮助。这个时候，我们应该直面问题，客观公正、积极友好地介绍我国国情，利用换位思考、巧妙反问等方式解答游客的疑惑，帮助他们了解中国的国情和发展进步。只有这样，我们才能真正不负“民间外交家”的称号。

三、如何对待拖欠团款的旅行社

目前，随着导游数量的飞速增加，导游的流动性也开始加快，有些旅行社开始以让导游预先垫付一部分团款，作为带团的临时抵押金，来保证导游服务的质量。但这种方式，却给导游带来了潜在的风险。

团款的垫付比例不断增加，报账借款的周期不断延长，再加上一些旅行社自制的不合理规章，让导游追讨团款变得十分艰难。有些旅行社极尽拖延之能事，最后逼得导游不得不与其对簿公堂，才能拿到自己应有的劳动所得。

对新导游来说，一旦碰到了拖欠团款的情况，要勇于拿起法律武器，保障自己的权益。

▶▶▶ 导游如何成功要账

宙斯

“对于有欠条的导游，你们告这些旅行社百分之百能赢，你们为什么不告？仅仅是怕麻烦吗？”

“首先你手里一定要有欠条，最好盖有旅行社的章，字迹清晰，这样的话你的胜诉率几乎是百分之百。”

关于维权，我们这里先只说导游如何靠自己的力量去向旅行社追讨拖欠的团款。现在我们已经收集了三个方面所提出的各种办法，以及维权行动的各个步骤，供大家参考。旅游局的意见主要来自于我和几位导游作为代表与市旅游局领导的一次会谈的简略记录，律师的意见来自于网友的提供，资深人士的信息是几位同行用法律维权获得成功的案例。

旅游局方面

首先从政策上讲，旅行社要求导游为其带团必须垫付团款的行为是完全违法的，不管合理与否，首先是不合法的。旅游局如拿到直接证据，马上就可以对旅行社进行处罚。

其次，旅游局正在配合市政府搞诚信企业的评比工作，同时大力地向市民宣传，目前已经收到了一定的效果，所以对诚信旅行社的评比目前也准备考虑导游的意见。评选中，发现任何不符合诚信企业的行为，旅游局将立刻撤销该企业的诚信评选。比如，一旦收到任何诚信企业名单内的旅行社败诉于导游追讨欠款的信息，旅游局将马上登报摘走该企业的诚信牌子，同时对企业进行处罚。

第三，旅游局对旅行社的处罚只能在行政处罚的范围内。法律维权与行政手段并不冲突，希望导游拿起法律的武器保护自己，这样造成的社会效应也是不可低估的。

第四，对于个别旅行社，对导游所垫付的团款连欠条都不给，旅游局希望这些导游能发动同公司的人多写投诉信给旅游局，把你垫付团款的细节写清楚。当投诉信积攒到一定数量后，旅游局就可以申请司法机关来对该旅行社进行商业调查和处理了。这也是那些手中没有任何欠条的导游的唯一出路。

最后，引用旅游局有关领导的一句话："对于有欠条的导游，你们告这些旅行社百分之百能赢，你们为什么不告？仅仅是怕麻烦吗？还是怕告完之后旅行社就不给你排团了？你们导游的容忍和退让只会造成旅行社的更加肆无忌惮！"

律师方面

首先你手里一定要有欠条，最好盖有旅行社的章，字迹清晰，这样的话你的胜诉率几乎是百分之百。与旅行社在法庭对质，当然，没有律师你也可以打官司，但请律师的好处就在于一切手续由律师代劳，出庭也可以由律师代理，等于完全不耽误你的工作时间。但你需要支付8%～10%的律师费，也就是说你索要1万元的团款，需要支付给律师大约800～1000元的费用。当然如果真是这个数额，未必能请得动什么律师，所以需要几个导游联合诉讼，数额一大，就可以摊高律师费。

第二步，去旅行社总社所在的区县工商局把押账旅行社的法人和营业地址查询出来，直接跟工商局的人说你要打官司，他们就知道怎么做了。手续费20元，留好发票，如果胜诉，这20元由旅行社承担。

第三步，到该地区法院，填写诉状，如有律师则由律师代理，没律师的也可以在法院找到书写范本，照着格式写就行了。诉讼费为4%，也就是说，你索要1万元的团款，法院将收取400元，但如果导游胜诉，法院将向败诉方收取诉讼费。

第四步，把诉状、你自己的身份证复印件、你持有的所有证据（欠条）等资料复印一式两份，递交法院诉讼处，留下你的联系电话，等待通知出庭时间，一般为15天以内。

第五步，法庭开庭当日一般先为当庭调解，劝说旅行社立即将所拖欠团款立即归还给导游，如果劝说成功，旅行社则在法院的监督下立即支付导游所讨要的团款，诉讼费用由原告与被告共同承担。如旅行社在法庭提出类似该导游在带团中出现投诉等问题，法院的回答一定是：这里只办理旅行社拖欠团款的案子，有其他的纠纷另案处理。

第六步，如果旅行社拒绝调解，一般法庭经过短暂研究后会当庭宣判。如果导游胜诉，法院将责令旅行社在一定的期限内归还导游的团款（应该为3个月），如超过该期限，导游可申请法院强制执行。

资深人士方面

第一，在递交诉状的同时，导游可以向法院申请对该旅行社进行财产保全，这是一个非常有效的措施。具体意思为，导游递交欠条，要求法院封存旅行社相等值的物品（一般为办公设备）。为防止导游恶意财产保全，在你提出申请时除了要上交相关证据外，还要上缴与你申请财产保全欠款相等值的押金，法院会开具正规的收据给你，在案子了结会把钱原数奉还。

第二，导游状告旅行社，只能告旅行社的总社和企业法人。但这点没必要担心，总社败诉，就会以最快方式找到他承包出去的部门的，因为如果他无法让那个部门还钱，导游的团款就将由总社支付了。

第三，在旺季的时候建议导游聘请一名律师为自己打官司，因为这样导游只要把相关资料和证据交给律师，由律师全权代理各种事务，导游最后等拿钱就行了。即使在开庭时有什么小障碍，律师也可以帮助你来解决。在淡季时候，导游完全可以自己来打这场官司，因为几乎没有什么技术环节，你属于稳赢的。

第四，如果你有什么实际困难，例如家中父母有下岗的，或有亲属生病等，可以拿着相关证明一起到法院递交，法律是保护弱势群体的，如果你真有实际困难，法庭会加快办理速度的。

第五，不请律师的话，无论旅行社欠你多少团款，你都可以到法院去打官司，即使低于1000元也无所谓。不过最好还是集合几个导游一起打官司，这样也会更加得到法院的重视。

编者评

在美国有句名言，“没有上过法庭的人肯定不是美国人”，他们热爱自由，并热衷于维护自身权利，哪怕是邻里之间的一点小事，也可能被对方告上法庭，这也充分证明了美国人对于法律的信任和依赖。在中国做法恰恰相反，很多国人一辈子恐怕都没进过法院。怕麻烦可能是拒上法庭的重要原因。在导游被拖欠团款一事上，强烈建议新导游果断地拿起法律武器保护自己。

四、人身财物方面的自我保护

出外旅行，难免会遇到各种治安案件，偷盗事件时有发生，尤其是在景点和饭店这两个重要地区。景点里，小偷通常利用人多，行窃之后迅速撤离，不留痕迹；酒店发生的失窃事件，有时也有监守自盗的情况，一些行李员和房间清洁员利用工作之便，对游客摆在明面上的贵重物品下手。这就需要导游在带团队开说明会的时候，着重提醒一下游客人身财物方面的隐患预防。

在发生财物方面的治安案件时，导游不但需要保护游客的财产安全，还要对自己的物品加以保护。因为我们身上的一些带团材料和相关证件可能比游客的现金、照相机还要重要，比如火车票一丢，可能导致整团游客无法顺利返回家乡。

▶▶▶ 天下有贼之广场事件

带团的精彩

“带团的时候我无时无刻不在提醒客人天下有贼，千万保管好自己的东西，可是很多人一笑了之，直到事情发生了才意识到问题的严重性。”

电影《天下无贼》大家想必都看过，在现实生活中，哪里都有贼。带团的时候我无时无刻不在提醒客人天下有贼，千万保管好自己的东西，可是很多人一笑了之，直到事情发生了才意识到问题的严重性。这样的例子我见多了，大晚上在公安分局录笔录的事情也不是一回两回了，没想到今天，贼就在我的眼皮底下偷了我客人的东西，而且是在光天化日下的天安门广场！

9 月 11 日那天，我带了一个欧洲小国的 30 多人团队走市内。在车上我和外方领队用英文和客人的母语重复了很多遍，请大家看管好自己的东西。我们把车停在了市公安局门口，往广场的方向走，钻过地下通道之后，到了毛主席纪念堂的西南侧。这时身边跑过来一个 30 多岁的男人，问我是不是导游，起初我还以为他是商店的外联或者摄影工作人员，就说是啊。这个人对我说：“你好，我是东城分局的警察，这是我的证件！”说罢很是认真地拿出来偷偷给我看。当时我的第一反应就是，我什么都没有干，难道是客人出现什么问题了？岂料，警察告诉我：“我怀疑你们的客人在地下通道被偷了，请你们现在好好检查一下，我们好进行工作部署！”这可不是小事，我赶紧告诉领队，全团在纪念堂南侧开始“自摸”，看看相机、手机什么值钱的东西在不在。可是 1 分钟以后，发现什么也没有丢，于是我如实向警察叔叔汇报，继续前行！

还没到英雄纪念碑呢，警察又跑了过来，这次换了一位老同志，极其严肃地说，刚才过地下通道的时候有两个团队，他怀疑是我们团的东西被偷了。于是第二次原地“自摸”，还是没什么问题。临走警察还要走了我的手机号码，把他的电话也告诉了我，以便有事的时候联系。说罢警察走到刚才我们前面的一个团队去提醒别的导游了。看着他远去的身影，我不禁为他的敬业精神而感叹！

在旗杆南侧照了团体照，正准备继续前行的时候，有一对老夫妇突然大叫一声，和领队说了什么，然后领队过来告诉我，他们的相机丢了！此刻我意识到了那个电话的作用，连忙打电话："警察叔叔吗？我是刚才那个团的导游，我的客人刚刚告诉我，他们的相机丢了！"警察过来大概了解了一下情况，说保持联系，晚上找我们来做笔录，说罢风风火火地走了。想必有更加有价值的线索等待他们去侦查。

客人倒是不是很着急的样子，相机买了好长时间，也不贵，合人民币也不到2000元。在秀水的时候警察和我们通了个电话，说晚上他们到餐厅来找我们。

晚上快9点时，警察来了，然后做了笔录，把客人的名字、年龄、国家、护照号码等都一一记录，边问边写，把事情的详细过程一一还原。我心中很是佩服。警察说，如果当时能够及时反应，就可以人赃俱获。可惜我的客人反应太慢，两次自查都不知道东西丢了。但他们还是安慰客人不要着急，一有情况会及时通知组团社的。相机虽然并不太值钱，可是看到了我们的警察认真负责的一面。

录完笔录已经9点半了，警察叔叔还是饿着肚子，只喝了一些餐厅的茶水，还一个劲跟我道谢，感谢我对他们工作的配合。事实上，他们帮我们这么大的忙，应该是我感谢他们才对！

夜色依旧苍茫，街上的人行色匆匆。向警察的认真负责表示诚挚的感谢！此外，忠告各位导游再次提醒你的客人：天下有贼！千万小心！

编者评

景点失窃的问题比较普遍。所以导游要做的工作，还是防患于未然，提醒，提醒，再提醒！

▶▶▶ 导游省钱攻略

宙斯

“原则是第一选择为蹭司机车，第二选择为公共交通，第三选择为自行车，第四选择为跑步或竞走，第五选择为出租车。”

“遵守以上的原则，你就明白，只有你的健康，才是最大的节约。”

基本篇

通信费节省法。这是每个导游都会做的。按自己的实际情况将手机业务改成包月的，或干脆买个小灵通辅助，每月多的可省数百元，少的也可以把上网费省出来了。

交通费节省法。原则是第一选择为蹭司机车，第二选择为公共交通，第三选择为自行车，第四选择为跑步或竞走，第五选择为出租车。不要轻易伸出自己的打车之手，你可以给自己一个坐出租车的理由，也同样可以给自己一个不坐出租车的理由。要知道，塞车时段，打车不会比坐公交车快；而晚上不堵车时，公交车也可以和出租车一样开得飞快。

用餐费节省法。虽然有时候团餐难吃无比，但是在有些餐厅，不妨和服务员领班搞好关系，他们一般会给你一些特殊照顾，这样就不用自己晚上再找补了。

水壶法。随身携带一个水壶虽然是很别扭的，但是水壶不但可以装水还可以装茶。对导游的嗓子养护来说，绿茶效果非常好哦！另外，喝茶还能败火。茶叶可以向餐厅要，热水在餐厅和酒店都可以免费续杯。

桑拿住宿法。估计大家都知道，但我个人不推荐采用，因为这种住宿条件实在令人难以恭维。但有时候迫于生计，也不得不使用一次，自己找些心理平衡吧！

提高篇

睡袋住宿法。如果上团时，你发现团中有两个年龄相仿的同性游客住在一个房间，那就可以使用此法了。先多交流交流，多帮助和照顾他们，然后把自己住在离酒店30公里以外的事实说一下，并保证自己不打呼噜，请求他们同意，是否可与他们同住一个房间。得到允许后拿出你准备好的睡袋，铺在地毯上，既不用床铺也不用被褥，方便携带，还可享受房间内的空调，比睡桑拿舒服又省钱。晚上聊聊，还可以顺便了解一下团中客人的意见。

丹田讲话法。做导游讲解，要学会使用丹田发音，而不是扯着嗓子干喊。这个可能需要一定的锻炼。把讲解词大部分都放在车里讲，景点里，运丹田之气，精要而集中地讲几句，把更多的时间留给游客照相和游览。这样带团下来，嗓子基本没受伤害，而且还把润喉糖、“腰麦”等钱都省下来了。

消除不良嗜好法。主要的不良嗜好无非就是吸烟、酗酒和赌博，把这些都戒掉了，你自己明白会给自己省多少钱。之所以把这条列入提高篇里，是因为改掉任何的不良嗜好都不是一件很简单的事。

专家篇

超市水果法。如果你住的酒店旁边有一个像家乐福或沃尔玛这样的大型超市的话，那么恭喜你，餐后水果有着落了。像这种大型超市，水果区在货柜旁边，一般都有免费品尝的篮子，可以大方地在那里试吃。注意不要一种吃到底，最好所有的都尝一下。另外，去香肠区看看，也许那里的熟肉制品也有免费品尝的呢。

骨灰篇

保证健康法。有三个原则。第一，不一定花钱了就是健康的，比如晚上打车一定不会比骑车回家健康。第二，坚决不能带病坚持上团。第三，放弃花费大而且不利于健康的排解压力方式，比如吸烟、熬夜蹦迪，改为选用健康而且节约的方式，比如爬山、游泳等。遵守以上的原则，你就明白，只有你的健康，才是最大的节约。

编者评

本文其实是老导游的一篇调侃之作。作者开动脑筋，把在工作中省钱当成一种艺术来琢磨。有些内容你可能觉得不切实际，有些内容你可能觉得太斤斤计较，甚至会哈哈一笑……但看到最后，你就知道，本文不仅是想告诉你导游工作的艰辛，更要提醒你：新导游，乐观的心态、健康的工作和生活方式，才是最重要的！

STEP 9 步骤九：自我修养的提高

从去旅行社拿计划，作出团前的准备，到真正接到团，带领游客前往各大景点参观游览，去餐厅用餐，去商店购物，去酒店住宿，直到把他们送回返程的飞机，再认真记录带团过程，总结经验，回旅行社报账，这一系列的步骤就叫做导游的带团流程。

经过实践的磨炼，现在，你已经可以出色地完成流程中的全部环节，不留漏洞，足可以称为称职的导游。如果你想把称职改成优秀，还需要在平时的生活中，通过学习和锻炼来逐步提高自身的修养。

在周星驰的电影《喜剧之王》中，主人公尹天仇虽然只是个剧组的小配角，但一直随身携带有助于提升自己职业能力的书籍——《演员的自我修养》。任何一个热爱自己工作的人，都会积极主动地通过各种途径完善工作技巧，提高自身修养。所以，用自己的实际行动去告诉别人，我们的职业是天使而不是魔鬼！

提高自我修养的途径有很多种。如广泛阅读各类书籍，不光是有关旅游业方面的，人文地理、科学知识、社会百科、文学评论，尽量广博一些，拓宽自己的知识面和眼界，还可以有意识地多看电影、歌剧、舞蹈、话剧等各类演出，提高自己的审美水准。

在工作中，不断地学习各种人际交往技巧，坚持好的习惯，改掉缺点和不足。用永远稳定的心态去迎接每一个旅游团。在待人接物中重视自己的仪容仪表、谈吐礼节，得到他人的尊重。

最后，导游也可以多出去走走，看看外面的世界，增加社会经历，培养对旅游的热爱。一直保持积极向上的进取心，相信你一定能够成为一名优秀的导游。

一、工作中磨炼心态

调整心态的方法很多，最直接、最有效的就是调低对团队的期望值。不要总设想将要接到的团队万事一帆风顺，不用费什么力气，带团结束后好评如潮，客人还会给你写感谢信……这样的带团过程不是没有，但如果你对每个团都如此预期，要么遇到挫折就会灰心丧气、怨天尤人、愤愤不平，良好的心态肯定会毁掉。事先多想想带团过程中可能遇到的问题，未雨绸缪；带团的时候，按照工作步骤一项一项做好自己的工作，处变不惊，任劳任怨。相信即使有再多的问题，游客走的时候也会给导游这一项打上满分。

在导游圈中有一个相对普遍的现象，就是新导游通常能力差而心态好，虽然没有太多的经验，但是任劳任怨，坚持把能做到的标准都严格做好；而一部分老导游则成了能力强而心态差，在景点与团队一碰面，往往就不断地抱怨团队质量多么差、自己运气不好等。所以，我们选了以下文章：第一篇就是告诫那些老导游们，不要放弃你曾是新导游时养成的好习惯，有能力而又不偷懒才是最可贵的。第二篇从导游工作时的眼神切入，谈的是如何控制好心态的外在表现。

当你有了良好的工作心态，我想，对生活的意义、对人生的追求，也会有新的理解。本章的最后一篇《一个美国同行给我来信道别》，虽然不是一篇经验谈，但应该也会对你有所启示。

▶▶▶ 不要放弃你的好习惯

——论带团

宙斯

“坚持你带团时每个有助于团队游览的环节，形成良好的习惯，这样坚持下去，奇迹就会发生了！”

“真正地把游客当成自己的朋友或亲人来对待，这样游客也会把你当做朋友或亲人来信任的。”

很多新导游在开始带团的时候，为了弥补自己讲解和技能的不成熟，用更积极的一些方式来带团，但随着他们的讲解一步步趋于完善，带团时见识也有所增加，有些很好的习惯反而随之逐渐地“封藏”了。这里要说的是，坚持你带团时每个有助于团队游览的环节，形成良好的习惯，这样坚持下去，奇迹就会发生了！

（1）景山不要绕道而走。虽然可以节省游客的时间和体力，也许游客没有表现出不满，但可能有些游客会心里不痛快，绝不可以给他们一种敷衍了事的感觉。景山通常是行程的第一天，一切还是做得无懈可击比较好。

（2）提前到达集合地点。任何集合或早晨见面约定的时间，导游都最好能提前到15分钟，这样即使遇到什么特殊情况，也有充分的时间来处理，不会影响整个行程的时间安排。这样一来，尽在掌握之中的一天就开始了。

（3）长城一定要和游客一起爬。人多的时候当然要解散，但你最好也要爬一段长城。首先，可以照顾一下年龄偏大的游客，避免发生不必要的事故；其次，在临近集合时间的时候可以催催那些比较慢的游客，提醒时间；再次，为一些游客拍照、摄影什么的，给游客一些实际帮助；最后，出来的时候还可以盯着游客，让他们不要去购买那些小商小贩的垃圾商品，以免上当受骗。长城通常是游客最为感兴趣的景点，要与游客同乐。

（4）参与游客的自由活动。如果游客邀请，你完全可以参与进来。这不仅仅是工作，因为只要你参与了，游客就会真的把你当做朋友看待，以后你在工作上有什么安排，游客也会比较合作。另外，这里也是对后面行程做事先铺垫的最佳场所。

（5）随时携带口香糖。你自己不会知道你的口腔什么时候产生异味，即使已经在吃饭时候很注意了，即使在客人面前很少吸烟了，最好在讲解前还是放块口香糖在嘴里，比较稳妥。

（6）如果导游促销环节出现问题，不要停止讲解。游客这时候也在看导游的反应。如果导游出来垂头丧气、情绪一落千丈、讲解迅速减少的话，就会被游客认为势利眼，后面的工作游客也不会配合的。最好的办法是购物出来后，关心地询问客人为什么没有选购纪念品，对没有帮助游客购买到合适的纪念品致以诚挚的歉意，帮助他们排解有疑虑的地方，鼓励他们明智消费，以更为热情的讲解来介绍下面的景点和购物点。这样一来，一定能够有所收获。

(7) 陪游客一起购物。这个时候就别图清闲，跑去和其他司机、导游聊天了，照顾好游客，陪着他们听讲解，协助讲解员解答游客问题，热心帮助游客挑选各种商品，甚至帮助游客砍价。真正地把游客当成自己的朋友或亲人来对待，游客也会把你当做朋友或亲人来信任的。

编者评

正像文章中所提到的，新人的心态和老人的能力是最佳的组合。无论是什么工作，在开始的菜鸟阶段，都是很累的，你承担了很多本不属于自己工作范围以内的事，还要忍受一些委屈，拿到的薪水也比较少。而一段时间过后，又有新人来到时，你就可以把自己的事交给新人去做，而自己可以适当地偷点懒。始终如一，看着很简单，做起来难，需要坚持不懈的毅力。

▶▶▶ 浅谈导游与眼神

宙斯

“这种导游带团，并不是等遇上问题才去解决，而是通过自己的讲解和提醒，去避免各种问题的发生。”

很多导游喜欢在上团的时候戴副墨镜，一来为了遮挡阳光，二来也是为了掩饰一下自己的眼神。俗话说，眼睛是心灵的窗口。从一个人的眼睛里，可以看出很多东西，是慌乱还是沉着，是紧张还是松弛，是愉快还是沮丧等。如果你不善于掩饰自己的心态，戴副墨镜，可以让自己的内心活动不为对面的人所察觉。

导游是与人接触的职业，要为客人服务。不能让客人满意，不仅受累吃亏回来还要遭投诉。在与客人沟通的时候，导游通常会时不时地打量客人的眼神，来获取一些潜在的信息。而有些客人也在用同样的方式，来了解导游当时的心理活动。

最近我发现了一点有趣的事情，从导游的眼神中，你不但可以读到心理活动和思想情感，还可以从其眼神的“着陆点”来大体推测出这个导游的导龄和级别来。只是一些个人心得，不一定完全准确，与大家共同讨论。

当他与你面对面坐下时：

眼睛只看你的脸部以外，那一定是初级导游，导龄1年以内。这个时候的导游还是新手，大多是刚刚从大学毕业的学生，不仅是刚干导游，很可能也是刚开始接触社会。这个级别的导游很多连讲解词还没有背熟，对导游工作的各个环节也不是很了解，甚至对社会上待人接物的方式也不太适应，导致了习惯性的人际交往紧张。反映在眼神上，就是他们的眼睛找不到合适的“着陆点”，只能到处乱看，抑或紧盯窗外、地板等地方，不敢与你的目光接触，生怕你看到了他们焦虑和不成熟的一面。我觉得，只要能够在导游这行坚持一个旺季，这个毛病很快就能改正，快步进入下一个阶段。

眼睛看你的鼻子与眉毛中间，大多属于熟练导游，导龄在2~7年。这个级别的导游经历了一段时间带团的历练，已经习惯于与人接触。在接触过程中，他们渐渐地掌握了主动，并试图用直接的眼神来表达自己的真诚与自信。他们的眼睛“着陆点”集中在眉毛与鼻子中间这个地带，主要以平视对方的眼睛为主。这种人懂得如何控制自己的眼神，使一般人无法看出他们心中在想什么，但是如果遇上比他们更高段的人，就可能会从一些稍纵即逝的表情里看到他们眼神中流露出的破绽。我认为，这个阶段是个瓶颈时期，如果不坚持锻炼，很难有更大的突破。但下一个阶段比较危险，在你没有足够把握跳过下一阶段，顺利进入最高阶段时，还是让自己在这个阶段徘徊吧。

眼睛看眉毛以上，可以归属于超级熟练导游，导龄8年左右。在导游业磨炼多年，变成彻底的“熟练工人”之后，很少再遇上什么难题和挑战了，客人的问题大多能被自己轻易化解，感觉自然有一点飘飘然了。所以，眼光从惯常的直视逐渐变为俯视。这是一个十分危险的阶段，因为你的俯视眼光会给人以极其不自在的压迫感，让人不舒服。当然，也有些带了一两年团就产生这种感觉的人，那些人属于井底之蛙，不足为论。有足够自查能力的导游高手们经历一两年的调整就会逐渐走出这个阶段，步入最高阶段。

眼睛只看鼻子以下，就是传说中的“高高手”了，导龄通常在10年以上。眼神看得低但想得高，因为你无法与他的目光接触，所以你很难了解他在想什么。没有缺点才是最大的优点。跟这种阶段的导游面对面交谈时，由于眼神的缘故，你自然而然地会有种优越感，而他则表现得谦虚又很有涵养。这种导游带团，并不是等遇上问题才去解决，而是通过自己的讲解和提醒，去避免各种问题的发生。无剑胜有剑，不战而屈人之兵，是为兵法的最高境界。

编者评

从新人的紧张、焦躁心理，发展到成熟导游的自信，再进而到有些自我膨胀，最后到达谦虚、恭谨、游刃有余的高度，这就是导游心态演变的历程。跟同行聊天时，你不妨去观察一下，没准也能很准确地判断出他们的工龄和心态。其实第三个阶段就是我们所说的心态较差的阶段，很多老导游在水平很高的时候却选择了转行，究其原因，很大一部分人就是在这个阶段心态失调了。

一个美国同行给我来信道别

LEGEND-K

“不想今天这封信不同寻常，艾伦告诉我，他被诊断出一种罕见的胰腺癌，剩下的生命只能以月计了。”

“基督徒艾伦已经听到了上帝的召唤，他决定要单独走一小段路，然后在另一处从容坦然地等待着和朋友们的重逢，那也正是另一段洒满了金色阳光的奇妙旅程的开始。”

“艾伦的一生都在旅行，而旅行的意义终于在这一刻对艾伦而言有了完美的注解。”

今天打开信箱，又看到这位老友的信。艾伦（Allan）是我过去经常合作的一个同行，他来中国时都是我出的全陪，他总是和他一个教区的教友出门旅行，都是很好的人。他也时常来信给我，和其他的好朋友一样，即使他已经好几年没来中国了。

不想今天这封信不同寻常，艾伦告诉我，他被诊断出一种罕见的胰腺癌，剩下的生命只能以月计了。

我是那么的震惊，一瞬间，过去有关艾伦的片段全部出现在我的眼前，一切都像是昨天才发生的，我甚至都记得他当时的口音，他是那样的亲切幽默，恰如其分地和我还有所有的好朋友们分享着生命中的时光，如同任何一个好伙伴那样，让你不知不觉间就走过了很长一段路而丝毫不觉得孤独惆怅。而当你已经习惯于有好朋友同行的时候，艾伦，这个好伙伴，却不能够和朋友们继续分享我们的快乐与孤独。基督徒艾伦已经听到了上帝的召唤，他决定要单独走一小段路，然后在另一处从容坦然地等待着和朋友们的重逢，那也正是另一段洒满了金色阳光的奇妙旅程的开始。

人事如旦夕无常，往来与代谢汇成了古往与今来。当最终面对自己的信仰，必须要对自己作出总结的时候，艾伦对自己说，我觉得我的生命在许多方面都是完整的，而无论上帝将作如何的安排，我都已准备好开始我的下一段旅程。艾伦的一生都在旅行，而旅行的意义终于在这一刻对艾伦而言有了完美的注解。

失去一个生命中的好伙伴令人伤感，而预先知道这一点则更加让人既忐忑又安然。在这一刻，我和所有的朋友们都不愿离开亲爱的艾伦，不论是作为朋友，还是旅伴，当以整个生命来衡量的时候，任何的计较都显得那么的愚蠢。而艾伦显而易见拥有令人欣慰的睿智，并和朋友们坦率地分享着这一切。

我会为好朋友艾伦祈祷，并期望着未知的重逢，那必定是充满了令人惊奇的喜悦与神奇。

Hi to all those who have traveled with me to exotic places：

This week I have sent out a letter to my clients and friends, and I assume that most of you have received it by now.

The gist of the letter is that I have escorted my last trip, because I find that I have a rare and fatal form of pancreatic cancer that is expected to end my life in a matter of months.

I have been very blessed in this life, and not the least of it was the wonderful adventures we shared in China, Guatemala, Washington D. C. and the Boston area. I feel like my life is complete in many ways, and I am ready for the next phase, whatever the Lord has planned for me.

I wish to thank each of you for being my traveling companion, and for the trust that many of you placed in my hands regarding your financial lives. I hope I have lived up to your expectations in every regard.

At this point the only thing I can ask of you is for your prayers for a peaceful and dignified transition to the next life. I look forward to this transition with high expectations.

With my love, Allan

信件中文意思大致如下:

嘿，所有陪我走过那些神奇土地的朋友们:

这周我发信给我所有的客人和朋友，我假设你们已经看到它了。

信的要点就是我结束了我最后一个团的导游工作，因为我刚查出我已经患有一种罕见的胰腺癌症，现在已经是晚期，我被告知自己的生命只能以月来计算了。回首我的快乐一生，我们共同走过了很多地方，包括中国、危地马拉、华盛顿特区和波士顿地区。从很多方面看，我的生命都是完美的，我已经准备好了前往下一段旅程，无论它将是如何计划的。

我希望感谢所有和我合作过的伙伴，我们互相合作，互相信任。我希望你们都可以在相互关照中快乐生活。

爱你们的艾伦

编者评

不要迷失了自己的信仰和理想。一些导游，总是在抱怨社会的不公，自己的所得小于付出。如果能像艾伦一样，拥有平和、积极、阳光的心态，去看待你的工作、你的人生，看待这个世界，一定会有意想不到的收获。

选择这篇文字，只是想告诉大家，人生，有更美的角度。

二、言谈举止

导游与演员、主持人、播音员、翻译等职业有着一定的共性，用行内话来形容，就是都是吃开口饭的，需要自己组织语言来工作，用谈吐来赢得认可和尊重。

导游经常要在景点或者旅游车上连续讲解超过半小时，海量的知识存储、专业而礼貌的用词，能让你的讲解准确、生动、得体。不过这些仅仅是基础，想要赢得游客的尊重和信服，还需要在言谈举止的修养上有进一步的提高。

体现在言谈上，导游应该有一定的国学修养。比如我们在介绍某些景点时，时常会引用一些古诗词或者对联，如果信手拈来，朗朗上口，会给游客带来更好的视听感受。能做到这点，光靠牢记导游培训书上的那几首古诗是远远不够的，你还要阅读其他相关诗词歌赋、文人列传，甚至学习诗歌的创作理论，懂得什么是平仄声，什么是乐府、绝句，等等。

体现在翻译上，信、达、雅，这三个标准，都需要有深厚的中文和外文造诣。

体现在仪容仪表上，不光是要干净整洁、衣着得体，优秀的导游，还要能够针对客人的职业，调配服装，搭配色彩，拥有较高的审美品位。

体现在礼仪礼貌上，除了热情亲切、谦虚谨慎外，还要熟悉不同行业的禁忌，学习不同地区的生活习惯、不同民族之间交往的基本礼节。

这些修养，绝非一朝一夕即可达成，必须通过不懈的努力，在工作和学习中慢慢提高。

▶▶▶ 语言的魅力

LEGEND-K

“对于一个自我禁锢的人来讲，语言有时候反而是障碍。而当你满怀友善与关爱，就没有任何东西能阻碍我们的交流，因为你至少拥有一种任何人都看得懂的语言，那就是微笑。”

对于西方人来讲，中文恐怕是世界上最难掌握的语言。英语只有 26 个字母，而中文常用字就有数千。更难办的是中文发音的平仄，往往弄得他们颠三倒四，难怪外国人说中文听起来常常是阴阳怪气的。

但是，也只有如此复杂晦涩的中文才能创造世界上最为优美典雅的语言文化，中文的古典诗词的韵律是字母文字无论如何也无法拥有的，要想把它们翻译成相应的诗歌体裁的韵文，又保留其意境，那几乎是不可能的。

更为有趣的是我们的书法艺术。我们中国人历来追求存在于精神世界的所谓“气”，并将它广泛运用于包括书法在内的各个领域。能够从一个书法家的作品中看出其在创作时有没有运“气”，是否有“笔意”。简单地讲，就是说作者是否在创作时对将要完成的作品注入了自己的艺术灵感和能够收放自如的激情。可惜越来越多的“书法家”们根本不明白这一点，与其说他们是写字，还不如说是在“画字”。

我们中文的礼貌用语恐怕也是世界上最完善和发达的。比如我们认为，直呼对方的姓名是不礼貌的，所以我们中国古代“名”和“字”是分开的，“名”用来辨识，“字”才用于称呼对方。如果有家人生了一个儿子，西方人会说“祝贺你”，我们就麻烦得多，最简单的，也得说“恭贺贵府弄璋之喜”。这句话要完整而准确地翻译过来，恐怕得好长一串，还要分几句话才说得清。

在英语里面，“你”和“您”是同一个单词，要分别表达它们，就必须通过动词的变化和上下文配合才能完成，但是使用时却很分明。德语和西班牙语中这两个字是不同的，在使用上更加严格。比如，一个饭店接线生如果傻乎乎地拿起电话就问：“你是谁?”对方多半会拒绝回答。聪明的会立即改过来：“请问您是哪位?”所以，他们讲话时更显得彬彬有礼。

我们的谦虚客套也很麻烦，通常是诸葛亮式的。孔明先生把天下大事分析得头头是道，直把刘玄德先生说得五体投地，当即决定聘请他做“总理大臣”。孔明先生却立刻表示，自己的话只是“山野村夫”的“愚见”，绝对不足以担负治理国家的重任，差点没把刘先生给急死。其实，他让刘备三顾茅庐，目的虽明确，但如果当场就答应，那就显得自己太急切了，也没有一代大儒的风度。相反的，孔丘先生一生四处游说，把自己的智慧和盘托出，但却仕途坎坷，落得“惶惶然如丧家之犬”的境地。所以，在中国，直截了当并不被认为是聪明和礼貌的方式。

类似的比较太多了，不过那是语言学家的工作。从事我们这个工作，驾驭和使用语言的能力是至关重要的。可以想象，当我们能够熟练而得体地使用一种语言来表达思想感情时，那将是多么的奇妙啊！这也正是语言的魅力之所在。

对于一个自我禁锢的人来讲，语言有时候反而是障碍。而当你满怀友善与关爱，就没有任何东西能阻碍我们的交流，因为你至少拥有一种任何人都看得懂的语言，那就是微笑。

编者评

勤动脑子的人，总是能够透过现象看到本质。在中英文互译中，你会很容易发现两种语言之间文化背景的差别。不同的语言映衬出不同国家的文化、不同的民族性格。能够清晰地了解到语言的本质，你的翻译才会更准确，讲解才会更有针对性，语言才会更有魅力。

导游员的工作礼仪

LEGEND-K

“喝啤酒的时候不要去舔泡沫，不管喝茶还是喝酒都不要‘啧啧’地出声。”

“没有人会因为别人是流氓，所以自己就理所当然地也要做一个流氓。”

一、在餐厅

先请别人入座，不要大大咧咧地自己先坐下来。

不要替客人倒酒。西方人没有劝酒的习惯，你并不知道别人是否喜欢喝或是愿意喝多少，让服务生去做或是请别人先倒。

喝啤酒的时候不要去舔泡沫，不管喝茶还是喝酒都不要“啧啧”地出声。

不要用茶水或是酒来洗杯子，更不要把杯子里的酒水随便泼在地上。如果你觉得餐具不干净就让服务生换过。

不要用餐具敲打碗碟。

不要吸烟，也不要把香烟什么的拿出来摆在餐桌上。

对服务生要有礼貌，不要对客人很客气但是却对服务生很粗暴，不要相隔很远的距离就大声地呼喝。

有些西方人餐前要祷告，这时候如果你不是基督徒可以先离座，表示对别人和自己的尊重。

上菜时如果要给客人介绍菜品，最好是坐着，或者是站在距离比较远的地方，再或者是蹲在桌边，总之别凑得太近，让人感觉不舒服。用手掌而不是用手指来指点。

西方人习惯分餐，导游在工作时也应该遵循这一点。餐前如果祝酒要简单点，不要把身体前倾在桌上去给对面的人敬酒。也不要劝酒，第一巡不要把酒都干掉。

吃东西的时候不要出声，嘴里有食物的时候不要说话，更不要嘴里还在吃手就伸出去取下一块。千万不要往别人碗碟里夹菜。

喝汤一定要用公勺舀到自己碗里再喝，千万不要把自己的勺直接伸到汤碗里，更不要用筷子在汤里捞东西吃。喝汤时要用勺而不是直接端起碗来喝，同时绝对不要出声。

如果中途要离座，记得把餐巾放在椅子上，那表示你还要回来。不要在桌上当众接打电话。

不要在桌上用牙签，更不要对着桌子打喷嚏、咳嗽，甚至是擤鼻涕。

吃完后自己的碗碟里不要剩很多食物，不要抱怨说食物不好吃。

二、在酒店

导游应先下车，让门童去搀扶客人，自己先去登记。

分房的时候要照顾老年人和带孩子的家长，尽量让他们的房间靠近电梯，如果是一大家人则尽量让他们做邻居。

向服务台了解清楚房间电话的使用办法，最好每个房间要两张卡。如果时间充裕，可以把自己的房号写在客人的房卡信封上。现在的团通常是地陪接团时就已经拿到房卡，这很有帮助。

分房要迅速，不要让客人一直在大堂里等你。告诉客人导游会在大堂等候一刻钟时间，如果房间有任何问题请立刻到大堂来找导游协助解决。同时把早餐开放时间、出行李时间、出发时间、酒店内的设施等再说一次，如果房间里有收费的迷你吧一类的千万要说清楚。

如果和客人同乘一部电梯，应该先进去控制住电梯门方便客人，同时始终站在控制面板那一边，对不是自己团队的其他客人也要帮忙按下要去的楼层。如果是贵宾，你先下电梯后要面对客人，等门关好后再走。

如果有事找客人尽量使用电话，如果非得去客人房间，不要随便进去，并尽量简短，不要让客人在门口站太久。不要随便让客人来你的房间，特别是年轻的异性。

三、在车上和公共场所

车上点人数的时候别用手，然后简单告诉客人如何调节冷气等事项。话筒声音不要太大。

即使是男导游，也可以适当使用一些香水，但是不要有太刺激的味道，更不要使用难闻的廉价货。

一般来讲，除了必需的整洁以外，着装不要太土气，也不要显得像个暴发户一样。男导游如果穿正装，一定要笔挺，不要用呆板的正装皮带或是廉价的地摊货扎在牛仔裤上，那实在是太难看了，而客人坐在椅子上第一眼就能看见。女导游最好不要戴太多的首饰。

在车上手机要置于振动，说话告一段落之后再接打电话。

不要在车上宣讲恐怖、凶杀、暴力或是色情的内容，也不要随便讲笑话，西方人的幽默感和我们不一样，有时候不恰当的笑话会有麻烦。千万不要拿某一个客人来开玩笑。

不要总和某一部分客人交流，如果客人有问题，在回答之前要用话筒把问题重复一次，这样全体客人都能分享到整件事情。

不要当面糗客人，那倒霉的只能是你。如果遇到不礼貌的人，要扮演无辜的受害者，让其他的客人自动站到你这一边来。

推荐自费项目的时候最好不要让大家当场举手表决，那样会让不想去的人觉得尴尬。

在景点介绍的时候如果人多最好是用腰麦，走的时候保持在客人的前侧方，如果有转弯的地方，要在转弯的外侧给客人指路。如果是上楼梯，特别是比较陡的阶梯，最好保持侧向行走，如果客人已经走到你前面了，不要靠得太近，如果有穿短裙的女客，更不要紧跟在客人屁股后面。

当然更不能有吐口水、乱扔垃圾、攀折花木、破坏规定一类的行为。特别是矿泉水水瓶一定不要乱扔。

对文物古迹要特别保护珍惜，不能违反规定。

对待国内的同胞要和对客人一样有礼貌。遇到人比较多的时候要提醒客人注意自己的财物。

不要当着客人的面和你的全陪或是地陪或是司机发生争执，也不要因为个人的原因向客人诋毁你的同行。即使你的确是对的，客人通常也并不会赞赏你的做法，这也是旅行社所不能容忍的。很多做全陪的总以此来威胁地陪，这既没有职业道德，也很愚蠢。

如果你出了错，要当面承认错误并道歉，但是不要老是道歉，一次就够了。采取切实有效的行动最有助于挽回局面。

客人进购物店的时候，不要老跟着客人，不要怂恿客人买或是不买，不要在价钱或是品质方面给客人作承诺，这是店里该做的事，不要总是告诉客人说你上一个团或是以前的某个客人如何大方，买下了多少东西等。

不要太情绪化，不要因为几句客套话就和客人称兄道弟，工作中角色错位只会有坏的影响。避免在工作时和客人作私人性质的交流。

在旅游中不要动不动就搞点感情戏，那会让客人既难受又尴尬，因为西方人不吃那一套。应该尽量使旅行轻松愉快。

说欢送词的时候不要长篇大论的太啰唆，没有必要让客人频繁地鼓掌。如果你的工作的确得到客人的肯定，你还没说完那掌声就会有了。更没有必要显得很难受，甚至是掉眼泪。当然如果你真的难分难舍得想哭那你就哭出来。任何时候虚情假意都无法打动人的心灵。

四、晚间和自由活动时间

如果客人邀请你参加他们的私人聚会或是去酒吧玩等，那种邀请又不是仅仅出于礼貌而是真诚的，那么可以接受。你可以先说明你准备请客或是 AA

制，总之不要在结账的时候上演很夸张的争账大战。

不要替客人付服务生的小费，更不要扮大款出手豪阔。

因为这种时候属于下班时间，所以可以先征求一下是否可以吸烟。如果客人也吸烟，不要主动敬烟；如果吸烟的是女性，可以主动替她们点烟，记得用双手。千万不要借用别人正在吸的烟来点燃自己的烟。吸烟的时候不要用鼻孔把烟喷出来，也不要把一整支烟都燃完。

如果准备邀请客人参加你的活动，一定要确保安全。

在这种时候不要发表过分激烈的言论，因为你不知道对方是否刚好和你意见一致。也不要和客人争论国际政治问题，那没有任何意义。更不能贬低自己的祖国和民族，那很可耻。

如果客人先借你的钱付账，在还给你的时候要接受，不要因为钱不多就推辞甚至拒绝。

可能很多时候某客人本身缺乏礼貌，那不能作为我们就可以不注意工作礼仪的理由。没有人会因为别人是流氓，所以自己就理所当然地也要做一个流氓。

编者评

这里所列举的几方面礼仪要求，都是入境导游在接待外国客人时格外需要注意的，很全面也很细致。每当你带完一个团，回到家中，都可以重新翻看一下这篇文章，看看里面所列举的这些内容自己在带团过程中是否都做到了。坚持用这样的标准去要求每一次工作，甚至平常与外国朋友交往时也注意礼仪细节，那么你一定会成为一个广受欢迎、温文尔雅的导游。

三、热爱旅游行业，一定要热爱旅游

很多人描述的所谓幸福生活，就是你所从事的职业和你的兴趣爱好一致，说白了，就是玩儿着挣钱，挣着钱玩儿。

与其他一些表面光鲜的职业一样，很多游客通常也会对导游投来羡慕的目光，觉得我们就是在一边旅游一边挣钱。其实作为导游，我们都知道，自己的工作充满艰辛和意外，其难度和挑战超过了很多行业，这也是为什么很多导游转行后可以轻松胜任不少领域的工作的原因。

不过，如果你热爱旅游，虽然从事导游工作可能还是一样的劳累、一样的艰辛，但至少还是能够保有一些幸福感的。这种幸福感，就是督促你坚持不懈、努力自我超越的原动力。

既然喜欢旅游，那么就背起行囊，叫上三两好友，一起远行。别说你带团去过多少地方，你明白，那是工作而不是旅游。俗话说，读万卷书不如行万里路，去过的地方多了，可以开阔视野、增加阅历、结交新的朋友。另外，换个角度，自己出行，可以把身份调整到游客的位置，体会游客出外旅游时的心境和需求，这样在自己带团的时候也可以更多地进行换位思考。

看看老导游们对旅游的感情吧！

▶▶▶ 甘肃游记

宙斯

敦煌

到敦煌时太阳还高高地挂在天上，一点也没有傍晚的感觉。听当地的司机介绍，敦煌这边9点半左右才天黑呢！这时候也就是北京的5点多吧！这和我平常的作息时间倒挺吻合的。

敦煌的旅游业很成熟，看过介绍，当地的治安良好，大家都自觉维持着，人们很清楚旅游在他们生活中的位置。当地人对旅游者很友好，夜晚在沙州夜市闲逛时，就感受到西北人的豪迈。你在任何一个摊位上看商品，商家都不会很着急地来为你导购，而是继续互相闲聊着，在你真正对他的东西产生兴趣的时候才来跟你仔细介绍，这种宽松的环境使得旅游者很轻松，没有压抑感。商品琳琅满目，但是还是被老套的藏饰和假古董充斥着，不过如果你细心，会发现很多独具地方特色的纪念品，毛绒工艺骆驼、敦煌飞天和反弹琵琶的雕塑、夜光杯等。夜市的外国游客似乎比中国人还要多，而商贩也多会几句简单实用的外语来招揽生意。

敦煌在古代处于沙州与瓜州的交界处。瓜州，顾名思义就是盛产瓜果的地方。买了两个小敦煌瓜回驻地，切开一尝，好呀，原来在北京我都在吃什么？

第二天早晨要去鸣沙山看日出。

鸣沙山，月牙泉

同样由于时差的原因，即使看日出也只用5点半起床就足够了。十分钟以后，我们进入了鸣沙山的大门，没有选择骑骆驼，可能是由于从来没有接触过沙漠的原因，想要亲自去征服一下吧！

早听说沙漠是生命的禁区，沙子聚热散热都很快，造成了在沙漠中白天酷热而夜晚森冷。这时候沙子还很凉，抓起一把，细腻的沙子居然有五种颜色，顾不上多看，转身向最高的沙山奔去。

十分钟后已经是筋疲力尽了，回头看到了自己在沙中留下的一排脚印，突然有孤寂的感觉。想起了刘雨田曾经说过的，“人在沙漠中行走，最欣喜的就是看到前面出现了一排脚印，而最恐怖的就是在跟随脚印几天后发现那居然是自己的”。同样又想到了罗丁和卢宁军，他们在戈壁沙漠中驾车穿行尚且那么艰苦，那步行穿越沙漠肯定是很多人想都不敢想的。沙漠行走有其独有的特点，沙子是很柔软的，不像那戈壁中的乱石一样硌脚，也没有雨林中绊腿的藤蔓植物，更不用担心有任何猛兽袭击，只是偶尔看到两只蜥蜴，见到有人就惊慌地跑了。行走一步一步，脚下的沙子并不与你正面对抗，而是待你踩下去之后轻轻地抹去你的力气，而你只能压制心中的怒火，放松肌肉，放松心情，与它慢慢周旋。

登上一座大约高30米的沙山并不比登上一座高300米的石山更轻松。在一段痛苦的折磨后，又登上更高的一座，欣赏那别样的日出。东方渐渐地泛红，转而金光四射，照亮了沙漠以及在山下休息的骆驼。来不及多欣赏，已经迫不及待地躺在了还没有被阳光照到的沙子上，柔软而清凉，像是舒适的凉席软床。转头看那逐渐明亮的沙丘，线条分明，格外耀眼。

站在沙山的山顶，并没有体会到“会当凌绝顶”的气概，也没有云海或石林等奇观异景可以欣赏，只有一股股还算清凉的微风款款袭来，吹拂到脸上。遥望西方，山脚下静卧着一汪清泉，那就是久负盛名的月牙泉了。每天晚上凛冽的疾风自下往上而吹，成就了月牙泉的存在，也同样成就了这里门票的一路上涨。坐在月牙泉畔的茶座中享受着冰镇杏皮茶所带来的清凉，别有新意。

莫高窟

莫高窟，现存造像壁画洞窟492个，是中国最大的石窟造像群。被西方世界誉为“东方艺术宝库”。与万里长城、北京故宫等一起，为中国第一批被列入“世界文化遗产名录”的景点。但是没想到迎接我们的居然是每个洞窟门前的一座座铁门。在四百多个洞窟中，允许普通游客进去参观的只有区区十来个。身为一个以敦煌为骄傲的中国人，为我无法看到它的全部或一半甚至几分之一，而非常遗憾。

还算值得欣慰的是，这几窟显然是莫高窟的精品，洞内生动的塑像与精美的壁画交相辉映。仰视大佛，那种感觉足以让任何人无比震撼。当然，在莫高窟里参观是一定要跟着导游的，导游的讲解是整个参观的点睛之笔。

白马塔，博物馆，美食

白马塔，值得一去，虽然只有一座塔。但这座塔可以说是古代人善待动物的最好教材，它是中国古代为非神话动物所建的最宏伟的坟墓。站在塔前凭吊历史，不仅感慨有那么多的佛教信徒在漫长的荒漠戈壁穿行，只为了佛教的发扬光大，西天取经的路上又会留下多少僧侣的尸骨？白马能受到这种礼遇是幸运的，也许它要感谢自己的辛苦驮经，或是感谢有关鸠摩罗什的奇妙之梦，抑或真的感谢释迦牟尼佛祖呢？

另外，值得推荐的是敦煌博物馆。如果你下飞机后有充足的时间的话，应该先于所有景点来这里。馆藏文物不是很多，面积也不大，整个参观应该在

40分钟以内就可以搞定。博物馆的馆员很热情，由于来这里参观的人很有限，所以在参观时她会一直耐心讲解，关于敦煌的物价、消费、购物、交通等更是有问必答，而且因为毫无利益冲突的原因，所有消息都是完全可信的。从他们的口中我就得知，敦煌的夜光杯到处都是真的，无论是小摊上还是商店里，因为这个地区这种石头多的是，造价极低，做玻璃的反而更贵了。

值得一提的是敦煌的驴肉黄面。香松可口的酱驴肉就上驴肉酱拌的黄面，再来点当地的特色小菜，可以说是敦煌美食之最了。而达记驴肉黄面馆则是当地品尝这种美味的最佳场所了，进去之后可以见到当地人明显多于游客。为了避免过长时间的排队，去这里请避开用餐高峰时间。

酒泉，东风

强打精神睁开眼，车已经进入了酒泉市区。穿过一条马路，在发射基地的招待所买了去卫星中心的班车票，又继续了4个多小时的长途旅程。行走并不能使我疲劳，而真正让我难以忍受的是漫长而又无聊的车程。好在还有些风景可看，雪山、戈壁、沙漠、森林和湖泊交织出来的图画也还算是美妙。

在新中国成立之初就能建起如此大规模的卫星发射基地的确是个奇迹，而能在这无边的沙漠戈壁上兴建更是一个奇迹，看来这里注定是产生奇迹的地方。一路上满是沙土石砾，有几棵胡杨歪歪扭扭地站立着，野草根系下的土壤因为被紧抓着而没被大风卷走，形成了一个个野草包，像坟墓一样散落在无边的戈壁瀚海上。的确，只有生命力极其顽强的生物才能在这里生存，而人类则是其中的一分子。

基地是雄伟的，设备是第一的，设施是一流的，专家是优秀的，人民是伟大的，保密是严格的，讲解是生动的，导游是敬业的，车速是很快的，旅途是颠簸的，路程是遥远的，我们是难受的……

参观2号基地往返耗时2小时，行程160多公里。虽然号称是酒泉卫星发射基地，但明显早已进入了内蒙古的阿拉善盟，这里离达来呼布已经很近了，而由于时间的原因，我们又只能与额济纳旗的胡杨擦肩而过了，还好，现在不是胡杨节。

回来的路上，去东风烈士陵园拜祭了一下我国著名元帅聂荣臻的陵墓。聂帅作为新中国主管国防尖端科技的领导，是东风发射基地的奠基人。而在聂帅旁边安葬的也都是为基地建设和发展作出过突出贡献的战士们。陵园虽然地处偏僻的戈壁滩，但它在新中国军事发展史的地位却是举足轻重的。

在基地的中心区域，矗立着一尊雕塑，中间的部分象征着两弹一星的光辉成就，而外面的八个小球则象征着基地在过去的岁月中所创造的八个第一。“神五”的发射成功，又为东风人带来了新的两个第一，以后也必将有更多的第一从这里飞向太空。

嘉峪关

旅途的疲劳，今天的松弛行程，昨夜的欧洲杯，一切原因促使我可以在上午10点还慵懒地躺在床上。嘉峪关的景点互相之间离得比较近，有一个下午就足够了。充分利用宾馆的规定，慢慢地洗漱收拾，差不多11点50分出来退房，把背包寄存在行李间，OK，新一天的行程开始了。

经过简单的讨价还价，关城、悬壁长城和长城第一墩三个景点的包车费100元成交。这里要说的是，在淡季，千万别打车去这三个景点，否则你在悬壁和第一墩都无法找到空闲的出租车。

很快就出了城，在茫茫的荒野上又出现了那熟悉的巨龙身影。在甘肃的这些天，我总能看到一片片的绿洲出现在沙漠戈壁中，这并不是海市蜃楼，而是人类与自然斗争的产物。而过了一会儿，我又看到了雄伟的嘉峪关关城，与东风基地一样，同样是人类在戈壁荒原上竖立起的丰碑，也是西部战争史的见证者。但无论建筑有多么伟大，从某种意义上说，都比那小小的人工绿洲要渺小得多。

从敦煌之外的阳关和玉门关，到酒泉西侧的嘉峪关，我们所能感受到的是明朝版图的缩小。嘉峪关，是明长城的最西端，出了关，就不归明朝所管辖了。站在关城上，远处的雪山与戈壁滩连成一线，由此很容易想到《新龙门客栈》中的情节，“到了关外，我们就安全了”。在荒原的那场恶战，想必在东厂势力强大的明王朝的背景下应该不少发生吧？

罗哲文老师果然不同凡响，无论东边的山海关还是西边的嘉峪关，都留下了他的字迹。非常敬佩这位年事已高的古建筑学家，他把毕生的心血都献给了长城。他曾经对长城作用进行过一次十分经典的评价：“我认为长城并非只有军事功能，它在政治、交通、经济等领域同样作用明显。它是古代中国农业与畜牧业的分界线，这两种经济形式的产品交换分为两种状态，良性的一面是边境贸易，而恶性的一面就是掠夺和侵略。长城的建设，就是要把恶性的转化为良性的。”现在长城已经失去了其原来的功能，而诞生了新的功能——旅游。世界各地的游客来游览长城，来感受这条中华巨龙。而当年的秦皇汉武，他们恐怕怎么也不会想到，自己倾大规模人力、物力兴建的军事防御体系2000年以后却变成了连接中国人民与世界人民友谊的桥梁。

悬壁长城

由关城北行数里，来到了神往已久的悬壁长城。之所以叫“悬壁”，是因为这段长城的坡度很陡，像天梯一样挂在山坡上，素有“西部八达岭”之称。这段长城其实很短，在长度上很难与八达岭相比，但是巨大的坡度让你行进缓慢，而水在这时是很必要的，没有它你会更慢的。登上顶端的敌台，极目四望，视野非常开阔，敌人远在百里以外便可以看清。

下山之后，遇上几个来爬山的嘉峪关当地的游客，一起坐下来休息。品尝着当地甘甜的瓜果，分享着一路旅行的乐趣。在这里，你可以充分体会到西北人民的豪爽与痛快。

万里长城第一墩

告别悬壁，南行数里，到达了长城第一墩风景区，它是明长城最西边的第一个烽火台，紧贴着讨赖河河谷修建的。去年，这里还是一个无人管理的“野点儿”，随着保护意识的增强和人工旅游设施的建设，已经从年初开始售票。这里的旅游开发是成功的，值得其他景点来借鉴，现代风格的人工建筑全建在地下，而外面的建筑又都是纯西北古朴风格的，完全不影响整个景观的和谐效果。

观景台从悬崖上直伸出来，地面则用厚重的透明玻璃装饰，一眼就可以看到峡谷中的河流，任你再胆大，走路的腿也有些发软，有恐高症的人可要留神了。在地下建筑的中心地带，酒吧、餐厅、茶座、休息室等一应俱全。

河谷很深，从地面上算起，至少也有40米左右，扔块石头下去，感觉下面的河流也就1尺来深。河谷的对岸建有仿古的军营、战场和民居，整个布局很严谨，随意摆放在地上的道具也是制作精美。民居后的山坡上是一片戈壁滩，与远处的雪山遥相呼应。山坡上矿石遍布，是寻宝的好地方。

火车

耳边响着隆隆的声音，火车便驶入了兰州市区。下车呼吸了一下清新的空气，遗憾没有足够的时间去拜会塔尔寺和青海湖。

拥有良好的心态，坐火车同样是一种享受。闲适地坐在餐车中，随意地叫上几个新疆的特色菜式，欣赏着窗外的河谷与山峰，让我们共同举杯，干杯，敦煌！干杯，甘肃！

▶▶▶ 宙斯的中国西藏和尼泊尔游记（节选）

宙斯

穿越喜马拉雅

从日喀则一路开来，景色有了显著的变化，枯燥无味的荒原逐渐转变为一望无际的草场，不少牦牛在草地上悠闲散步，远处的天边还可以看到一座座巍峨的雪山。耀杨突然来了兴致，要代替司机开一段车，司机当然乐得清闲，那种平坦的大道不太可能发生什么事故，可是还是遭到了我还有同行的丹尼（Danni）和尼娜（Nina）的反对，在开了十来分钟后，终于受不了我们的干扰性评论而放弃，不过也算是有了在海拔4000米开车的经历了。

司机重新回到座位后放起了音乐，应我们的要求，选择了个相对流行的专辑欣赏，但这里所说的只是相对流行而已，大多也是20世纪90年代后期的作品了。听了一会儿备觉枯燥，就拿出自己的MP3享受起了真正的POP，再看丹尼和尼娜也是同样的动作，把耳朵塞得严严实实。而没有携带相关设备的耀杨同学也迅速开始了与周公的相会。这种情形维持了一阵，司机师傅估计也察觉到了，迅速地转变成了传统的藏族音乐，这倒使我拔出了耳塞，开始感受这种陌生的音乐风格。司机呢，开始了轻声地哼歌，看起来还挺专业的样子，不过再专业也无法打扰耀杨了，他的下一次醒来将是在珠峰观景处。

离定日不远的地方。终于到了这片平台地区，那也是这一段路中唯一可以清晰地看到珠峰的地点。在抵达之后，两个女孩并没有下车，丹尼说这时候逆光，无法拍到珠峰的最佳效果。她是对的，但对于我这样一个非登山爱好者来说，能看到珠峰的次数肯定不多，还是把握每一次吧，反正现在是数码时代了，没有浪费胶片的顾虑。后来发现，虽然效果差一些，还是可以从照片中看到珠峰的，一个朦胧的金字塔形状，对于丹尼那种专业要求高的人来讲可能不如不照，但我已心满意足。

再开不久就是定日，不过真正的县城还要往里走一些，这里只是有一些服务设施的村镇。司机开车去补充油料，我则打开车门照了几张照片。忽然有个小孩快速地跑到这边，让我们给他拍照，并展现出他的阳光微笑。不过从后来的照片上来看，这个小孩的皮肤已经接近北京这边老导游的水平了，可见当地日光的杀伤力。

快到珠峰保护区山口的一段路上明显感觉到呼吸急促，从车内的海拔计可以看到我们已经超越了 5000 米的海拔高度。当我们的车停在珠峰保护区山口处时，海拔计的显示高达 5225 米！这也是之前我们从未到达的高度。这次没有珠峰大本营的参观计划，所以相信这里也是我这次旅行所能到达的最高高度了。没有犹豫就下了车，因为车前那些无与伦比的震撼景色。但下了车才知道外面的风究竟有多猛烈，在完全逆风的情况下你几乎无法睁开眼睛。两边都是令人仰慕已久的著名雪山，传说中的几位巨人都呈现在眼前，卓奥友峰、章子峰、库拉岗日峰、乔乌依峰一字排开立于左侧，希夏邦马峰则孤傲地站在右侧。接下来又是一阵快门声音，两位同伴也冲下车来一通狂拍。要是放在别处，按我的习惯一定要在这种美景中待上一段时间，来体会其中的意境，消化这种震撼的感觉。但这里大风吹得你脑袋一片空白，无法做任何思想活动。仅仅是几分钟的拍照运动，当我们回到车上的时候就开始大口地喘着粗气了，看来对这个海拔我们并没有做好充足的思想准备。

汽车通过定日后两个小时左右，就进入了土路阶段，现在看来真正的挑战刚刚开始。时间已近下午，司机的疲劳期也开始来到，看见他不止一次地往太阳穴上涂抹清凉油来保持绝对的清醒，不禁有些担心，好在路况虽颠簸，但还算比较安全，终于在日落之前赶到了聂拉木县城。

经过了简单的车辆检查后，我们的行程进入了最后的冲刺阶段，聂拉木到樟木段。听来还不错，不过 30 公里的路程，感觉走个一小时怎么着也能到了。可这段路走起来才真正叫出乎意料，不但路况最为艰险，旁边是悬崖山谷，而且路上时而会看到少量冰雪。天完全黑了，这种情况下车速一直保持在 10 公里左右，这时候已经没有人再去睡觉了，大家都帮助司机看路，提醒前方情况，但还是感觉险象环生。在半路上居然还碰到了一辆京C牌照的汽车从对面开过，心中的钦佩之情油然而生。

经过了两个半小时的难熬时光，带着一直不停在唱空城计的肚子抵达了樟木。住在了司机推荐的旅舍，然后去找地方解决晚膳事宜，本来是分头行动的，但最后还是选择了同一家餐厅，缘分呐。樟木的总体感觉就一个字——贵！这里的价格比拉萨有过之而无不及。一间没有独立卫生间的房间要价80元，而一盘炒青菜的价格居然高达20元左右，究竟是边境城市，打算做回头客生意的人并不多。奉劝看文章的诸位，如果自驾车前往尼泊尔的话最好还是选在定日或聂拉木过夜吧，估计那里的消费至多也就是樟木的一半。樟木另一大印象难忘的东西就是辣椒炒牛肉，本人曾经去过四川、云南、湖南、湖北等以吃辣闻名的地区，但这盘牛肉的火辣程度足可以称为前所未有，我吃一片牛肉可以轻松干掉半碗米饭，就连尼娜这个纯粹的四川姑娘吃了几片也不愿再吃。

樟木的夜还是很享受的，这里气候很好，晚上也能达到10度左右。在聂拉木时我们还可以看到满路的积雪，那里的海拔是4000米左右，但经过两个多小时的高山速降，到樟木的时候我们已经可以看到热带的藤蔓植物了，据司机介绍，这里的海拔只有800米。不过樟木并没有什么娱乐场所，长途旅行的疲倦也把我们很早地就推进了被窝。第二天迎接我们的不仅有清晨的阳光，还会有一个陌生而友好的国度——尼泊尔！

微笑国度——尼泊尔

经过一天的长途跋涉，穿越了世界屋脊上的屋脊喜马拉雅山脉，到达了离开中国之前的最后一站——樟木。一夜无话，第二天一早第一件事就是换尼泊尔的卢比，根据所有的指南书中的提醒，在樟木换钱是最合适的，这里的汇率通常都在9以上（1人民币换9卢比），而在加德满都则只能换到8.5左右。丹尼和尼娜显然是豪华型旅游者，在换钱时就体现了大手笔，一个换了6000元人民币，一个则换了4000元人民币，当听说我们加起来只换了3000元人民币时，他们脸上都出现了惊愕状。其实就后来统计的结果算，如果除去机票钱和私人购物外，每人基本花费也就在这个数字左右，真不知最后他们的钱到底花完没有。

通过尼泊尔边境的时候，认识了一个尼泊尔的司机，说着不太流利但能听得懂的英语，想拉我们回加德满都。他的开价是500卢比每人，因为是第一个接触的人，所以并没有完全答应，只是含糊着让他跟着走。过关后，便开始询问其他司机的开价，看来那里的行规很严格，都是500卢比，不过他们有些属于当地的旅馆，接你过去顺便还可以介绍你到他们的旅馆。考虑到第一个司机一直跟着我们，态度很热情，就还是用他的车了。这里有个细节，是我很喜欢的，在中国的有些旅游区，当你确定一个司机后，如果你再问其他司机价格时，该司机就会显得很不耐烦甚至有愤怒的表示，而这里则充分体现了公平竞争，不论你是否已事先跟上，一切决定都是由客人作出，我们的那个司机不愿放弃，但也只是在远处叫着我们，并没有其他生气的表示，一直笑呵呵的。这可能也是最终我们选择他的主要原因吧！他的车是印度产的吉普，名字叫马恒达（Mahindra），后来看到这是在尼泊尔仅次于塔塔（TATA）的第二热销的汽车品牌。吉普车的内部空间很大，即使后排的座位也很舒适，只是这里司机位置和国内相反，跟香港地区一样，典型的英国规制，右舵车。耀杨还是一贯性地霸占前排副座，理由已经记不清了，大概是身体不适之类的，早已听得不厌其烦了。

尼泊尔，全称为尼泊尔王国，英文名字为Nepal，当地人把它翻译为“Never Ending Peace And Love”，“永不停止的和平与爱”。它的面积为14万平方公里，仅仅相当于中国江苏省，但整个国家内鲜有平坦之地，几乎都处于喜马拉雅山南侧的大斜坡中。其首都为加德满都，英文简称为KTM，一个文化氛围浓厚的地方，融印度教与佛教为一体，原来也是嬉皮士的第二故乡。它位于整个王国的正中央，从印度或中国边境开车前往都需要五六个小时，古代尼泊尔的三大古城都离此不远。

一路风景秀丽，高山、河谷、村庄组成一幅幅色彩斑斓的画卷从眼前掠过，第一次在眼前出现那么多的非汉语文字，所有的广告、路标还有商店标志都是尼泊尔文和英文，还真有点不适应。好在我的英文水平尚可，基本明白写的是些什么。司机是个青年人，开车不一会儿就放上了当地的音乐，当然也是很摩登的那种，类似于迪斯科节奏，配上印度风格的唱腔，别有风味。不过车没开多久就被警察拦住了，这位警察留着很利落的发型，像个绅士，始终保持着微笑，除了例行检查我们的护照之类的证件外，还意外地发现了汽车后座有四个当地的藏民（在我们刚上车时司机又拉的几个人）。这下可没那么多微笑，把司机叫下来一阵猛烈地批评……

在下午2点左右，车停在了一个路边餐厅，司机说到了吃饭时间。我这才反应过来到了尼泊尔是有时差的，这里比北京要晚2小时15分钟，所以现在才是中午。午餐只能说一般，店里的服务生并不太会英语，简单地点了一些食物填饱肚子就算了。

随着天色渐暗，我们也进入了加德满都的范围，视野中的房屋逐渐多了起来，路边的行人着装也没有乡村人那么传统了。那几个藏民在加德满都购物中心（KTM Mall）前面下了车，而我们则一直开进泰米尔（Thamel）的中心地区。司机很熟悉道路，几次拐弯后在一个叫做凤凰酒店的饭店前面停了下来，看样子是希望我们住在这里，但看房后我们认为卫生间并不是很理想，房间内部也显得有些阴暗。很可惜没有按照司机的意愿进行，丹尼还想给司机一些小费，但司机似乎想着半路修车耽误了我们一些时间，所以很客气并没有拿。出了凤凰酒店，我们就和丹尼他们分手了，第一次走在尼泊尔的街头，感觉还不错，每个路过的人都冲你微笑，并轻声说一句“Namaste（你好）!”真是个微笑的国度。

带团就是战斗 终篇

尘埃落定

看了这么多从论坛中精挑细选的文章，不知道作为读者的你有何感想？

如果你是行外人士，可能会对导游的真实工作环境有了更加直观的了解，他们毕竟和电视报纸等媒体报道出来的并不一致。这里的导游都是有血有肉、有思想也有追求的从业人员，与那些无证“野导”或者贪心“黑导”有着本质的区别。我们也想借此书更新一下大众对于这个职业的认识，希望以后游客看待我们的眼光能够更加客观，互相理解，互相尊重。

如果你是业内人士，从业多年的你是否在这些文章找到了自己曾经奋斗的身影？字里行间有没有哪些描述激起了你深切的同感？那些作者当中有没有你一起合作过的同事、战友？这些文章如果也能激起你要写点什么东西的欲望，那也许我们就又达到了另外一个目的。我们的导游栖息地论坛热切欢迎所有同行能够上来分享你们的从业经验、职业心得与个人经历，我们的行业太需要能够互相传递知识和信息的人才了！

如果你是一个初窥门径者，打算入行或者是刚刚取得导游证的新人，那么恭喜你，你们才是这本书最重要的读者，所谓的目标群体。这里介绍的每一步的战斗法则都将可能成为你们日后披荆斩棘的宝刀，每一条经验之谈也可能成为你们成功跨越陷阱的提示牌。也许有了这本书，你的进步速度将会是上面那些作者的几倍。怎么样？没有被行业的残酷现状吓坏吧？实际还好，哪个行业都差不多，凭的是自己的本事和才智，以及谦虚谨慎的态度。

对了，看完这些文章你是否有些感触呢？比较模糊是吗？那就让我们最后用一篇文章把这本书的精神升华一下吧！也许你会看得更清楚！

▶▶▶ 你给了客人怎样的行程，即是给了自己怎样的人生

文立刀

有很多人都问过我这样一个问题——你为什么要做导游？我的回答很冠冕，“我欲无所不知，我欲无所不至”。

也许这就是这个职业的最理想境界——无所不知，无所不至

你也是导游，你在追求什么？

过去作为一名导游，作为这个被称为导游娘家的网站的管理者，我思考问题无一不是从导游的利益出发，我爱着这个职业，我爱着这个行业，我希望能为它做点什么，可是……

导游，这个职业，就像一个美丽的女孩，天真，纯洁，善良，我无法自拔地爱上了她，我想和她相伴终老，可是，却有很多人并不爱她，仅仅是为了贪图她的美丽的肉体、年轻的灵魂，抱着玩两年的心理，始乱终弃。久了，我心目中的女孩在别人眼里变得人尽可夫！一个男人应该怎么做？为了爱情忍辱负重？为了名誉洁身自好？都不是，真正的男人，应该用行动告诉这个社会——她是天使！

对于导游这个职业，你用不同的态度对它，将会得到不一样的收获。

你可以把它当做一个职业储备，在你需要的时候，你能得到一份保障。

你可以仅仅把它当做是谋生的手段，虽然发不了财，但是如果你足够勤奋的话，养家糊口还不会有问题。

你也可以把它当做是另一种人生，到不同的地方，接触不同的人，体验不同的感觉，在别人的认同中实现自我价值。

你给了客人怎样的行程，即是给了自己怎样的人生

也许你根本就没有读懂这个职业。带个团，加个点，赚点钱——如果这个职业仅仅这么肤浅的话，我根本不会爱上它！我们是在为游客导演生命中的某些天，我们是在为他们打造一段美的回忆，我们是在树立家乡的形象！如果你做到了，其成就感会远胜于赚了多少钱的快乐！

诚然，这是一种职业，我们也需要谋生，但是，我们可以换个角度来思

考，如果你是车上的客人，你难道希望出来玩就是一天在购物店坐上几个小时？希望花着钱看导游和司机的脸色？己所不欲，勿施于人。我知道，多年的积弊并非一两人、一两日就可以革除的，不过身为导游的我们，是否应该为了游客的行程，为了自己的人生，来做一些力所能及的努力呢？

编者评

品出味道了吗？所谓导游的最高秘籍，就像是足球教练米卢的那句话，“态度决定一切”。

我们习惯把导游分成高、中、低三个级别。初入门径的新人自然是低级，这个阶段对他们来讲最重要的是技巧，通过各种导游技巧能有效控制团队，理顺每一步的工作，这是根本。中级导游需要的是经验，通过对大量工作案例的分析和总结，逐渐形成一整套具有鲜明个性的带团风格，使自己能在诸多同行竞争中立于不败之地。而对于从业很多年的高级导游来讲，他们的技巧和经验都不缺，这个时段要重视的恰恰是心态，能够在各种突发状况下处变不惊，从容应对，确实需要一份冷静平和的职业心态。

冷静平和的心态，当今我们许多人恰恰缺乏的就是这个。很多人拿导游这份职业仅仅当做过渡性工作，或者一个挣钱的买卖，当钱挣够了或是挣不了那么多了马上转行，好像他们长期从事这个职业就是屈才了。要知道，无论在哪个领域，只有你工作了十几年甚至几十年之后，才可能出人头地，才可能成为行业翘楚，为他人所尊重。要坚持这么多年下来，需要的只是一份平常心而已。

在此呼吁所有的同行，长久地热爱你们的职业吧，它是精彩纷呈、前途无量的！

附 录

宙斯解读旅游法

酝酿了近30年的旅游法终于颁布，有关于法案的各种解读已经在网上炒得沸沸扬扬，法案出台后对现有的很多旅游行业游戏规则也形成了不小冲击。看来旅游界的乱象已经足够震动全国人大，酝酿了这么多年出台，我们行业也算有法可依了。

听别人说不如自己看，赶在10月1日执行前买了白皮本和几本相关的司法解释，自己尝试对该法案的具体条文进行解读。当然，我解读的部分基本都是有关于或间接有关于导游和领队行业的。

需要说明的是，我不是律师，所以我的解读不具有权威性，也欢迎广大同行都能群策群力，我们不但受到了法律的约束，同时也受到法律的保护。

总的来说，旅游法的制定对规范整个行业，净化市场，整治行业顽疾都将起到重要作用，它的地位将远远超过旅游局内部制定的规章制度，使之成为今后处理旅游纠纷的重磅炸弹。颁布之日起，无疑对短期的行业运行会起不小的抑制作用，旅行社无法从旅游过程中赚取额外利润，只能提高原始报价，这使得很多以价格为考虑基准的游客望而却步，成团数量估计会有明显减少，二三线城市更为明显。不过远期来看，法律的出台还是给行业以后的良性发展带来了保障，使热爱旅游的游客可以更为放心的出行，建立稳定的年度旅行计划。

下面是我的解读，当然是以更多有关于导游领队方面的条文为主，伴随着一小部分的假设和疑问：

第 2 条

在中华人民共和国境内的和在中华人民共和国境内组织到境外的游览、度假、休闲等形式的旅游活动以及为旅游活动提供相关服务的经营活动，适用本法。

宙斯解读

旅游法作为国内法，只能规定与中国有关的旅游经营活动的内容，但同样适用于出入境旅游方面的中国部分。例如出境旅游的旅行社归这个法律，但如果游客在境外与某个非旅行社安排的机构和人发生纠纷则不适用本法。同时可见本法的主要针对对象应该也是乱象较多的国内游，相对投诉偏少的出入境游可能是次要关注对象。

第 8 条

依法成立的旅游行业组织，实行自律管理。

宙斯解读

讨论多年的全国导游领队协会将不再是一纸空谈，再不组织就违法了。

第 14 条

旅游者在旅游活动中或者在解决纠纷时，不得损害当地居民的合法权益，不得干扰他人的旅游活动，不得损害旅游经营者和旅游从业人员的合法权益。

宙斯解读

这条已经明确提出了导游同样受到本法律的保护。例如某些团队发生旅游冲突时，个别游客因为情绪激动对原本无辜的导游进行人身攻击甚至谩骂，他们就是明确触犯了本条法律。再有就是旅游者的权利同样需要履行义务来保障，比如导游告知了危险性等客观因素，游客依然并未听取，在旅游活动中出现导游提过的意外事故，责任也应该不属于导游。

第 16 条

出境旅游者不得在境外非法滞留，随团出境的旅游者不得擅自分团、脱团。

入境旅游者不得在境内非法滞留，随团入境的旅游者不得擅自分团、脱团。

宙斯解读

以后游客出现任何非法滞留情况，必须向当地警方和大使馆及时报案，持ADS团队旅游签证的游客，也不能擅自跟随当地亲朋脱团旅行。

第30条

旅行社不得出租、出借旅行社业务经营许可证，或者以其他形式非法转让旅行社业务经营许可。

宙斯解读

个人从旅行社包桌或者承包部门这种形式将会成为历史。相信旅游委也会在未来一段时间里重点检查类似这种部门，只有在旅游委和工商局都登记在册的分社或门市才有经营资格，其他的部门可能都会逐渐消失。市场价格战的乱象很大程度上也都是这样小的经营者造成的，毕竟他们的人力成本低，经营风险小，所以利润也可以压到极低的位置，是压价竞争的主力军。可这些经营者毕竟手握了不少资源，所以未来的一两年，旅行社业内可能会出现一股风潮，通过兼并、合作和股权转让等方式让分包挂靠这种形式彻底退出历史舞台。

第35条

旅行社不得以不合理的低价组织旅游活动，诱骗旅游者，并通过安排购物或者另行付费旅游项目获取回扣等不正当利益。

旅行社组织、接待旅游者，不得指定具体购物场所，不得安排另行付费旅游项目。但是，经双方协商一致或者旅游者要求，且不影响其他旅游者行程安排的除外。

发生违反前两款规定情形的，旅游者有权在旅游行程结束后三十日内，要求旅行社为其办理退货并先行垫付退货货款，或者退还另行付费旅游项目的费用。

宙斯解读

这条涉及到了目前有关中国导游收入命脉的两个方面，购物和自费项目。

当然法律条文的原初衷肯定是针对那些比较负面的操作方式，比如国内一些坑人的无良景点和类似东南亚个别假珠宝首饰店。但法律文本无法规定太细，只能通过后期一些司法案例来进行补充，目前还是比较模糊的。

购物方面，那些仅仅接待团体游客，尤其是仅仅接待中国团体游客的旅游商店应该是很难生存了。而像一些不光只接待团队，对其他零散游客甚至当地人都可随意消费的商店，则不会被禁止。毕竟旅游六要素里就有购物一项，只是不能过分诱导或者与商店合谋欺诈游客，但如果是销售价格不高于当地市场价格的商店则没有问题，而这些商店再从自己本身的利润当中拿出一部分支付给导游或者旅行社，并且支付了相关税款的，则应属合法范畴。

自费项目方面，在“不得安排另行付费旅游项目”这一条后，又加了一句“但是，……”。也就是说，如果是游客主动提出的要求，并且不影响既有的行程安排的话，可以适量增加一项或几项额外的旅游项目（这也可以理解为国人的基本需求，比如在马尔代夫，你很难看到中国游客能像老外那样踏踏实实地在沙滩上躺一天，而是频繁地参加岛屿酒店组织的潜水艇、浮潜、海钓和水上飞机等额外的自费项目）。这里需要明确的是提出额外旅游项目的主动方，从领队导游变成了游客，也就是说导游领队只能被动地接受游客提出的相关要求，而不能主动去说服。最多只能是对该项目进行一个说明性介绍，选择权百分之百在游客手里，如果领队导游再试图使用强迫、威压、央求或是私下说服等老手段，则可能会被一些反对的游客利用该条款直接毙掉。落实到具体的操作上，一旦团队决定增加这个自费项目了，应该有个文本上的临时性合同，以证明该项目非导游强迫。所以文本的题目如果是原来很多旅行社使用的“自费项目同意书”恐怕是不合法了，理论比较合适的题目应该是“自费项目申请书”。这方面我认为旅行社应该向律师征询意见后设计一个统一格式的文本，可能效果会更好一些。

综上所述，个人认为，本法案对旅游购物和自费项目并没有彻底的否定和禁止，初衷上只是希望摒弃那些恶意的、暴利的和破坏既有旅游合同的行为。对于游客在旅游过程中正常的购物需求和增加游览景点的需求，以及导游领队在合理合法情况下为游客上述需求提供便利并获得一定额外收入的这些情况，本法案应该是给予保护和支持的。但那些很随意的操作方式将随着法律的出台被淘汰，取而代之的是一些符合法律精神的文本作为这些合法操作的证明。

第 36 条

旅行社组织团队出境旅游或者组织、接待团队入境旅游，应当按照规定安排领队或者导游全程陪同。

宙斯解读

看来以后每一个由旅行社组织的团都需要派遣导游或领队了，那些人数较少的小团如果不愿摊付导游领队的费用，只能选择公务出行或是自由行了。

第 37 条

参加导游资格考试成绩合格，与旅行社订立劳动合同或者在相关旅游行业组织注册的人员，可以申请取得导游证。

宙斯解读

导游证依然需要通过统一的考试，而且也没有提及报名线，这样的话报名的学历资格应该还是停留在中专高中这个程度。但在取得导游证之前还加了一句“与旅行社订立劳动合同或者在相关旅游行业组织注册的人员”，目前全国性的导游协会尚未成立，那么可以设定为通过考试取得导游资格证，然后再找到一家旅行社，签订了工作合同并由公司缴纳社保后，凭相关文件去申请导游证。

另外，根据中华人民共和国行政许可法第十五条中的规定：“地方性法规和省、自治区、直辖市人民政府规章，不得设定应当由国家统一确定的公民、法人或者其他组织的资格、资质的行政许可；不得设定企业或者其他组织的设立登记及其前置性行政许可。其设定的行政许可，不得限制其他地区的个人或者企业到本地区从事生产经营和提供服务，不得限制其他地区的商品进入本地区市场。”各地旅游管理机构无法阻止其他地区持有国家旅游局颁发的导游证的导游人员来本地工作，中国各地的教育水平很不平均，不能要求教育欠发达地区的从业人员达到更高的学历，但中国有些地区的文化过于丰富和内涵过于深厚，使一个中专高中学历的导游无法充分讲明白这些东西。所以是不是有关地区的旅游管理机构可以通过加试等手段来提高该地区导游员的职业水平和文化素养？

第 38 条

旅行社应当与其聘用的导游依法订立劳动合同、支付劳动报酬、缴纳社会保险费用。

旅行社临时聘用导游为旅游者提供服务的，应当全额向导游支付本法第六十条第三款规定的导游服务费用。

旅行社安排导游为团队旅游提供服务的，不得要求导游垫付或者向导游收取任何费用。

宙斯解读

本条当中明确提到了保护导游工作的相应权利，也是目前旅游市场比较恶性的一些顽疾，涉及到的是垫付团款和收取人头费的违法属性。有些国内的地接旅行社已经不是仅仅垫款那么简单了，甚至还恶意拖欠团款，将导游的钱作为公司的周转资金，这条法律明确可以将类似旅行社直接告上法庭。同样，由于第 25 条的限制，必然导致导游领队在带团过程中的收入不同程度的缩水，旅行社向导游所收取的人头费必然也将逐步取消。

第 39 条

取得导游证，具有相应的学历、语言能力和旅游从业经历，并与旅行社订立劳动合同的人员，可以申请取得领队证。

宙斯解读

显然，考取导游证已经成为了得到领队证的先决条件，估计法律施行之后，领队证的考试将取消，如果有志于从事领队工作的新人，应该从考导游开始，循序渐进，在与出境旅行社签订工作合同后，才可以取得领队证。

目前本条法律还需要进一步明确三点的是，第一条是，导游证申请领队证的过程中，除了递交该社的工作合同和社保证明外，还有什么具体手续？普通话导游证即可还是需要持有外语导游证才可申请？是否还需要通过一个专门的领队取证考试？第二条是，港台旅游管理部门颁发的导游领队证在大陆区域来为大陆游客工作（未涉及自身区域）是否得到本法案的支持？是否还需要另行考取或换发相关证件？第三点是，目前已经拥有领队证但尚未拥有导游证的领队，是否需要补考导游证？或者是在规定期限内取得导游证才可保持领队证的继续有效？这个还需要有关部门给予权威的司法解释。

第 40 条

导游和领队为旅游者提供服务必须接受旅行社委派，不得私自承揽导游和领队业务。

宙斯解读

由于出入境旅游涉及到签证等客观原因，导游领队不太可能绕开旅行社独自完成团队运作，所以本条的主要针对对象应该是国内旅游。

第 41 条

导游和领队从事业务活动，应当佩戴导游证、领队证，遵守职业道德，尊重旅游者的风俗习惯和宗教信仰，应当向旅游者告知和解释旅游文明行为规范，引导旅游者健康、文明旅游，劝阻旅游者违反社会公德的行为。

导游和领队应当严格执行旅游行程安排，不得擅自变更旅游行程或者中止服务活动，不得向旅游者索取小费，不得诱导、欺骗、强迫或者变相强迫旅游者购物或者参加另行付费旅游项目。

宙斯解读

本条基本上是对导游领队工作上的一些职业约束，其中有一部分和第 35 条相雷同，就不多说了。还有提到了小费方面，在以前的小费转变成导游服务费之后，真正意义上的小费将完全变成游客自愿，收取小费（假如游客主动要给的话）的时间也从旅行开始挪到了旅行结束。虽然法律精神上甚至鼓励游客以小费形式奖励工作表现良好的导游领队，但从中国游客目前的消费观念上看，能够都做到这一点，恐怕还需要一段时间的转变。

第 60 条

旅行社委托其他旅行社代理销售包价旅游产品并与旅游者订立包价旅游合同的，应当在包价旅游合同中载明委托社和代理社的基本信息。

旅行社依照本法规定将包价旅游合同中的接待业务委托给地接社履行的，应当在包价旅游合同中载明地接社的基本信息。

安排导游为旅游者提供服务的，应当在包价旅游合同中载明导游服务费用。

宙斯解读

与本条对应的是第38条，其中提到了导游服务费应在旅游包价合同中有所体现，如果该导游为临时雇佣关系，导游有权获得这部分的费用；如果派遣的是本社导游，那么也应该部分获得这笔费用。

第71条

由于地接社、履行辅助人的原因导致违约的，由组团社承担责任；组团社承担责任后可以向地接社、履行辅助人追偿。

由于地接社、履行辅助人的原因造成旅游者人身损害、财产损失的，旅游者可以要求地接社、履行辅助人承担赔偿责任，也可以要求组团社承担赔偿责任；组团社承担责任后可以向地接社、履行辅助人追偿。但是，由于公共交通经营者的原因造成旅游者人身损害、财产损失的，由公共交通经营者依法承担赔偿责任，旅行社应当协助旅游者向公共交通经营者索赔。

宙斯解读

理论上说，本条规定组团社几乎承担了所有先行赔付的责任，除了自身的过失外，也包括了地接社、酒店和导游领队等方面工作过失为游客造成的损失。但唯一例外的是公共交通，也就是飞机、长途车和游轮等交通工具，这些单位由于自身过失（比如安全事故、延误、行李损失等）给游客带来的损失，旅行社仅仅需要协助处理索赔，没有先行赔付的义务。

第72条

旅游者在旅游活动中或者在解决纠纷时，损害旅行社、履行辅助人、旅游从业人员或者其他旅游者的合法权益的，依法承担赔偿责任。

宙斯解读

本条的大致内容与第14条雷同。

第82条

旅游者在人身、财产安全遇有危险时，有权请求旅游经营者、当地政府和相关机构进行及时救助。

中国出境旅游者在境外陷于困境时，有权请求我国驻当地机构在其职责范围内给予协助和保护。

旅游者接受相关组织或者机构的救助后，应当支付应由个人承担的费用。

宙斯解读

这一条已明确提出，游客在旅游过程中，遇到意外危险或者受到人身伤害时，导游领队和旅行社有协助的义务，但接受救助所需要支付的费用应由旅游者个人承担。

第90条

依法成立的旅游行业组织依照法律、行政法规和章程的规定，制定行业经营规范和服务标准，对其会员的经营行为和服务质量进行自律管理，组织开展职业道德教育和业务培训，提高从业人员素质。

宙斯解读

如果中国导游领队协会能够最终依法成立，个人估计协会的职能主要有这么五个方面：档案管理、职称评定、业务推介、质量监督和法律援助。

第102条

违反本法规定，未取得导游证或者领队证从事导游、领队活动的，由旅游主管部门责令改正，没收违法所得，并处1千元以上1万元以下罚款，予以公告。

导游、领队违反本法规定，私自承揽业务的，由旅游主管部门责令改正，没收违法所得，处1千元以上1万元以下罚款，并暂扣或者吊销导游证、领队证。

导游、领队违反本法规定，向旅游者索取小费的，由旅游主管部门责令退还，处1千元以上1万元以下罚款；情节严重的，并暂扣或者吊销导游证、领队证。

宙斯解读

本条大致与第35、40、41条的内容雷同，只是进一步明确了对每一条违法行为的处理方法。

第103条

违反本法规定被吊销导游证、领队证的导游、领队和受到吊销旅行社业务经营许可证处罚的旅行社的有关管理人员，自处罚之日起未逾3年的，不得重新申请导游证、领队证或者从事旅行社业务。

宙斯解读

处罚事关从业，请同行们务必避免擅越雷池。

结　语

旅游法是今年人大讨论通过的，2013年4月1日颁布，自10月1日开始实施。一共是112条，全文共约一万两千字，法案提到了有关旅游者、各级旅游管理机构、旅行社、导游领队和旅游景区等诸多方面的内容。

据说中国目前持证的导游领队估计在40万上下，而算上旅行社、景点、餐厅、酒店、商店以及旅游交通方面的从业者至少超过2000万，仅仅靠规章制度已经很难再约定如此庞大的群体，法律的出台是必然的。

但从国人的性格上分析，被新法律约束下的旅游从业者在颁布后必然会与法律的贯彻施行有一个磨合的过程，这是中国人普遍的个体意识，无法避免。另外，有些条目也确实不算清晰（比如对旅行社包桌形式违规的描述和对领队证申请程序的叙述），还有些不够准确细致（比如第63条中规定的出境旅游如未能成团需要提前三十日通知旅游者，向东南亚等线路的旅游团通常提前三十日才开始收人），这些都是法案第一稿中难以避免的。个人估计，这个磨合期应该在三到四年，等到法案进一步完善，每一个条目上都有相关的司法判决作为标尺，监督机构的全面落实，协会等自查手段的丰富，相信旅游行业会回到旅游法设计初衷的良性发展轨道上去的。

作为导游和领队群体，我们是旅游法的直接影响人，受到法律的保护和约束，所以我们有必要仔细研读法律内容，领会法律精神，等着别人说什么我们在上有政策下有对策的这种鸵鸟风格是不可取的。当然，精读条款找出其中的漏洞并加以利用，这些也属于细枝末节上的小手段，时效短，危险性大，不足为取。我们要做的是，首先领会法律精神，明确工作底线，然后找到以后工作的发展方向和职业规划，并运用法律的武器保护我们自身的合法权益。

宙斯